Here are our English classes that nurture the human character:
The challenges and practices by English teachers

心を育てる英語授業、はじめました
英語教師たちの挑戦と実践

三浦 孝・加賀田 哲也・柳田 綾 編著

研究社

まえがき

この本を手に取ってくださってありがとうございます。

英語を教え・学ぶことは、あなたにとって
喜びでしょうか、
それとも苦役でしょうか？

それが、この本のテーマです。もしあなたにとって、英語を教え・学ぶことが喜びだとしたら、あなたはきっとこの本にさらに多くの希望を見つけるでしょう。もしも今あなたにとって、英語を教え・学ぶことが重荷や不毛でしかないのならば、あなたにぜひこの本を読んでいただきたいと思います。

この本は、より楽しく豊かに英語を教え・学ぶ方法についての本です。ご承知のように、英語の教え方の本は毎年たくさん出版されています。でもこの本は、それらとはちょっと違うものです。この本は英語を効果的に教えることはもちろん、それと同時に学習者の人間的成長をはぐくむ授業を提言しています。

「英語の授業は英語力養成に集中していればいい、人間的成長なんて余計な脱線だ」、という見方もあります。でも、私たちは英語力養成と人間的成長が両立するものだと考えます。むしろ英語の授業は、人間的成長という要素を持つことで、より効果が促進されると考えます。

日本の学習者・学生は、学校で英語学習にどれだけの時間を費やしているでしょうか？　ざっと計算してみますと、授業だけでも小学校5, 6年で通算約105時間[1]、中学校1 〜 3年で約350時間[2]、高校では学校によってバラ付きがありますが、全日制普通科文系で3カ年を通じておよそ510時間[3]の英語授業を受けています。合計すると約965時間にのぼります。これに、宿題や予習・復習、さらに人によっては塾通いといった学習が加わります。10 〜 18歳という時期は一生の中で最も知性が発達し、情緒が豊かな時期です。その時期にこれだけの時間をかけて英語を学習しているのに、もしもその学習が人間的成長と関連づけられていないとしたらどうでしょう？　学習者にとって貴重な成長の機会の損失、国家的にも国民の知性・感性の損失になることでしょう。

一つのたとえ話でお話ししましょう。今あなたは、2つの食事メニューのどちらかを選ぼうとしています。一つは、完全サプリメントコースです。調理や食事にかける時間や労力を省くために、必要な栄養素を全部凝縮した錠剤を飲むのです。摂取に要する時間は10秒足らずで、ほとんど便にもならないので大変効率的です。もう一方は、従来のような食事コースです。前菜・スープ・サラダ・主菜・副菜・

ライス・デザート・飲み物を1時間ほどかけて食べます。あなたなら、どちらの
コースを選びますか？

　ほとんどの人が、従来の食事コースを選ぶことでしょう。それは何故でしょう
か？　主な理由は、「食事は人生の大きな喜びの一つ」だからでしょう。食事は口
と目と鼻で味わう喜びであり、また人々との大切な交流の場です。いくら効率的だ
からといって、こういう喜びを省略してサプリメントを選ぶ人は少ないでしょう。

　同じことが、英語の学習にも当てはまると思います。単語・文法・語法・発音・
段落構成・スピーチ・プレゼンテーション・ディベート・エッセイライティング技
法等々、英語の学習で学ぶことはたくさんあります。その知識・技術だけをどれほ
ど詰め込んでも、それが英語を味わい、人と関わりながら学ぶ喜びを伴わなければ、
英語力は定着しません。母語と言語的に隔たりが大きい英語を習得するためには、
自分で自分の学習を管理する長い持続的な忍耐・努力が必要です。もし学ぶことが
大きな意味と楽しさを伴うならば、人はこの忍耐・努力を持続できるでしょう。で
は、そういう英語を学ぶことの楽しさとは、具体的にどこから得られるのでしょ
う？

　学ぶ楽しさとは、学ぶ内容が自分にとって意義を持っていると感じた場合に生ま
れるものです。「今学んでいることは、自分自身を高めてくれる」「これを学ぶこと
は、将来自分がより良く生きることにつながる」と感じられれば、人は積極的に学
ぼうとします。また、学ぶ楽しさとは、その学習のプロセス（過程）が自分にとっ
て楽しく・有意義である時に感じるものです。自分たちが主体となって活動し、友
だちとふれあい、教えあい、協力して不可能を可能にし、課題を成し遂げていくプ
ロセスが、学ぶ充実感を生むのです。

　人間形成的な授業では、英語活動を通して学習者が自分や友だちの良いところを
見出し、言葉を交わす楽しさやマナーを、やり取りの中で体得し、物事に対して自
分の意見を持ちそれを表明し、自分と異なる意見にも耳を傾け、自己肯定感や寛容
性を身につけます。聞いたり読んだりした英文をもとにして、自分たちの価値観や
人生目標を考えます。また、聞いたり読んだりした英文を鵜呑みにするのでなく、
建設的・批判的に吟味する知性を身につけます。さらに自分たちが遭遇しそうなト
ラブル場面を想定し、仲間と知恵を出し合ってその解決策を考え、それを適切なロ
ジックや英語表現を用いて発表し、それを通じて対人交渉力や成功体験を積み重ね
ていきます。

　そんな意味深い学びと、豊かな学習プロセスのある英語授業をつくりたい、この
本はそれを志向する28人の英語教員（小・中・高校・大学・専門学校・民間英語
教室）が集まって4年がかりで書き上げました。私たちは、学習者の「英語が使え
るようになりたい」という願いを叶えることを、何よりも大切にしています。その
願いを大切にするからこそ、楽しく意味ある筋道（プロセス）で教え・学ぶことを

重視しています。その意味あるプロセスを具体的に提案するのが、この本の目的です。この本に書かれたアイデアはすべて、日本の学校の教室で実際に用いて効果が証明されているものです。

　第1章では、心に触れる授業と、そうでない授業のちがいを具体例で紹介します。英語を習得するには、長い持続的な学習が必要です。その長い道のりのエネルギーとなるのは、自分が生きることと関連づけられた、心に触れる学習方法です。私たちはともすれば、試験で高得点を取ることだけに目を奪われがちですが、それだけでは心のエネルギーが枯れてしまいます。この章では、生きることと関連づけられた、心に触れる授業と、そうでない授業の違いを、具体例や人生体験で紹介します。

　第2章では、どのようにすれば心に触れる授業が実現できるのか、そのメソッド（方法論）をわかりやすく解説します。ポイントとなる理論は、自己実現欲求・有意味学習・外発的動機づけと内発的動機づけ・自己関与性・自己効力感・自己肯定感、批判的思考力です。そのメカニズムを理解することが、心に触れる授業の原点になります。それらの理論を授業に具現化する方法を、わかりやすく解説しています。たとえて言うならば、授業という建造物の躯体部分（柱や梁）です。

　第3章では、9人の教師が英語教師としての成長体験——本当の授業に目覚めることとなったシンボリックな授業体験——を語ります。お読みいただけばわかりますが、どの教師も最初から人間形成的な信念や展望を持って授業を行えていたわけではありません。むしろ迷いながら手探りで生徒と関わる中で、英語を通したより深い人的交流の泉を掘り当てる体験に出会い、開眼したのです。

　第4章では、15人の教師が、「これこそが私の理想を体現した授業だ」と言える、小・中・高校・大学・専門学校・民間英語教室での授業の取り組みを描写します。具体的な人間形成的授業目標をかかげ（たとえば「安心して自分を語る」）、その目標実現に向けた授業展開を示します。この第4章は逸話風に語られています。それには理由があります。逸話は、さまざまな教訓が埋め込まれた、一つの有機体です。人は逸話から、自分に即してそれぞれ異なる教訓を引き出すことができます。その意味で、逸話は理論書に勝るものがあります。たとえば私達が自信喪失のどん底にある時、達人のアドバイスはかえって自信を失わせることがあります。逸話の主人公が授業でつまずき、もがきながら道を見出していく姿に、人は救いや励ましを得るものです。

　以上のようにこの本は、学習者の「英語が使えるようになりたい」という願いと、「学習者が英語を使えるようになるのを支援したい」という教師の思いを叶えようと集まった、28人の英語教員による、学びについてのアドバイスと体験集です。私たちは、学習者の「英語が使えるようになりたい」という願いを叶えることを、何よりも大切にしています。その願いを大切にするからこそ、楽しく意味ある内容・方法・過程で教え・学ぶことを重視しています。それを具体的にお伝えしようとす

るのが、この本の目的です。この中に、あなたがお探しの閃きやアイデアや励ましが、見つかりますよう期待いたします。英語教育を通して自他ともに成長していくことに、大きな喜びを感じつつ。

2024年5月

編集代表・三浦　孝
（ヒューマニスティック英語教育研究会会長）

---

[1]　小学校5，6年では、45分間の授業を週1回、年間35週実施したものを「1授業時間数」と呼ぶ。小学校では英語が週2回実施されているので、2カ年の合計授業時間数は2回×35回×2年で、140授業時間数となる。これを、実際の時間の長さすなわち60分に換算すると、[140 ÷ 60 × 45] で、105時間となる。

[2]　中学校では50分間の授業を週1回、年間35週実施したものを「1授業時間数」と呼ぶ。中学校では英語が週4回実施されているので、3カ年間の合計時間授業数は4回×35週×3年で、420時間授業数となる。これを、実際の時間の長さすなわち60分に換算すると、[420 ÷ 60 × 50] で、350時間となる。

[3]　高等学校の場合も「1単位時数」の内訳（50分間×35回）は中学校と同じ。ただし、高等学校は全日制／定時制の別、学校種（普通科・工業科・商業科等）と類型（文系・理系）によって英語の履修単位数が異なるので、一律には計算できない。本書で用いた「約510時間」は、筆者が数校の全日制普通科文系に問い合わせて得た回答の中間値（550授業時間数）を採って、それを実際の時間の長さすなわち60分に換算したものである。

目 次

まえがき ……………………………………………………………………… 三浦　孝　*iii*

執筆者一覧 ……………………………………………………………………………… *xi*

第1章　導入編
英語教育と、「生きる」こと

1 節　人を育てる英語教育とは ………………………………………… 三浦　孝　*2*

2 節　「どうして学校で英語を学ぶのか・教えるのか」
　　　という問いとの格闘 ………………………………………… 水野　邦太郎　*12*

3 節　学ぶ意欲を高める ──外国語学習の動機づけ ………………… 柳田　綾　*18*

4 節　内発的動機づけを高める授業
　　　──なりたい自分を話したくなる ………………………………… 竹内　愛子　*23*

5 節　自己表現へつなげる授業 ……………………………………… 石井　博之　*29*

6 節　夢を実現するための英語学習
　　　──天命を見出した人は猛烈に頑張れる ……………… 鈴木　章能・三浦　孝　*32*

7 節　学びを支援する教師の関わり方
　　　──授業は［我］と［汝］の対話 …………………………………… 三浦　孝　*37*

第2章　理論編
人間形成的英語教育のメソッド

1 節　人間形成的英語教育の理念 …………………………………… 鈴木　章能　*42*

2 節　人間形成的英語教育のメソッド ──目標・手順・評価 …… 三浦　孝　*47*

3 節　人間形成的英語授業をつくるためのポイント ……… 加賀田　哲也　*52*

4 節　小学校英語授業を豊かにする指針
　　　──楽しみながら「思考」を働かせる ………………………… 永倉　由里　*61*

vii

5節 「やってみたい！」が持続される英語授業
　　──動機づけ理論の視点から ……………………………………………………… 柳田　綾　*67*

6節 自己効力感・自己有用感・
　　自己肯定感を高める授業 …………………………………………… 牧野　尚史　*72*

7節 人間形成と学力向上
　　──指導困難校が生まれ変わった取り組み ……………………… 椎原　美幸　*77*

8節 自ら学ぶ力を育てる授業 ──自己調整学習の視点から …… 溝口　夏歩　*83*

9節 学習者の成長を促す自己表現 ………………………………………… 石井　博之　*87*

10節 社会との関わりの中で生き方を考える授業
　　──SDGsとの関連で …………………………………………………… 山本　孝次　*92*

11節 批判的知性を伸ばす
　　クリティカル・リーディングの授業 ……………………………… 峯島　道夫　*98*

第3章 **体験編**
　　　私が人間形成的授業に目ざめた時

1節 授業崩壊のどん底で見つけた、語りかける授業 ……… 三浦　孝　*106*

2節 試験対策と人間形成的英語教育の両立
　　──進学校でトピックについて英語で話し合う ………………… 柴田　直哉　*112*

3節 「愛」について考える10時間
　　──先輩教師から学んだ、生徒とともに作る授業 ……………… 中田　未来　*118*

4節 生徒と対話する授業づくりの模索
　　──そこから見えた新しい光景 …………………………………… 大脇　裕也　*123*

5節 人と人がつながる授業を目指して
　　──生徒の声が聞こえるように ………………………………… 亀山　弘二郎　*128*

6節 生徒が主役になる授業
　　──生徒とともに授業をつくる教師を目指して ………………… 稲葉　英彦　*133*

目 次

7節 本当の意味で生徒を「知った」時
——「友だちとは？」を問う授業 ……………………………… 石井　博之　*138*

8節 アイデンティティ形成と英語教育
——看護大学の授業から ……………………………………… 中村　義実　*143*

9節 ロジャーズの学生中心教育
——日本人学生の現実に直面して ………………………… 桑村　テレサ　*149*

第4章 **実例編**
花開く人間形成的授業

【小学校】

1節 子どもの自己肯定感を高める小学校英語授業 ……… 加賀田　哲也　*156*

2節 外国の小学校と英語でオンライン交流 ………………… 北野　梓　*160*

【中学校】

3節 英語で問題解決力を養う授業
——立場や状況を設定した活動で人間形成を促す ……………… 稲葉　英彦　*165*

4節 If You Were a Hero
——生徒が自分の可能性に気づく授業を目指して ……………… 鈴木　成美　*171*

5節 "What do you think?"に答えられる英語力を
——話す「中味」を育てる授業 ………………………………… 中田　未来　*177*

6節 異なる言語や文化をもつ人々がわかりあうために
——意見交換を重んじる授業 ………………………………… 稲葉　英彦　*182*

7節 平和の願いを込めた英語の歌を創作しよう
——教科横断型授業の実践 …………………………………… 中田　未来　*188*

8節 海外の中学校との協働的な活動でSDGsを考える …… 北野　梓　*194*

【高等学校】

9節 自分が親になったら我が子に言ってあげたい言葉
——自己表現活動を通じて生徒の自己内省を促す授業 ………… 石井　博之　*199*

ix

10節　持続可能な社会の創り手を育む
　　　──SDGsトピックの英語授業 ……………………… 山本　孝次　*204*

11節　自分探しの英語学習 ──「論理・表現Ⅰ」の授業で ……… 森田　琢也　*211*

12節　自分を見つめ表現できる英語授業を
　　　──ESS部の活動を通して学んだこと ………………… 五十嵐　光緒　*217*

13節　批判的思考力を育てる実践
　　　──対置テキストと頂上タスクを用いて ………………… 今井　理恵　*223*

14節　高校英語教材を深く咀嚼する授業の実践 …………… 柴田　直哉　*230*

【大学】
15節　批判的思考力を高める授業
　　　──「読む」から「書く」へと深読みする ………………… 伊佐地　恒久　*236*

16節　Graded Readersの読書を通じた
　　　「読書コミュニティ」創り ……………………………… 水野　邦太郎　*242*

17節　人種差別をテーマにした大学英語授業 …………………… 関　静乃　*249*

【専門学校・民間英語教室】
18節　学ぶプロセスに意味を持たせる
　　　専門学校での取り組み ………………………………… 清水　真弓　*254*

19節　世代を超えて学び合う市井の英語教室の展開 …………… 関　静乃　*258*

（コラム）卒業生からの寄稿　一番伝えたいこと
　　　──稲葉先生の授業を振り返って ……………………… 池ノ谷　叙威　*262*

あとがき ………………………………………………………… 加賀田　哲也　*265*

索引 ……………………………………………………………………………………… *267*

執筆者一覧

三浦　孝	静岡大学名誉教授	1章1節・1章6節・1章7節・2章2節・3章1節
加賀田　哲也	大阪教育大学教授	2章3節・4章1節
柳田　綾	桜花学園大学准教授	1章3節・2章5節

五十嵐　光緒	富山県立富山南高等学校教諭	4章12節
伊佐地　恒久	岐阜聖徳学園大学教授	4章15節
石井　博之	茨城県立水戸第二高等学校教諭	1章5節・2章9節・3章7節・4章9節
稲葉　英彦	静岡大学准教授	3章6節・4章3節・4章6節
今井　理恵	新潟医療福祉大学助教	4章13節
大脇　裕也	大東市立北条中学校教諭	3章4節
亀山　弘二郎	川崎市立高津中学校教諭	3章5節
北野　梓	大阪府立富田林中学校・高等学校教諭	4章2節・4章8節
桑村　テレサ	京都先端科学大学教授	3章9節
椎原　美幸	長崎県五島市教育委員会指導主事	2章7節
柴田　直哉	名古屋外国語大学専任講師	3章2節・4章14節
清水　真弓	日本大学非常勤講師	4章18節
鈴木　章能	長崎大学教授	1章6節・2章1節
鈴木　成美	伊豆市立中学校教諭	4章4節
関　静乃	静岡大学非常勤講師、ニューヨークアカデミー主宰	4章17節・4章19節
竹内　愛子	名古屋市立緑高等学校教諭	1章4節
永倉　由里	常葉大学名誉教授	2章4節
中田　未来	大阪教育大学附属池田中学校教諭	3章3節・4章5節・4章7節
中村　義実	新潟県立看護大学教授	3章8節
牧野　尚史	滋賀大学教育学部附属中学校教諭	2章6節
水野　邦太郎	神戸女子大学教授	1章2節・4章16節
溝口　夏歩	名古屋外国語大学専任講師	2章8節
峯島　道夫	新潟県立大学教授	2章11節
森田　琢也	大阪教育大学附属高等学校池田校舎教諭	4章11節
山本　孝次	愛知県立刈谷北高等学校教諭	2章10節・4章10節

池ノ谷　叙威	静岡大学教育学部附属静岡中学校卒業生	コラム

第 **1** 章

導入編

英語教育と、「生きる」こと

英語力を伸ばしながら、同時に、生きることと関連づけた心に触れる英語授業の原則を、6人の著者が具体例や人生体験で紹介します。英語を習得するには、長い持続的な学習が必要です。その長い道のりのエネルギーとなるのは、自分が生きることと関連づけられた、心に触れる授業と学習方法です。その原則をわかりやすく紹介します。

1節
人を育てる英語教育とは

三浦　孝

　人を育てる英語教育とは、どのようなものでしょうか？　従来の英語教育は、十分に人を育ててきたのでしょうか？　この節ではそれについて、ある少年と筆者の事例をお話しし、次いで英語教育がどのように人を育てることができるのかを、詳しく解説したいと思います。

1.　大学入学共通テスト会場前で起きた事件

　一人の高校生の話から始めます。その少年は小学校の頃から学業成績が優秀で、中学校でも常にトップクラスの成績を修め、部活動にも熱心な模範生として知られていました。医師になることを志し、日本一難関と言われる東大理科三類（医学部）に合格することを目標とするようになりました。

　難関高校に進学し、入学後は校内でトップの成績を取ることだけを目標に、他を切り捨てる生活を送り、2年生進級時には成績優秀クラスに入ることができました。しかし、それ以後徐々に勉強に集中できなくなっていきます。高2の秋には、校内成績は100番以下に落ち、三者面談で担任から東大医学部への合格は難しいと宣告されてしまいます。その後も成績は下落を続け、沈滞状態で高2の1月を迎えます。1月は、大学入学共通テストが行われる月で、少年もあと1年後にはそれを受験することになります。少年は焦ります。下落していく成績を挽回する気力も自信もありませんでした。

　小学校時代から模範生として思い切り膨らんだ自尊心が、ガラガラと崩れていきます。これまでの10年近く、東大医学部合格に向けて、受験に関係ない部分の人生をすべて切り捨てて生きてきた。その夢が叶わないとしたら、自分はどうしたらいいのか？

　そして1月15日の大学入学共通テストの日の朝、試験場前の路上で、通行人3人が包丁で切りつけられる事件が起こりました。襲われたのは共通テスト受験生2人と、たまたまそこを通りかかった72歳男性でした。犯人はあの少年で、自分の成績では東大医学部に合格できそうもないことに絶望し、自殺を試みたが実行できず、代わりに傷害事件を起こして自分を自殺に追い込もうとしたと供述しました。（集英社オンライン2023年1月13日）

　どうでしょう。実際に行動に移すまではいかないけれど、少年と同じような心理的危機に陥っている生徒は、日本中に大勢いるのではないでしょうか。彼らは一見

したところ模範生で、暴力行為や暴言、怠惰といった愚行で周囲に迷惑をかけるようなことはしません。しかし、そうした模範生の中に、実は心の虚無をかかえる子が少なからずいることは、見過ごされているのではないでしょうか。

1.1　狭い人生経験：筆者の高校時代

実は私も高校2年生から数年間、似たような虚無状態に陥っていました。だからあの少年のことが、他人事とは思えないのです。私の高校時代は今から50年以上も昔の話ですが、少年と私との類似点を考えてみたいと思います。

私は幼児期から病弱で、気が小さく、内向的で覇気が無く、いわゆる弱虫少年でした。いつもおどおどして隠れるように暮らしていました。ただ一つ、母の存在だけが、私の生きる喜びでした。母を楽にさせ、喜ばせるためになら何でもやりました。

勉強することで喜んでくれるのならと、母のために一生懸命勉強しました。おかげで、小3の頃には通知表に5段階評価の5が多く並ぶようになりました。すると不思議なことに、いつの間にか他の子供たちからいじめられることが減り、むしろリーダー的な役に選ばれるようになっていきました。勉強ができれば、人から一目置かれるようになるとわかってきて、それから私は自分の弱点をカバーするために、学業に邁進するようになりました。

中学校でも、級長や生徒会といったリーダー的な役割が回ってきて、だんだん私は本当の自分をしまい込んで、リーダーらしく思考し行動するようになっていきました。昔は自分を見下してきた悪ガキたちが、自分に一目置くようになってきて、私の承認欲求は大いに満たされるようになっていきました。

中学3年生になり、進路選択で地元の普通科進学校を受験することにしました。私の姉や兄もそこに進学しており、私にとってごく普通の選択でした。高校に入ってからは、毎日家で3，4時間は勉強しました。入学後初回の実力テストで、思いがけず学年1位となってしまいました。そしてこのことが後に重荷としてのしかかってくるのでした。

その一方で、中学・高校を通じて、功利打算に関係なく、寝食を忘れてのめり込むような関心事との出会いはありませんでした。教科書や授業で夥しく習う事象や人物の中で、「これは自分の人生に関係する、有意味なことだ、もっと知りたい」と思うことはめったになく、教師たちは人名や地名、事件名、作品名、方程式や分子記号や文法規則を黒板に細かい字でびっしりと書き込み、「これは入試に出るから覚えておけ」と言うだけでした。「試験に出るから覚えておけ」、そんな言葉に急かされて、学問を味わう余裕などありませんでした。

そんな学校生活でも、より深い学びへの扉とすれ違ったことは、少しはありました。たとえば音楽の授業でグレゴリオ聖歌の一節を歌った時には、本当に心が癒や

される思いでした。英語の授業でアメリカ民話の *Rip Van Winkle* を読んだ時には、こういう素朴で広大な世界に生きたいと思いました。古文の『雨月物語』で「浅茅<ruby>が宿」を読んだ時には、亡霊となってまで愛する人を待ち続けた女性の想いに心を打たれました。しかし、そうした心の動きを教室で級友と話し合う機会はなく、「入試に出るから覚えておけ」の言葉に急かされて、それらをさらに探求する扉を開けることはありませんでした。

1.2 「生きること」と無縁の英語学習

英語はどうだったでしょうか。私の高校時代の英語授業は「読本」、「文法・作文」と「サイドリーダー」に分かれていました。

「読本」は「リーダー」とも呼ばれ、授業は教科書の各レッスンを日本語に訳すことが中心でした。教科書には、論説文や物語文、手紙文・英詩などが載っていました。授業は和訳一辺倒で、教師が生徒を指名して1段落ずつ訳させ、間違いがあれば訂正して次へ進む形でした。座席順に規則的に当てられるので、生徒は自分が当たりそうな箇所を前もって用意して対応していました。ひたすら訳すことばかりで、書かれた英文の内容について吟味したり意見を交換することはありません。

「文法・作文」は、山崎貞の文法書『新自修英文典』を薄くわかりやすくしたような教科書で、ひたすら教師が解説し、それから生徒が練習問題を解き、先生が答え合わせをする形式でした。その練習問題はたとえば次のようなものでした。

Exercise 41
次の和文を英訳せよ。
1. 私が君だったらそんなことはしない。
2. 読む価値のある（to be worth reading）本なら読んでみよう。
3. もう1分早いと急行（express）に間に合ったのだが。
4. たとえ百万円もらってもそんな仕事はいやだ。
　　　以下略　　　　　　　　　　　　　　　　　　　　　　　　　　（山崎 , 1951）

見てわかるように、練習問題の短文は相互に意味的関連を持たない、孤立したものばかりです。短文が脈絡なく羅列されていて、ただ単に文法ルールの例示でしかありません。実はこの傾向は、現在の大半の英語文法書にもあてはまります。

「サイドリーダー」は、検定教科書ではなく、A5判の英文読み物がテキストでした。いわゆる Graded Readers で、難語には注釈が付けられていて、読みやすくなっていました。この授業だけが、私の心に触れた英語授業でした。今でも覚えているのは、*Dr. Jekyll and Mr. Hyde* で、英文をスラスラ読む楽しさを感じました。物語は、非常に立派な紳士のジキル博士が、実は極悪人ハイド氏と同一人物というス

トーリーで、二重人格性に自分との共通点を感じて共感したものです。ただし、ここでも授業は英文を訳読するだけで、内容について感想を述べ合うことはありませんでした。

授業に加えて、英語では学校指定の参考書が課せられ、それが定期テストにも出題されました。私たちが課された参考書は、過去の大学入試に出題された英文を集めた、難解文の読解問題集でした。掲載されていた英文は、英語ネイティブの文筆家が英語圏の大人の読者向けに書いたもので、それが「入試に出題された」という理由で選ばれたものでした。つまり、日本の読者向けではなく、ましてや高校生向けの内容ではなかったのです。

もしも、あの参考書の英文の内容が、生きることや、他人との接し方、友情論、恋愛論など、思春期の若者の悩みや関心に関係あるものであったら、どんなに助かったことでしょう。そしてそういう自己関与性のある英文を読んだ後で、"What do you think about this story? What would you do if you were the hero / heroine?" のように級友と英語で意見交換ができたら、なおありがたかったことでしょう。もう一つ、先ほどの文法練習問題を例に取ると、同じく仮定法を扱うにしても、次のように自己関与性のある条件英作文で自分を表現し、それを級友と交換して読み合えたとしたら、どんなに楽しく交流できたことでしょう。

〈自己関与性のある条件英作文の例〉
下線部を、あなたの言いたいことに置き換えて、英文を完成しなさい。
・I wish I had a <u>bosom friend</u>. Then my life would be happier.
（私に親友がいればいいのに。そうしたら私の人生はもっと明るくなるだろう）
・If I had one week of free days, I would go to <u>Greece</u> and <u>visit the Temple of Parthenon</u>.
（もし私に一週間の自由時間があったなら、私は<u>ギリシャ</u>へ行って<u>パルテノン神殿を訪れる</u>だろう）
・If I could fly in the sky, I would <u>fly over the site of Machu Picchu in Peru</u>.
（もし私が空を飛べるのなら、私は<u>ペルーのマチュピチュ遺跡の上を飛ぶ</u>だろう）

また、毎回の授業の最初の5分間程度を使って、生徒同士が英語で挨拶とスモールトークを交わす活動を取り入れれば、英語で自分を表現し、相手を理解し合うクラスを育てることができたでしょう。たとえば下記の例のように、文の骨組みだけを指定して、下線部に自分の思いを補えばスモールトークは手軽にできます。

第1回：My best friend is <u>my soccer ball</u>.（下線部に、人間以外のものを補う）
第2回：I am very happy when <u>I am singing in my chorus club</u>.
第3回：I like those people who <u>do not speak ill of others</u>.
第4回：I feel proud of myself when <u>I was able to help someone in need</u>.

　このように、高校時代の私は授業や日常生活で、心の琴線に触れる事象や人物との出会いに欠け、自分を燃え立たせるエネルギー源を持たないまま、ただただ成績上位にしがみつこうと、義務的に机に向かう日々を送っていました。もちろんそれが第一義的には自分の未熟さや世間知らずであることに起因するものであったことは認めます。それは、日々消耗してゆく道でした。高2の夏以降、私の実力テスト順位はズルズルと下落していきました。それでも一生懸命勉強しているつもりでしたが、実際のところは部屋の窓から漠然と外を眺め、家出して漂泊する姿を空想して過ごしていました。ある心理学者によると、ただ点数を取るためだけの詰め込み式学習が効果を発揮するのは、最大で6カ月だけだと言われています。それ以上にわたって詰め込み式学習を行わせると、意欲も能率も減退の一途をたどるそうです。私はその典型例だったのです。

1.3　浅薄だった進路希望

　また私の場合、自分の進路希望に関してもいい加減なものでした。自分は将来何をやりたいか、そのための一歩として、高校卒業後どの方面へ進むのか、その展望が欠けていたのです。ただ単に、「英語が得意だから英文科へ進む」という発想しかありませんでした。今から考えれば笑止千万な進路選択です。もちろんこれは自分の思慮の浅さが原因ですが、思い返してみれば、

　・「将来何をやりたいのか」
　・「そのために、高校卒業後はどこへ進むのか」

について、先生や友だちと深く話し合った記憶がありません。今から考えれば、私が「英語が得意だから英文科へ進む」と言った時、「たったそれだけの理由で英文科へ進んで大丈夫か？」と問い返されてもよかったのです。高校全体が、どこの大学に何人合格させるかに目が向いていて、個々の生徒の志望動機が妥当かどうかを云々する余裕はなかったのでしょう。

　試験会場で事件を起こした少年のケースも同様のことが言えると思います。彼は、「医師になりたい」と言いながら、どういうわけか東大医学部一本にこだわり、他大学の医学部という選択肢を考慮していませんでした。もし彼が本当に医者になりたいのなら、第2志望や第3志望の医学部に進んででも、医師になる道は十分にあったはずです。それに、自分の自殺の巻き添えとして他人を利用したことは、医師

を目指す人間にはあり得ないはずです。こういう進路希望の不自然さを、誰も指摘しなかったのはどうしてでしょう？　学校が生徒に向かって、「早期に進路希望を決め、それに向かって試験対策をせよ」と急き立てる中で、表面的な希望をも「進路希望」だと思い込んで、人生を受験対策で埋め尽くす。そこには、知性や教養や社会性の広がりといった人間的な成長が含まれていません。このような風潮の中にあって、学校の英語教育もそのレールの主要な一歯車として、動員されることが多かったのです。

　あの少年がもう少し豊かな人生体験を持っていたら、あの事件には走らなかっただろうと思います。人生体験、現世的には役に立ちそうもない趣味や興味関心、やめろと言われてもこっそりやってしまいたくなる探求心、損得抜きで好きな活動、本当の自分をさらけ出し合える仲間、障害を背負って明るく生きる人々や、生まれたばかりの赤ちゃんとのふれ合い、世のために生涯を貫いて道を切り開いた人との出会い、人の臨終への立ち会い、与えられた命を真摯に生きる動物や植物とのふれ合い、心を揺さぶる芸術作品や偉大な文学との出会い——そういった人生体験の上に、自分の将来像が見えてくるのではないでしょうか。

　筆者自身の英語体験に話を戻しましょう。高校時代まで、自分が生きる参考にはならなかった英語学習でしたが、大学卒業後に教師になって何冊かの素晴らしい本と出会い（土屋, 1982; Tanaka, 2017）、英語が人間性育成と大きく関わることに目覚めました。そして、荒れた高校の英語の授業で、生徒の心の奥に脈打つ、伸びようとする欲求に出会い、一緒に協力して授業を作り上げた経験を経て、今は英語教育が自分の生きがい、天職となっています。これについては本書の3章1節で詳しく述べます。

　あの少年の事件は、一人の変わり者が起こした特殊な事件ではありません。彼と同様に、表面的な「進路」指導と点数取りの効率優先主義がもたらす虚無街道を進みながら、事件を犯す1歩か2歩手前で必死に踏み止まっている、大勢の若者がいるに違いありません。「志望校入試突破」というレールに乗せられ、生きることを棚上げして、ひたすら効率至上主義の受験対策のレール上を今も走っている（実は走らされている）多くの生徒たちのために、自身の心を育て、豊かな人間性を育むための教育へと変えなければならないと、私は考えます。

　それでは、学ぶ者の心を育て、人生を豊かにする英語教育とはどのようなものなのでしょうか？　次のセクションではそれについてお話ししましょう。

2.　人生をより良く生きるための英語教育とは

　英語教育が、英語コミュニケーション力の養成を第1目標としながら、その授業を通してどのように人間形成に貢献しうるかについては、これまでに次のような効

果が指摘されています。

2.1 異文化理解・異文化適応力の養成

どの外国語学習にも当てはまることですが、母語と異なる発音や文構造、表現、談話構造に接すること自体が、異文化体験になります。学習者は一生懸命に、相手が何を言おうとしているかを聞き／読みとろうとします。その体験を通じて異質な文化に対する tolerance（耐性）が養われます。また教材の英文を通して、自分の文化と異なる思考様式や生活様式に触れることで、異文化理解が養われます。加えて、授業の内外で実際に英語を用いて外国の人々とメール交換や会話をすることで、異文化交渉を実体験することができます。

2.2 授業のコミュニケーション活動を通じての豊かな社会性育成

英語授業では、ペアワークやグループワーク、インタビューやプレゼンテーション、タスク活動など、小グループで任務を分担して行う授業活動が多用されています。こうした活動を通して、豊かな社会性が涵養されてゆきます（三浦他, 2006）。産業革命以来、肉体労働が機械に、事務労働がコンピューターに取って代わられ、今は人工知能が人間の頭脳労働を代わりに行いつつあります。そんな流れの中で、豊かな社会性はますます重要性を増してゆくでしょう。

ただし、生徒を小集団に分けただけで、こうしたコミュニケーション活動や良好な協力関係が自然に成立するわけではありません。中には、小集団活動を苦痛に感じたり、時間の無駄だと考える生徒もいるでしょう。教師は、協同的学習の意義を生徒に繰り返して説明するとともに、協同的学習と個別学習の使い分けを工夫し、拒否反応を示す生徒の気持ちにも寄り添って一緒に打開策を模索し、編成したペアやグループを導き高める努力を継続することが必要です。

2.3 世界的視野の広がり

教科書の英文には、地球環境問題・戦争や紛争・人権・飢餓・貧困・病気など、世界的規模の諸問題の存在と、その解決に奮闘する人々の努力が紹介されています。こうした英文に触れることで、生徒たちは視野を世界に広げ、かつ自分事として捉え、より広い見地から自分の将来像を描いていくことができます。

そしてそのためにも、教師は出版される検定教科書全般を広く読み通し、適切な教科書を選択することが必要です。

2.4 言語の仕組みに顕れた対人交渉文化の学習

英語に特有の言い回しや論述構成は、英語圏の言語文化を反映しており、その深層を理解することによって、英語圏の対人交渉の原理を学習することができます。

下記、ア）～オ）はその一例です。

ア）徹底した言語表明の尊重：

"Speech is gold.", "Ask, and it shall be given.", "The squeaky wheel gets the grease." の文言にあるように、英語文化ではお互いが言い分をしっかりと言語化して表明し、話し合うことが奨励されます。黙っていて相手に察してもらおうという態度は、独立心に欠けると批判されます。日本文化では「以心伝心」が尊ばれてきましたが、世界を相手に交渉する時には、それは通じません。

相手に会った時の "I am very happy to meet you." や、別れ際の "It was nice talking with you." から始めて、明白に言葉で表明し合う文化を学び、発信力を鍛えることができます。

イ）[Why?—Because] の常用：

英語のインタラクションで日常的なのが、[Why?—Because] の問答です。英語圏では、こちらが意見を言えば相手はまず "Why do you think so?" と反応してきます。英語文化では、互いの主張とその理由をしっかりと言語化して伝え合うことは、わかった振りをするよりも礼儀正しいこととされるからです。

ウ）対等な人間関係における politeness：

英語には、自分を低め・相手を高めることによって敬意を表す、日本の敬語にあたる文化は存在しません。英語では、年齢や社会的地位にかかわらず、人間同士は対等の関係として交渉することが大前提です。しかし、見落としてならないのは、対等な関係を前提とした上での丁寧さ（politeness）のルールが厳然として存在することです。それは①決定権を相手に譲る、②相手がこちらの誘いや依頼を断りやすくする、③用件を婉曲に表現する、という原理で成り立っています（鶴田他, 1988）。こうしたルールを、実際の会話表現を通して学ぶことができるのも、英語教育のメリットです。

エ）人間関係の positive tone：

木村（2007）は、日本語では相手に何かをしてもらった時によく言われる「ご迷惑をおかけしてすみません」という表現が、「自分は相手にとって negative（迷惑）な存在だ」という文化的前提を反映していると言います。一方、英語では "Oh, this is wonderful! You are such a great help!" のように言って感謝します。「自分と相手が、お互いにとって positive な（ありがたい）存在だ」という文化的前提がそこにあります。世界の人々を相手にした時、私たちはこの2つの文化的前提を使い分ける必要があります。

オ）民主社会を支える言語技術（language art）：

　英語では、根拠を伴って論理的に整然と、言葉を尽くして用件を相手に伝えることが、話し手・書き手の責任とされています。そのために、「topic sentence + support」という段落構造、general（概要）→ specific（詳細）という文の配列、より良い結論を導き出すための mind を持った協同作業としての discussion の尊重、その協同作業のためのマナーとしての「mind（知性・意見）と heart（感情）の区別」が奨励されています。英文を通じて、こうした言語技術を学ぶことができます。

2.5　人間性の解放

　日本語しか使えない状態は、ドアが一つしかない部屋に譬えられます。外国語が使えるようになることは、もう一つのドアを開けることに譬えられます。もう一つのドアがあれば、好きな方から出入りができます。必要ならば自分も外国に行って仕事も生活もしてみせる。外国語が使えるという自信は、学習者が描く将来像の選択肢を拡げ、内向きになりがちな日本人に大きな精神的自由をもたらします。

　また、外国語で話すこと自体が、母語でのそれとは違った精神的自由をもたらします。金森（2003）は、小学校で級友たちと日本語でうまくコミュニケーションを取れなかった児童たちが、生き生きと英語で活動している事例を報告しています。日本語では言いにくいことも、英語でなら表現できる、という事例は多く報告されています。

2.6　英語教育は他の外国語学習の準備教育

　大多数の生徒にとって、初めて学習する外国語が英語です。中学から高校の英語授業で、外国語の適切な学習方法と必要最低限の文法用語の手ほどきを受け、自分に適した「自分で自分を教える」学習ストラテジーを発達させることが、将来の他の外国語学習を支える大きな資産となります。

　しかし、以上のような人間形成的要素は、放っておいて自動的に学習されるものではありません。たとえば英語で来客をもてなす際に、相手に飲み物の好みを聞くことが、「相手に決定権を委ねる」という最高のもてなし原理に基づくものであることを知ってはじめて、"Would you like tea or coffee?" という問いの意味深さがわかるのです。

3.　人間形成的要素は英語コミュニケーション能力と並ぶ両輪の一つ

　いかに英語が流暢でも、相手の文化に無知で、ポライトネスをわきまえず、自分

の都合しか目に入らず、相手と言葉のキャッチボールが成立しないような人が、コミュニケーションを取れるはずがありません。その意味で、上記の人間形成的要素は、英語コミュニケーション能力と並んで、英語教育の両輪を成すものです。

　また、これらの人間形成的要素は、生徒の成長欲求や自己実現欲求に直結するものですから、触発されれば強い学習動機を引き出し、英語が苦手な生徒も含めて、より前向きに授業に参加する原動力になります。本書の2〜4章には、こうした英語教育を作り上げる上で参考になる原則や指導例が具体的に記されています。これらを参考にされて、学習者にとっても教師にとっても意味深い英語教育を推進していただけることを期待します。

引用文献

金森強（編著）（2003）『小学校の英語教育——指導者に求められる理論と実践』教育出版.

木村和美（2007）『ポジティブ・イングリッシュのすすめ——「ほめる」「はげます」英語のパワー』朝日新聞出版.

土屋伊佐雄（1982）『明日の英語教育——Educational・Approach の構想』明治図書.

鶴田庸子・ロシター, P.・クルトン, T.（1988）『英語のソーシャルスキル』大修館書店.

三浦孝・中嶋洋一・池岡慎（2006）『ヒューマンな英語授業がしたい——かかわる、つながるコミュニケーション活動をデザインする』研究社.

Tanaka, H.（2017）. *To live beyond my power*. On and On（On2）. Kindle 版.

2節
「どうして学校で英語を学ぶのか・教えるのか」という問いとの格闘

水野　邦太郎

1.　高校時代の「どうして勉強するのか」という問いとの葛藤

　私は高校2年生のとき、附属の文系大学へ内部進学をするのではなく、外部進学・理系コースを選択しました。「医学部に入って医者になりたい」という夢を実現したかったからです。しかし、まわりの友だちが1年後の共通一次・二次試験に向けて受験勉強を開始しているなか、私は「医学部に合格したい」という強い気持ちと、「受験勉強をすることの虚しさ」との狭間でもがき苦しんでいました。例えば、数学を勉強しているとき「ベクトルの内積について学ぶことが、いったい良い医者になることとどのようにつながっているのだろう？」といった問いが頭をもたげてくるのです。数学だけでなく、国語、英語、物理、化学、世界史、倫理・政経の「全科目」においても同じような疑問を持ちました。教科書を読んだり問題集や過去の入試問題を解いているときに、「どうして医師になるために、このようなことを勉強しなくてはならないんだ？」といった疑問で頭の中が一杯になってしまい、そのような疑問に悩まされました。

　高校の先生に私の疑問をぶつけてみました。すると「受験勉強とは、やりたくないことをどれだけ我慢してやれるかなんだ。大学入試に合格した人たちは、みな致し方なくやってきたんだ」と言われました。さらに「勉強したくないことの言い訳をするために、そんな疑問を水野は考えているだけだ」と言われました。友人にも同じような質問をしてみました。例えば「こんな文章を読まされたり、暗記させられたり、問題を解かされたりして、生きていく上でどんな意味があると思う？」と質問しました。皆が「わからない」という答えでした。友だちは「そういうことは考えない」ようにして受験勉強をしていました。私も友人と同じように受験勉強をできるようになりたくて、腑に落ちる「受験勉強をすることの意味」を自分なりに考え始めました。自分なりの意味づけができれば、夢である医学部合格を目指して受験勉強に邁進できると思ったからです。そこで、高校の図書館や市立図書館、本屋に行って必死に「受験勉強をすることの意味」が書かれてある本を探し求めました。

　このように、私は高校2年生の1学期の終わりごろから「学校で勉強すること・受験勉強をすること」と「自分が人間としてより良く生きること」との関係を考え

ながら高校に通うこととなりました。自分にとって「学ぶ意味」を感じられないことを毎日授業で学ぶよう強いられることは、精神的拷問を受けているかのように苦痛でした。次第に、学校に行くことが辛くなっていきました。一方、自分自身が学校で勉強すること、受験勉強をすることの意味を問うことは、次第に次のような問いへと広がっていきました。「大学で学ぶことの意味は何か」「生きるとはどういうことか」「人は何のために生きるのか」…。このような問いが頭の中を渦巻いていては授業に身が入るわけもなく、中間・期末試験の成績はどんどんと下がっていきました。

　高校2年生の2学期が始まると、朝に家を出ても高校に行かずに市立図書館や本屋に行くことが多くなりました。そのときに読んでいた本を思い起こすと、すぐに思い浮かぶのが次の3冊です：アントニオ猪木（1982）、神谷（1980）、吉野（1982）。

　「生きることの意味」について悩み苦しんでいた私は、当時、新日本プロレスのリングで闘っていたアントニオ猪木の姿を毎週テレビで観ながら、生きるとは「自分との闘い」であるというメッセージを受け取っていました。そして、その著書に書かれてあった「生きるということは、逃げないということだ」という言葉を胸に、「どうして勉強するのか」という問いから、どんなに苦しくても「逃げてはいけない」と自分に言い聞かせていました。一方、神谷美恵子と吉野源三郎の著書は、17年ほどしか人生経験のない自分にとって、「生きることの意味」について自分と対話を重ねることを支えてくれました。

　定期試験で赤点を取りながらも、なんとか高校3年生に進級しました。あいかわらず「何のために学ぶのか」「なぜ生きるのか」といった問いと向き合いながら悶々とした日々を過ごしているなか、ある日、現代国語の授業で「私の前にある鍋とお釜と燃える火と」というタイトルの詩と出会います（石垣, 1987）。作者は石垣りんという詩人でした。その詩の最後に、私たちが様々な学問を学ぶのは、自己の利益や社会的地位の向上を目指すためではなく「全部が人間のために供せられるように、全部が愛情の対象あって励むように」と書かれてありました。このメッセージは、「何のために学ぶのか」を必死に考えていた高校生の私の心にストレートに響きました。この詩と出会って、絡まった糸の先端を見つけたような気持ちになりました。

　しかしながら、その一方で「三角関数の問題」を解いているとき、「英語の長文読解問題」を解いているとき、「人間のために供せられるように」という気持ちを込めて問題の解き方を学ぶことができない自分がいました。石垣りんの言う「全部が愛情の対象あって励むように」を、受験勉強の中身にどう結びつけたらよいかわからない自分がいました。このようなアンビバレントな感情が受験勉強をするときの私の心の中で渦巻き、自己が引き裂かれるような気持ちになりました。精神的に

しんどい高校生活が続くなか、高校3年生の秋に私の人生を変える2冊の本との運命的な出会いが待っていました。

2. 「この本は自分のために書かれた」と思える本との出会い

学校帰りにいつも立ち寄る本屋に足を運び、本棚の「教育」のコーナーに立ったとき、『どうして勉強するのか——学ぶことの意味と無意味』というタイトルが目に飛び込んできました。そのときの感動は、昨日のことのように覚えています。ページを開くと、児童・生徒たちが学校の勉強の意義をうまくつかめていないという事実は大変おかしなことであり、「どうして勉強するのか」という問いは、一度、徹底的に考えてみる価値がある、と書かれてありました。そして「自分のやっている行為の意義がわからないということは、人間にとって極めて虚しく、また苦痛なことである」（横山, 1985, p. 3）とありました。

この本が今の自分のやりきれない気持ちを掬い上げ言語化し「代弁」してくれている、そのような気持ちでその本の表紙をなでました。そして、受験勉強をすることが「自分がより良く生きることにつながっていると思えないのはなぜか」、換言すれば、受験勉強を「なぜ愛情の対象あって励むようにできないのか」、その理由については、学校の勉強で求められる能力・学力は抽象的な記号を扱う能力に重点を置いているため、児童・生徒たちは「自分が切り捨てられることを、あるいは自分を切り捨てることを初めから覚悟させられる」（横山, 1985, p. 61）とありました。

高校3年生の私には、ここに書かれてあることの意味を充分に理解することはできませんでした。しかし「学校の勉強は、自分を切り捨てることから始まる」ということを知り、高校の授業や受験勉強をすることに「虚しさ」と「苦痛」を感じる自分に対して、この本が「そういう気持ちになって当然なんだよ」と言ってくれているように感じました。この本と出会い、はじめて自分の気持ちを肯定する勇気を持つことができました。また、上記の文章から「どうして勉強するのか」という自分の素朴な問いには、「生きていく上で、なにかとても重要な意味が隠されているのではないか」ということを直感的に感じました。この直感を信じながら「どうして勉強するのか」という問いに対する自分なりの答えを出す、すなわち博士学位論文を執筆し出版するのに（水野, 2020）30年以上の歳月が必要になるとは、18歳の自分はまったく想像もしていませんでした。

私は「医学部に合格し将来医師になりたい」という「夢」を、様々な理由からどうしても諦めたくありませんでした。そのため高校卒業後、両親に頼んで浪人生活をさせてもらいました。しかし、一人で机に向かい受験参考書に書かれてあることを必死に理解しようとするのですが、勉強している中身に対する「つまらなさ」「難しさ」とともに「どうしてこんなことを勉強するのか」という問いが首をもた

げてきました。このような自分と向き合うなかで、「医学部に合格し将来医師になりたい」という夢を「諦める決心」をすることに後押しをしてくれたのも『どうして勉強するのか——学ぶことの意味と無意味』の次の一節でした。

　　私は、教えるものがもつ、そのことを教えたいという欲望が、本当の意味で生徒に伝わっていれば、生徒は「どうして勉強するのか」という問いを持たないのではないかと思う。　　　　　　　　　　　　　　　　（横山, 1985, p.154）

　私はこの本と出会い「教育」の道へ進む決心をしました。そして「自分は、自分の生徒たちが「どうして勉強するのか」といった疑問を持つことがない授業をする先生になるんだ！」という志を立てました。

3.　愚直一徹に実践した「只管朗読」の時代

　高校時代に「どうして勉強するのか」という問いと格闘しながら図書館や書店を歩き回っていたとき、『英語の話しかた』という本に出会いました。著者の國弘正雄は、「同時通訳の神様」と呼ばれていた人です。本書で國弘は、自分の英語力の基盤は、神戸で過ごした中学校3年間に実践した英語の学習方法にあると書いています。それは、恩師の木村武雄が言った「中学で習う3冊のリーダーを、声を出して繰り返し繰り返し読む」という方法です。その方法を國弘は愚直なまでに実行し「おそらく一つのレッスンについて五百回ないしは千回も読んだろうと思います」（國弘, 1984, p. 135）と書いています。そして、この個人的な経験に基づいて、英語の上達を志す者に次のようにアドバイスをしています。

　　実はこの朗読ということが、英語にとって一番効果的でしかもお金のかからない、いつどこでも自分自身が主体的に場所なり時間なりを決めて行うことのできる、その意味では最も容易な方法であると思うのです。　　　（同, p.134）

　國弘は「ひたすら朗読する」ことを、道元禅師の「只管打坐（ひたすら黙って座る）」になぞらえて「只管朗読」と名付けました。私もこの教えに習い、『ケネスの英文速読教室』シリーズ（全7冊）を使って「只管朗読」を高校2年生のときからほぼ毎日、1時間ほど実践し始めました。他の科目の勉強のときは「どうして勉強するのか」という問いが頭をもたげてきたのですが、『ケネスの英文速読教室』シリーズは日本の高校生に向けて書かれたエッセイ集だったので、著者のKenneth Y. Sagawa自身が感情豊かに吹き込んだテープと一緒に大きな声に出して繰り返し只管朗読をすることは、とても楽しい時間でした。私はこのシリーズの只管朗読を

大学卒業までの約8年間、愚直一徹に続けました。一つのエッセイを150回くらい朗読しました。約8年間で12,000回くらい朗読したことになります。それから25年後、國弘先生と晩年に一度だけお会いすることができ、お手紙で何度か交流することができました。

4. 英語教育の「教育」の意味を、教育学と心理学を通じて探求する

只管朗読のおかげで英語が大好きになり、私は数年の浪人生活を経て中学・高校の英語教師を志し、大学は外国語学部の英語学科に入学しました。しかし、大学での英語の授業は英文学や英語学、比較思想、国際経済学などを専門とする教員が担当し、教科書や資料の内容が私の興味・関心とは重ならず、用いられている英語も私にとって難しいものでした。授業方法は英語を日本語でなぞる訳読式でした。このような授業を多く受けながら、「外国語の授業とは、果たしてこのような授業をいうのだろうか？」「自分は、今、ここで何を学んでいるのだろうか？」といった疑問や問いがふつふつと沸いてきました。そして「外国語を学ぶことの意味」や「なぜ、中学・高校で自分は英語を教えたいのか」という問いとの格闘が始まりました。その結果、英語教育の「教育」とは何かについて追究したいという心の声に従い、大学を中退する決意をし、教育学と心理学を学ぶため、別の大学へ編入しました。

編入した大学では、講義を受けレポートを書く過程で、書籍や論文の中で、国内外の様々な教育学者や心理学者たちとの出会いがあり、「どうして勉強するのか」という問いについて考えることは、日本の教育や社会の在り方、さらには人間の在り方そのものにつながっていることを学びました（船山, 1958, 1960; 遠山, 1974）。そして「その問いに重要な意味が隠されているのではないか」という、高校時代の自分の感覚は正しかったと思うことができました。

5. 「どうして学校で英語を学ぶのか・教えるのか」という問いの 探求へ

編入した大学では、教育学と心理学を学びながら、「英語という外国語を学校で学ぶことの意味・教えることの意味」について考えていきました。同時に『ケネスの英文速読教室』を毎日只管朗読していく中で、そのエッセイに何度となく登場する「アメリカ」という国に留学してみたいという夢が生まれました。夢を叶えるため、ロータリー財団の奨学金に応募し、3年目にして奨学金を手にすることができました。そして、アメリカの大学院で TESOL（Teaching English to Speakers of Other Languages: 英語を母国語としない人に対する英語教授法）の修士号を取得

するために留学することができました。しかし、TESOL のコースで「英語という外国語を学校で学ぶことの意味、教えることの意味」を探求することが、高校時代の「どうして勉強するのか」という問いとの葛藤と匹敵するほど、精神的にしんどいことになるとは夢にも思っていませんでした。

　その理由の一つが、TESOL の授業を担当する多くの教授（ほとんどが英語母語話者）が、TESOL の研究を「伝統的な SLA（Second Language Acquisition: 第二言語習得）のモデル（中間言語システム）」に基づいて、学習者が「英語母語話者のように英語をアウトプットできる言語能力を獲得すること」を最終的な目的に置いているからでした。私はそのような考え方に強い違和感を覚えました。なぜなら、彼らは英語を教えることを「トレーニング」として捉えており、人間形成に資する「教育」として捉えていなかったからです。TESOL を学ぶ多くの学生が、既存の SLA の考え方を前提に授業を受けていました。したがって日本のように英語を外国語とする環境での英語学習や英語教育の文化的・教育的価値を、TESOL のカリキュラムで探求することは極めて困難でした。

　修士号を取得して帰国後、私は改めて「学校で教科として英語を学ぶこと、教えることの意味」を探求する決心をしました。そこで、伝統的な第二言語習得論を批判的に検討しながら、「教科」としての英語教育の在り方について研究してきた応用言語学者の H. G. Widdowson の著書と論文を片っ端から集めて読んでいきました。約 20 年の歳月がかかりましたが、その研究成果を博士学位論文としてまとめ論文博士の学位を取得しました。博士論文を執筆しながら私がどのような授業を実践してきたか、その具体的な内容と方法を、本書4章16節「Graded Readers の読書を通じた『読書コミュニティ』創り」で説明しています。

引用文献

アントニオ猪木（1982）『君よ苦しめ、そして生きよ』ビッグセラーズ・ジャパン.

石垣りん（1987）『ユーモアの鎖国』ちくま文庫.

神谷美恵子（1980）『生きがいについて（神谷美恵子著作集　1）』みすず書房.

國弘正雄（1984）『英語の話しかた――国際英語のすすめ　新版』サイマル出版会.

Sagawa, K. Y.・古谷千里（1981）『ケネスのすらすら英文速読教室』聖文新社.

遠山啓（1974）『教育問答　かけがえのない、この自分』太郎次郎社.

船山謙次（1958）『戦後日本教育論争史――戦後教育思想の展望』東洋館出版社.

船山謙次（1960）『戦後日本教育論争史　続』東洋館出版社.

水野邦太郎（2020）『英語教育における Graded Readers の文化的・教育的価値の考察』くろしお出版.

横山浩司（1985）『どうして勉強するのか――学ぶことの意味と無意味』労働経済社.

吉野源三郎（1982）『君たちはどう生きるか』岩波書店.

3節
学ぶ意欲を高める
——外国語学習の動機づけ

柳田　綾

1.　何が人の心を動かすのか——外国語学習の動機づけ

　私は大学卒業後、英語教諭として公立高校に勤務していました。その後、生徒の人生にとって英語を学ぶことの意味と、よりよい教授法について学びたいと思ったため、2年間休職してアメリカにある School for International Training 大学院にて、修士号を取得しました。帰国後は、公立高校で勤務したのち、私立大学で教鞭を執る機会を得て、現在に至ります。

　本節では、動機づけを高めることによっていかに英語学習が促進されるかについて、動機づけ理論の観点から述べていきます。

　動機づけとは、「行動に先立つ要因、すなわち原因や起源を指す一般的な言い方である」と定義されています（Dörnyei, 2013）。また、動機づけは行動の目的や目標を規定する「方向」と、行動の強さを規定する「強度」の2つで成り立っています（廣森 , 2022）。まずは、代表的な動機づけを紹介しつつ、なぜ私自身が英語を今まで学習し続けているのかについて、動機づけの観点から振り返ってみたいと思います。

1.1　青い眼の女性——統合的動機づけ

　「幼いころの感動体験が、その後の人生を方向づける」と、どこかで聞いたことがあります。私がこれまで英語を学習し、現在英語教師として生きているきっかけは何かと問われれば、4歳ごろに出会った「青い眼の女性」であると答えます。休日に家族で、あるイベントに出かけた際、母と一緒に女性用トイレに立ち寄り、列に並びました。私の前にいたブロンドの青い眼の女性が、「サキニ　ハイリマスカ？」と、幼い私に順番を譲ってくれたのです。当時の私は、外国人に実際に会うのも、間近で姿を目にするのも初めてでした。彼女の眼の色はとても深く青く、その深い湖の奥底のような美しい色に私は驚いてしまい、一言も発することができませんでした。

　ただ彼女を見つめ返すことしかできなかった私に母は、「ほら、『ありがとう』言わなきゃ」とお礼を言うように促し、ようやく私は我に返ったのです。「あの女の人の眼は、なぜあんなに青いのだろう」「あの人は、どこからやって来て、どんな

暮らしをしているのだろう」と、自分とは全く違う色の髪の毛や眼を持つ女性について、あれこれと想像をめぐらせました。それ以来、私は外国の物語やTV番組、映画などに興味を持つようになりました。自分とは異なる身体の特徴、言葉、生活様式がとても新鮮で面白く、いつか自分も外国に行ってみたいという憧れを抱いていました。

　また、私の小学校に外国の方が数名ゲストとして招かれた際、交流会で私たちと一緒にゲームを行いました。ジェスチャーや片言の英語で意思の疎通がなんとかでき、一緒にゲームを楽しみました。外見や言葉が違っても、気持ちが通じ合うことができ、言葉や文化が違っても根底では人間は同じであるということを実感することができました。このように、外国語や第二言語を話すコミュニティに対するポジティブな気持ちや、そのコミュニティのメンバーと交流したい、言語や文化そのものが好きであるという気持ちから言語を学ぶ動機づけを、「統合的動機づけ」と呼びます。

1.2　英語は違う世界の扉を開ける鍵——道具的動機づけ

　中学生になり、初めて英語を勉強することになりました。中学校の定期テストで高得点を取ると父親が褒めてくれ、自分も高得点を取ることに喜びを感じていました。私の故郷は地方の片田舎にあり、店には外国の物はほとんど売っておらず、ALT以外の外国人は町に住んでいませんでした。そのため、英語はあくまでも「学校で勉強する科目」の一つであり、英語の世界は教科書の中でのみ存在するもので、当時の私の現実世界とつながることはありませんでした。

　このように、父に褒められる、よい点数を取るなどの実利的な目標のために言語を学ぶことを「道具的動機づけ」と呼びます。つまり、試験や検定に合格する、就職や昇進などの社会的地位を得る、他者からの賞罰や評価を得るなどの目標を達成する手段（道具）として言語を学習するときの動機づけのことを指します。たとえばサッカー選手の川島永嗣選手が7カ国語を話すことができることは、よく知られています。海外で活躍するという目標のために、多くのスポーツ選手、俳優、アーティストが努力して外国語を身につけています。

　私は定期テストの結果を父に褒められるという道具的動機づけから英語学習に励みましたが、英語そのものや外国文化にも興味を持っていました。単語の意味を推測し、英単語を並べかえて文章を完成させ、英文がどんな内容なのかを解読することが、パズルを解くようで面白かったのです。したがって、道具的動機づけと統合的動機づけの両方から、私は英語学習を継続していたと言えます。

1.3 Thank you, very very very much!
——内発的動機づけ&外発的動機づけ

　高校1年生の夏休み、アメリカのケンタッキー州への2週間の短期留学プログラ
ムに参加しました。初めての海外渡航とホームステイは、10代の多感な高校生だっ
た私にはとても刺激的でした。見るもの聞くもの食べるものすべてが新鮮で、大き
いサイズのハンバーガーやジュースに驚き、原色でカラフルなアイスクリームを食
べ、出かける先で話しかけてくれるアメリカ人のフレンドリーさが嬉しく、毎日が
興奮の連続でした。ホストファミリーはアフリカ系アメリカ人のご夫婦で、私が本
当の娘であるかのように接してくれました。ある朝、部屋の目覚まし時計が動かな
くなり、それをホストマザーに伝えようとしましたが、英語でどう言っていいのか
わかりません。考え抜いた末に出てきた言葉は、"Mother, this clock is crazy!"（お
母さん、この時計は気が狂ってる！）私が必死でひねり出したブロークンイングリ
ッシュにホストマザーは笑い出し、私も一緒に笑ってしまいました。

　ホームステイ最終日、ホストファーザーとホストマザーに「私を本当の娘のよう
に温かく受け入れてくれて、ありがとうございました」「心の底から感謝していま
す」と、感謝の気持ちを英語で伝えようとしました。しかし、やはり単語と文法が
わかりません。でもどうしても自分の気持ちを伝えたかったので、"Thank you,
very very very very much!" と言ったのです。当時の私が感謝の気持ちを伝える
のには、この文章が精一杯でした。「もっと自分の気持ちをきちんと英語で伝えた
い」「ホストマザーともっといろいろな深い話をしたい」という気持ちから、私は
以前にも増して熱心に英語を勉強し始めました。「大学では英語を専攻し、アメリ
カに留学してホストマザーと再会する」という目標ができました。大学に合格する
ために勉強を積み重ねるにつれ、様々な種類の英文を理解し、英文が見せてくれる
世界を垣間見ることが面白いと思うようになり、受験勉強を楽しみながら乗り切る
ことができました。つまり、内発的動機づけに動かされて、英語を楽しく学ぶこと
ができたのです。

　「内発的動機づけ」とは、内面から湧き出る喜びや満足を求めて行動するのに対
し、「外発的動機づけ」は外部から与えられた報酬や目的を達成する手段として行
動することを言います（馬場・新田 , 2020）。私の場合、「ホストマザーと英語で話
したい」「英文を読むこと自体が楽しい」という内発的動機づけと、「大学に合格す
るという目的を達成したい」という外発的動機づけの両方を持っていました。一般
的には、内発的動機づけの方がよいものと考えられがちで、「内発的動機づけ＝善」
「外発的動機づけ＝悪」のように二項対立的にとらえられる傾向があります。しか
し、速水（1995）によると、内発的動機づけと外発的動機づけの区分は研究者によ
り様々な観点や定義があり、両者は矛盾するものというよりも、「移行しうる連続
線上のもの」とされています。また、長期的に見ると動機づけの性質は変化するこ

とがあり、内発的動機づけが外発的動機づけに変わったり、その逆もあり得ると述べています（速水 , 1995）。

　例えば、教師や保護者の期待、テストや受験という外発的動機づけから英語を学習する場合、期待外れな結果に終わる、もしくはテストや受験が終わると学習をやめてしまうこともあります。これは、学習者が英語という言語そのものや英語圏の文化に興味をそれほど抱かない場合や、学習者の関心事（音楽、映画、スポーツ、ゲームなど）と学んでいる英語が関連づけられなかった場合が考えられます。そのため、外発的動機づけは内発的動機づけに変化せず、テストや受験が終わると英語学習も終わってしまいます。

　私の場合、高校時代に「大学受験に合格したい」という外発的動機づけにより学校での英語学習に励んでいましたが、英語の文法や語源といった言語そのものにも面白さを感じていました。また、高校時代にアメリカへ短期留学してホームステイを体験したことにより、英語圏の人々と交流したいという気持ちが強くなりました。このように、始めは動機がない、もしくはきっかけが外発的動機づけであったとしても、その後に言語や文化に興味が生まれ、自分の関心事と言語が関連づけられると、生徒の学習への自律性が高くなります。自律的に学習することで、外発的動機づけが内発的動機づけへと変化することが考えられます。これは、有機的統合理論（溝上 , 2018）と呼ばれます。つまり、動機づけは生徒の自律性によって段階があり、状況により変化するものであるということです。

2.　生きることと英語教育

　その後私は受験に合格し、大学では英語を専攻しました。大学3年時にはアメリカに1年間留学する機会を得ました。冬休みにはケンタッキー州のホストファミリーを再度訪れ、一緒にクリスマスを過ごすことができました。英語を勉強したおかげで、高校1年生の頃よりもホストファミリーと様々な話をすることができ、ホストファミリーとの仲が深まったことが本当に嬉しく、言語は人と人をつなぐものであるということを実感しました。さらに、アメリカ以外にも、中国、韓国、台湾、シンガポール、タイ、トルコ、キプロス、フィンランド、オランダ等からの留学生とも交流でき、今でもそのうちの何名かと連絡を取り合っています。

　幸運にも、私は英語を学ぶことによって自分の世界が大きくなり、可能性も広がり、国内外で様々な人と出会うことができました。英語を学習することで自分が高まることを実感し、学びたいという気持ちが自然に内側から湧き出て、成長と変容につながったのです。

　テストや受験をなくすことは現実的ではないですが、それをきっかけとして英語

学習に興味を持ってもらうことは可能だと考えます。授業の中で言語の奥深さや日本語と英語の違い、その背景にある文化の違いなどを紹介したり、レッスンの話題に関する絵や写真、動画などを見る、クラスメイトや他国の人と交流するなど、生徒の知的好奇心を喚起することができます。「面白い！」「もっと知りたい！」と思えば、生徒は自主的に調べ、学びを進めていくでしょう。

　教師の仕事は、授業という畑で「種」をまき、豊かな人生という「花」を育てることだと考えます。そして、教師も生徒とともに学び、教師として開花していくことを楽しんでいきたいと思います。

引用文献

馬場今日子・新多了（2016）『はじめての第二言語習得論講義——英語学習への複眼的アプローチ』大修館書店.

速水敏彦（1995）「外発と内発の間に位置する達成動機づけ」『心理学評論』38（2）, 171–193.

廣森友人（2022）「動機づけ・学習スタイル・学習ストラテジー」中田達也・鈴木祐一（編）『英語学習の科学』（pp.167–183）. 研究社.

溝上慎一（2018）「（用語集）内発的動機づけ・自己決定理論」『溝上慎一の教育論』2018年8月11日掲載. http://smizok.net/education/subpages/aglo_00010(intrinsic-motivation&SDT).html（参照2024-04-15）

4節

内発的動機づけを高める授業
──なりたい自分を話したくなる

竹内　愛子

1.　生徒の人間的成長をはぐくむ授業への内発的動機づけ

　日本の英語教育と言えば、文法と読解重視が当たり前で、定期考査で点数を取ることや大学入試に合格することを目標とした状態が長く続いてきました。4技能統合が注目されるようになっても同様で、「使える英語」の習得にはほど遠い状況と言えます。進学校においては、大学入試が変わらない限り、授業で扱う内容や学習法を改革することに消極的でした。つまり、英文を読んで、練習問題を解き、その答え合わせをしたら終わりという勉強法です。また、英語が嫌いで自分の人生に英語は必要ないと信じ切っている学習者が多い学校でも、扱う英文の難易度を下げるだけで、教え方は同様です。結局、テストまでになんとか正解や答え方を覚えるといった、思考や判断を伴わない詰め込み式の学習法に生徒も教員もとらわれているような気がします。当然、試験という目標がない限り、英語学習に対するモチベーションは低くなります。

　そのような状況が続く中、筆者が言語学習を人としての成長や自己実現とつなげたいと考えるようになったのは、今振り返ると、授業にスピーキング活動を取り入れるようになったことが大きく関わっています。それまでスピーキング活動は、学力を問わずどんな学校でも、同僚たちから「うちの生徒はできるから、スピーキングは必要ない。大学入試問題を解く方が生徒にはウケが良い」「うちの生徒は英語（文法）ができないから、スピーキングなんて無理」と言われ、軽視される傾向がありました。しかし私はスピーキング活動を実践してみて、読んだ英文の内容について生徒が自分自身に関連づけて話す時、相手に考えていることを伝える時、それらが伝わったとわかった時など、スピーキング活動を通して学習者の内発的動機が高まる瞬間を、直に感じてきました。

　「脳は、好きなこと、心地よいことを選びたがる」（加藤, 2015）とあるように、英語ができる・できないに関わらず、人は好きなことや心地よいことについては、もっと学びたいという気持ちをもちます。教科書で学んだ内容について、自分が思ったことを話す機会を設けた時、生徒の活発な発言や笑顔が頻繁に見られることに気づきました。そこで、本節ではスピーキング活動を通じて、生徒が「いいな」「こうしてみたいな」「もっと知りたいな」などと思ったことを表現することで、内

発的動機づけを高めた実践についてまとめたいと思います。

2. 内発的動機づけにつながる場面1——「自分事」になる

　今日、authentic（本物の）という言葉を頻繁に耳にします。英語教育の文脈で使う場合、その多くは、英語学習のために作られた教材ではなく実際に存在する英語の素材を指しますが、本節では生徒のリアルな実生活にフォーカスした場面——教科書で学んだ内容と学習者の生活との接点となる場面——と再定義したいと考えます。自分たちの日常を振り返り、実際に起こりそうな場面や、実現したらいいな・できたらいいなと思う場面等をイメージして話すことで、学習内容と自分をつなぎ、「自分事」とすることができます。筆者はそれを、生徒にとって authentic な場面と考えます。同時に、生徒の答えはそれぞれで、正解は一つではないことを伝え、間違えることを恐れずどんどん話すように促し、話しやすい雰囲気を作るようにします。そうすることで、生徒が英語で考え、自分の答えを生み出していくことを楽しんでいる姿が見られるようになります。

3. 内発的動機づけにつながる場面2——聞き手の存在

　「英語は自分の人生に必要ない」と思い込んでいる生徒が多い学校で、どうしたらスピーキング活動を楽しめるようになるかということに悩んでいた頃、お掃除ロボットやロボットペットがテーマの話を授業で読みました。そこでスピーキング活動として、生徒それぞれが欲しいと思うロボットを考案し、広告を作り、それをやさしい英語で発表することにしました。最後に、クラス全員が一番欲しいと思ったロボットに投票し、「ベストセラーロボット」を決めました。さらに、すべての広告をファイルにまとめて HR 教室に置いていただき、他の生徒の作品をじっくり自由に見ることができるようにしました。

　英語を話すことはもちろん、英語自体が苦手な生徒が多いクラスでしたが、生徒は生き生きと話し、他者の発表を集中力をもって聞いていました。こういうロボットがあったらいいなという生徒自身の願望を扱うからこそ、前向きに楽しく取り組むことができるようになります。また、実際に他の人が考えたことを聞き、話し手としても聞き手としても engagement（従事［没頭］していること）が高まるからこそ、英語の点数ではなく、発表内容と伝え方の追求につながり、お互いのプレゼンテーションの魅力の発見につながったと感じました。この活動から、「意外と英語で話せた」と生徒が感じるトピックの設定と、授業の仕掛けの大切さを学びました。

4. 内発的動機づけにつながるスキル
──「話せるように感じる」魔法?!

　スピーキング活動時の内発的動機づけの妨げになるのは、「話せない」というマイナスの感情です。その感情を減らし、少しでも「話せて楽しい」というプラスの感情が湧く手助けとなるのが、Communication Strategies（CS: コミュニケーション方略）です。約10年前に1年次から導入し、スピーキング活動で3年間積み上げて使用するように促しています。例えば、CS の Fillers（"Well," / "Let me see," 等、会話で言いよどんだ際のつなぎ言葉）が使用できると、沈黙が生まれず、堂々と考える時間を作ることができます。また、Rejoinders（"Oh, I see." / "Sounds good." 等の相槌やコメント）を使って応答したり、相手の言うことがわからなかった時に聞き返しができると、英語での会話が「質問－回答」のみの不自然な会話からなめらかな会話になり、気持ちよく落ち着いて話せます。英語で話すことがハードルになっている学習者の場合は、沈黙や訥々（とつとつ）とした会話が緊張感を高めたり、うまくいかなかったというネガティブな気持ちにつながります。ちょっとした工夫ですが、CS を使用することで心理的ハードルが下がり、英語での会話がスムーズにつながり、生徒の内発的動機づけにプラスの効果があると強く感じています。
　このように、CS の使い方を授業で順次導入し使用を奨励し、継続した結果、3年次にはパフォーマンス（スピーキング）・テストの振り返りにおいて、次のような成果が見られました。

・パフォーマンス・テスト（3年2学期）で「Fillers や Rejoinders を使えたか」という問いに対する回答：3種類以上使えたと回答した生徒が73.7%、5種類以上使えたと回答した生徒が15.8%。
・パフォーマンス・テスト（3年2学期）で「聞き返しができたか」という問いに対する回答：聞き返しができたと回答した生徒が34.2%。

*パフォーマンス・テスト（3年2学期）の生徒の CS に関する振り返り：

初めは会話をしていると、間ができてしまっていたが、Rejoinders を使えるようになってからは、会話がより弾んで楽しくなった。／1回ごとに、CS の目標を決めて練習したので、最後には意識しなくても使えるようになったし、会話も楽しくできるようになった。／CS を使えるようになって、確実にスピーキング力がついたと実感できた。／最初は CS の一覧を見ながら会話をしていたけれど、だんだん見ないでコメントができるようになった。／始めに比べたら、使う Rejoinders を考える（選ぶ）時間が短くなった。／Fillers 等もよくつまずいていたけれど、すらすらと言うことができるようになった。／コメントを自然と英

語で出せるようになってきたのを感じている。

5. 内発的動機づけを継続する方法——スモール・トーク

筆者の授業では、毎週1回程度スモールトークを行っています。これは、後述7. のスピーキング・テストの準備でもあります。トピック例は my favorite food / book / movie, a person I respect, my best memory in summer などです。

「文法ができない生徒に英語を話してって言っても、できるわけないよねぇ」「英語が嫌いな生徒にスピーキングさせるのは、かわいそう」「学力が高い学校の生徒はちょっと言えば何でもできるけど、うちの生徒は違うでしょ」と言われていた数年前から徐々に生徒が変化し、英語で話すことを楽しみ、自信を持って話す姿が見られるようになりました。好きなことを考えたり、思い出して話す時や、意外な共通点が見つかった時の生徒の笑顔や歓声は、生徒のモチベーションを上げ、英語学習への内発的動機づけにつながると考えます。このような生徒の変化を目にしたことで、私自身が生徒を信じ、スピーキング活動に時間をかけられるようになりました。

6. 心に触れる授業——「未来名刺」：夢を実現するスピーキング活動

年度の終わりには、将来や夢について扱うトピックが教科書によく見られます。"What do you want to be in the future?" と聞き合うことなどが一般的な活動です。しかし筆者の経験では、この話題を授業で扱うと、「自分は夢や進路が決まっていないから何も言えない」と困惑する生徒が続出します。「仮の希望でいいから、深刻にならずに何か選んでね」と促しても、「本当に決まってないから言うことがない」と尻込みする生徒が出てしまいます。そこで導入したのが、「未来名刺」を使った会話です。職業に関する語彙や、過去、現在、未来にわたる表現方法を十分定着させ、職業について話すことへの抵抗感を減らした後、いよいよ話題を「自分のなりたい職業」へと進めます。高校卒業から10年後に就いていたい職業を考えて、その時の「未来名刺」を作成します。その後、「未来名刺を使って同窓会で同級生と会話をする」という場面設定で会話をします。ただ「現在の夢について話しなさい」というペアワークよりも、どのペアも話が弾みました。同窓会で自分がどうなっているかイメージをふくらませ、互いに予想もしない会話を繰り広げる生徒も出てきます。生徒たちが英語の授業ということを忘れて、「思わず話しちゃった」となる姿は頼もしく感じられます。

日本語では話すことがないと言っていた生徒にとっても、現在の自分にとらわれ

4節 内発的動機づけを高める授業

ることのないこのトピックは、自分の望む未来について自然と語りたくなり、ひいては「心に触れる授業」につながると考えます。そして、自己実現への一助となる意味のある授業となります。「こうありたい未来」を実現するために今できることを考え具体的な行動につなげる手法は、コーチングでは「バックキャスティング法」と言われています。英語の授業での経験が、今後の生徒たちの自己実現やチャレンジにつながるようなアクティビティを今後も作っていきたいと思います。

7. 内発的動機づけとスピーキング・テストのあり方

　学期に1度、1年生から3年生まで、生徒同士のペアでパフォーマンス（スピーキング）・テストを実施しています。指導と評価の一体化を意識し、「日頃の授業でペアワークに取り組んでいる姿を、教員の前で行うイメージで」と生徒たちに伝えています。テスト当日にくじ引きで相手が決まる形式ですが、誰とペアになろうと、日頃授業内でのペアワークをきちんとしていれば、成果がパフォーマンスの中に出るものです。

　しかしながら、パフォーマンス・テスト前は、やりたくない気持ちを爆発させる生徒もおり、内発的動機づけどころではありません。そのような空気の中で始めなければならないので、誰とでも前向きに話せるトピックが鍵となります。そこで、各学年で一度は「自分のあこがれ」や「夢」に関係がある話題を扱っています。1年次には3学期に、前述の「未来名刺」を使った会話、2年次には1学期に「あこがれの人の言葉」、3年次には2学期に「高校卒業後に実現したいこと」をトピックにしています。前向きになれるようなトピックであれば、相手が日頃の仲良しのクラスメイトでなくても、意外な共通点が見つかったり、知らなかった好みがわかったり、生徒たちは文字通り前のめりに話を弾ませ、あっという間に終了のベルが鳴ることもよくあります。「テスト」と聞くと、生徒は「緊張する！」と大騒ぎになりますが、やり終えた時の清々しい笑顔と達成感に満ちた顔が毎回見られ、この活動が生徒の成長につながっていると実感しています。

　また、パフォーマンス・テストの後で、生徒たちはうまくできたことや、次回までに改善したいことを振り返り、それを自己評価シートに書き込みます。自己評価シートは1年間継続して使用する形式のものとし、各自の成長を視覚的に見ることができるようにしています。このようにして定期的に振り返ることが、動機づけを高めるきっかけになっています。以下は、1年次3学期の生徒の振り返りの一部です。

質問された内容が理解できなかったところがあったので次はもっと練習してから望みたい。／次は、自分の思っていることをその場で考えて伝えられるように努力したい。／次回は、沈黙がなくなるように何か言葉を繋げてその場の雰囲気が暗くならないようにしたい。

8. おわりに——生徒の変容が教員の内発的動機づけに

　この原稿を執筆している現時点で、スピーキング・テストの開始（大学入試に4技能が必要になる1年生が入学した2016年）から9年目を迎えました。途中でスピーキングが入試要件から外れても、担当教員が変わっても英語科として継続できているのは、日頃は自己肯定感が低いと指摘されがちな生徒たちが、自ら生き生きと英語で話すようになったからです。生徒の変容が、教師たちのスピーキング活動に対する考え方を変えたのだと感じています。スピーキング・テストを導入した最初の学年が3年生になった時、それまでコミュニケーション活動には否定的だった先輩教員から、「ペーパーテストでは成績の振るわない生徒が、スピーキング・テストで生き生きする様子に感動した」という声を耳にするようになりました。また、そのような生徒の変化をきっかけに、それまでスピーキング活動を取り入れることに協力的ではなかったことへの謝罪をいただいたこともありました。生徒や教員の強みも、成長する時期も、スピーキングが重要と目覚める時期も、一様ではありません。今後も、生徒のみならず同僚にも、継続的に様々な提案をしていけたらと思います。

　解決すべき課題がなくなったわけではありません。スピーキング・テスト自体は継続されていても、理念や細かな実施方法が必ずしもきちんと教師たちの中で引き継がれているわけではないのが現状です。担当者がモデルを示し、生徒がそれを暗記しようとしている場合もあります。私は、スピーキング・テストを形骸化させることなく、生徒の内発的動機づけに機能し、「やってみよう！」と乗り出すしかけを設け、少しでも自己表現や自己実現につなげ、心に触れる授業を行っていきたいと考えています。

引用文献

加藤俊徳（2015）『脳科学的に正しい英語学習法』KADOKAWA.

5節
自己表現へつなげる授業

石井　博之

1.　自己表現したい気持ちはどんな生徒にもある

　「うちの生徒に自己表現活動なんて無理だよ」教育困難校と呼ばれる高等学校での勤務の間、何度となく耳にした言葉です。このような学校では多くの場合、生徒は中学校で学習に挫折し、はじめは英語に苦手意識を持っています。加えて、将来英語が必要だと感じる生徒は非常に少なく、アルファベットのスペルも怪しく、英文法は中学1年生からやり直しです。教師として、生徒が学んだ英語を活用して表現できるようになってほしい、力をつけてほしいと、最初は誰もが思います。しかしそもそも、学習以前に生徒指導が困難で、授業を成立させるだけで手いっぱいです。うまくいかない授業を繰り返すうち、いつしか諦め交じりのため息をつきながら、職員室で冒頭の言葉を呟くことになってしまうのです。

　私自身も最初はそうでした。ですから、気持ちはよくわかります。しかし、10年間に及ぶ、いわゆる教育困難校で人間形成的英語教育に活路を見出した経験から、自信を持って言えることがあります。それは、「生徒は、本当は自分を表現したがっている」ということです。本節では、そんな生徒の想いを後押しする具体的な方法を、現場での実践経験をもとに述べていきます。

2.　スモールステップで作る、安心して自己表現できる授業

　授業で生徒が自己表現活動に消極的になる理由の一つに、自分が話したり書いたりしたことが周りにどう受け止められるか、という不安があります。間違えたら、あるいは自分が述べることを馬鹿にされたら、という心配が表現にブレーキをかけてしまうのです。年度当初、そうしたクラスの様子を静かに窺っている生徒たちに有効な方法があります。それは、生徒の人となりが見えるテーマを、心理的負担感が少ない方法で表現させることです。

　そのトピックとして、先人の実践が2つあります。一つが、中嶋（2000）の "I want to be 〜 " の型で、「〜」に自分のなりたい動物を書く活動です。もう一つは三浦（2013）の "My best friend is 〜 " の型で、「〜」に人ではなく物を当てはめて書く活動です。いずれも単語を型に当てはめるだけなので難易度は非常に低いものの、「なぜそう答えるのか」を生徒が考え、その表現に個性がよく表れる優れたトピックです。生徒がこれらを英語で書く際に、日本語やイラストでそう考える理由

や補足を加えると、その生徒の内面をより深く知ることができます。例えば、私が実際に前者の実践を行った際、ある生徒が "I want to be a cat." という英文に、「野良猫のように自由気ままに、あれをしろ、これをしろと言われずに、好き勝手に生きてみたい」と付け加えてくれました。いつも真面目で面倒見のいい生徒の内面に、このような思いがあったのかと、はっとさせられました。

　最初のうちは、こうして書いたものを直接教師に提出することで、生徒は安心して自分の考えを表現しやすくなります。集めた作品には、内容面に関心を寄せた、あたたかなフィードバックを返すようにしていきます。そのコメントは、生徒に対して「私はあなたのことをよく知りたい」というメッセージになるからです。教師が受容してくれることを知った生徒は、安心して生き生きとした表現をするようになってきます。こうなれば、その表現をクラスの中で交流させていくことができます。

　次は、生徒の印象的な表現を教師がピックアップし、「とてもよい表現があったから、みんなに紹介させてね」と、肯定的な雰囲気でクラス全体に紹介します。勉強が苦手な生徒が集まる学校では、教師が主導してクラスの雰囲気作りをしないと、あっという間に声や体の大きい存在感のある生徒に場の主導権が奪われてしまいます。まだ生徒が教師の言うことに耳を傾けようとしている初期段階に、「失敗」や「個性的な自己表現」を教師が全力で認める、という態度を意図的に示すと、生徒はそれに倣うようになります。どんな生徒にとっても、失敗して笑われること、本当の自分を開示して揶揄されることは怖いものです。しかし、その恐怖から解放されると、ささくれだった反応もなりをひそめていきます。時に個性的な表現が見られた時には、揶揄するような笑いが起こる前に、「いいねぇ、こういう表現、大好きだよ。当たり障りないことを言うより、自分独自の言葉が言える人のことを、コミュニケーション能力が高い人間っていうんだよ」と、先手を打って教師が全力で認めます。よほど生徒たちとの関係が壊れていない限り、公然と教師が認めたことを子どもたちが教室で否定することはありません。むしろ「あそこまで自分を出しても笑われないんだ、肯定的に受け取ってもらえるんだ」とわかると、それまで様子を見ていた生徒たちの自己表現の質が目に見えて変わってきます。口頭での紹介が軌道に乗ったら、英語通信を作って、誌上で紹介するのもいいでしょう。イラストが上手な生徒がいれば、英文と併せて紹介することができるようになります。

3.　英語の授業を本当の意味でのコミュニケーションの場にするために

　このような紹介を重ねるうちに、生徒はだいぶ安心してクラス内で自己表現ができるようになります。ここでさらに表現の自由度を高めるひと押しとなるのが、教

師が率先して自己開示をすることです。トピックが生徒の内面に迫るものである場合、それを表現することは、雰囲気のよいクラスであっても、心理的ハードルが高いものです。だからこそ、それを求める側の教師も自身の内面を見せるような例を示し、真っ先に自己開示をしてみせるのです。中には、学生時代の格好悪いエピソードだったり、やめればいいのにやめられない悪癖だったり、いいことだけでなく残念なところまで包み隠さず見せてしまう場合もあります。こうすることで、教師の持つ人間味を知ってもらうだけでなく、「ここまで表現できちゃうんだ」と安心してもらい、生徒の表現内容の自由度を高めることができます。あとは生徒にとって答える価値のある、あるいは答えたくなるようなトピックを用意すれば、様々な生徒の表現を引き出せるようになるはずです。これについては本書の3章7節にて具体的に述べています。

　「英作文やコメントで先生とお話しするのが密かな1年間の楽しみでした。来年も一緒だったら、ぜひまたやりましょう」これは年度末に取った授業アンケートで、ある生徒が書いてくれたコメントです。この一文を読んだとき、「直接話したわけではなくても、自分は表現活動を通して生徒とコミュニケーションを取っていたんだ」とわかったのを、今でもよく覚えています。英語がコミュニケーションの道具であるならば、私たち教師は生徒と、また生徒同士が本当の意味でコミュニケーションを取って学んでいく環境を整え、自己表現の援助をしていきたいものです。

引用文献

中嶋洋一（2000）『英語好きにする授業マネージメント30の技（英語授業改革双書32）』明治図書
　出版 .

三浦孝（2013）「指導困難校での英語教育：英語を得意にし・英語を好きにさせる指導とは」『静岡
　大学教育学部研究報告（教科教育学篇）』第44号 , 55–84.

6節
夢を実現するための英語学習
——天命を見出した人は猛烈に頑張れる

鈴木　章能・三浦　孝

　人は誰でも、自分の理想像を心に描き、いつの日かその理想の自分を実現したいと欲するものです。それは自己実現欲求と呼ばれ、人間の最大の欲求の一つです。夢の自分を実現するために、どのような準備が必要かの道筋が見え、その道筋が自分にも達成可能と思われた時、人はものすごいエネルギーを発揮して努力に燃えるものです。外国語を学ぶことが、その人の自己実現欲求と強く結びついた時、能力的にも人間的にも大きな成長につながるケースを、私たちはよく目にします。本節では、そうしたケースの幾つかを紹介します。

1.　医者になりたくて、3カ国語を独学でものにした野口英世

　歴史上の人物でよく知られているのは、野口英世でしょう。彼は福島県の貧しい農家に生まれました。幼いころには左手に大やけどをし、ハンディキャップを負いました。しかし、彼は15歳のときに自分の天命を見出します。やけどで不自由になった左手の手術を受けます。その手術の成功に感動して、自分も医師になることを決意します。自分の天命は医師であると考えました。それ以来、彼は猛勉強しました。読書のために夜の明かりを求めて友人の家に行ったりもしました。その結果、20歳で医師免許を取得し、黄熱病の研究をはじめ、人類に多大な貢献をしました。1日3時間しか眠らずに勉強をしたとも言われています。

　野口は、語学の勉強も努力を惜しみませんでした。医師になる決意をしたあと、彼は左手の手術を受けた会陽医院に薬局生（現在の薬剤師）として入門しました。そこで医学のほかに、英語、ドイツ語、フランス語を勉強しました。風呂に入りながら英語の本を読むなど、寸暇を惜しんで勉強した結果、一つの言語の原書を3カ月で読めるようになりました。

　野口は特別なのでしょうか。なるほど、彼は幼い頃から頭脳明晰で、尋常小学校を終えると、貧しくてもその才能が見込まれ高等小学校に入学したことから、特殊な例だと考える人もいるかもしれません。しかし、同様の例は、他にもごまんとあります。そこで、次は歴史上の人物ではなく一般の人を取り上げ、短期間で中学校の英語をすべてマスターした例を紹介します。

2. 非行から立ち直ったＡ君の場合

　Ａ君は小学校の頃から県内トップクラスの高校へ行くことを周囲から期待されました。家庭でのしつけが厳しく、父から愛されていないと思うようになります。自分を受け入れてもらえるのは勉強で良い点を取ることだけだという思いを次第に抱くようになりました。やがて荒れ始め、喧嘩が好きになり、小学6年生のときには、中学校のいわゆる不良の先輩たちと遊んでいました。生き辛さを感じ、教師や友人の両親に心の苦しさを訴えても、「甘えている」だの「社会は厳しい」だのと言われるばかりでした。ついには自分の理解者は一人もいないと結論し、自暴自棄になってしまいます。学校に行かず、パチンコ屋に行ったり、家を出て友人宅を泊まり歩いたり、危険な人たちと一緒にいたりするようになりました。警察にも連行されました。新聞にも匿名で載りました。中学を卒業後、近所の板金屋に就職するものの、出社もせずに危険な所に出入りし、とうとう事件を起こして、逃げるようにして余所へ逃れます。

　そのとき、人づてに父親の話が伝わってきました。父が懸命になって事件の後始末をし、すべて解決してくれたこと、その父がＡ君のことを人には自慢の息子だと言っていたこと、表現は下手だが、父は息子のことを世界一愛しているということ。父の深い愛を知り、それまでの世界から足を洗う決心をします。「このままではいけない、父のためにも、自分の将来を立て直さなくてはいけない」と自覚します。どうやって自分を立ち直らせたらよいのか？　彼は小学生の頃、父が自分に英語を教えてくれたことを思い出します。父への詫びと感謝の意を表するため、一生英語から離れないと誓いをたてます。そして、その英語をどの職業で生かそうかと考え、子どもたちが自分のような経験をしないように中学校の教師になろうと考えます。そして、何年間も放棄してきた勉強に再び取り組み、高校受験の準備を始めます。

　始めたのは受験直前の1月、取り組んだ英語の参考書1冊と問題集2冊を、何度も何度も徹底的に勉強しました。言葉の仕組みに気づくとともに新しいことを覚えるのがとても楽しく、没頭しました。他の2教科も、とにかく覚えるのが面白い。毎日16時間は勉強に没頭し、3月に公立高校の試験に合格しました。

　高校受験の勉強で、自分が納得のいく理解の方法で英語を学んだＡ君は、高校入学直後、中学英語の復習として教師が授業中話すことに対し、「そのように説明するから英語がわからなくなる人が多いのでは」と時折思い、教師と自分の英語の理解の仕方のいずれが真なのか、早く大学に行って確認したいと思いながら、勉強を続けます。Ａ君は塾には一度も行かず、もっぱら授業の予習に重きを置きました。毎回の授業の前日に、教科書の英文をノートに写して各英文の下に意味を日本語で書いたり、英作文をしたりし、授業は、自分の予習の答え合わせと解説の時間として用いました。また、教科書の単語はすべて覚えました。こうして、Ａ君は学年ト

ップの成績をおさめました。受験勉強では多くの長文を読みました。当時の英文は、友情をはじめ、10代の若者の日頃の悩みや疑問を解いてくれ、人生が豊かになる内容が多く、読むのが楽しかったとA君は当時を述懐します。

　晴れて東京都内の大学の英文学科に入学したA君ですが、多くの同級生がすでに英語を流暢に話しているのを目の当たりにして愕然とします。そこで、同級生に英会話を身につける方法を尋ね、勉強し始めます。速読用の教材でディクテーションをし、ラジオ英会話の毎月のテキストを文の正確な抑揚に気をつけて丸暗記し、風呂に入るときは毎日、一人でその日の出来事を英語で喋ったりしました。文を暗記していない場合は文法を考えてしまい英文が口をついて出てこないため、風呂から出て辞書を片手に英作文をし、その英文を覚え、再び風呂に戻って、その日のできごとを最初から言い直しました。3カ月後には、当時は珍しい英語だけで放送していた番組「NHKテレビ英会話II」の内容がほとんど聞きとれ、自分の言いたいことが英語で話せるようになりました。また、東京でもいまほど外国人がいない中、デパートには少なくとも一人は外国人客の担当者がいたため、日本語を話せない日系ハワイ人のふりをしてデパートを訪れ、外国人担当者と英語で服のことなどを話して会話力を高めました。海外に行く時間もお金もなかったため、日本語を使わない環境を日本で作りました。

　大学では高校時代に抱いた自分流の英語の理解の真偽を学問的に確認すべく、言語学や文学を学びました。3年生になるとさらなる疑問が湧き、大学院進学を決意します。指導教授の指導に従って、英和中辞書の英単語、ならびにハーマン・メルヴィル（Herman Melville）の *Moby-Dick* に出てくる知らない単語をすべて暗記しました。日本語も重要であるということで短編小説を暗記しました。大学院進学後は、自分の意見を世界の人々と話し合いたいという思いから、学術英語に磨きをかけ、博士号取得後は、主に海外で研究成果を口頭や論文で発表してきました。その研究の最大の目的は、世界平和の促進、世界の人々を笑顔にすることにあります。現在、A君は、とある国立大学で教授をしています。

　彼は英語を通して一人でも多くの人を幸せにすることに天命を見出して以来、日々努力を重ねながら、成すべき務めにいまも励んでいます。

3.　監獄から独学で通訳に上り詰めた人

　あと一人、紹介しておきます。これは、英語を勉強することによって、絶望の淵から自分を立て直した少年の物語です。主人公の田中少年は1960年、18歳の時にふとしたはずみから殺人を犯し、懲役7年半の刑を受けて少年刑務所に収監されました。喧嘩早く、抑制のきかない性格のため、他の少年らとの間にトラブルが絶えず、所内でたびたび大乱闘事件を起こして相手に大怪我を負わせることの連続でし

た。ある日、またもや乱闘を起こして、手足を縛られて独房に閉じ込められていた時のことです。彼の脳裏にふと、中学1年生の時の英語の先生の姿が浮かびました。それは彼の英語の発音を誉め、よく教科書を朗読させてくれた若い女性教師で、彼が心から慕っていた人でした。

　少年刑務所で野獣のように荒れ狂い自暴自棄な状態にあった彼が、さながら地獄に垂れてきた一本の救いの糸をつかむように、中1英語の思い出にすがって、それから7年かけて見事に自分を立て直すことになりました。翌日から彼は寸暇を惜しんで中1英語の勉強を始めました。決して楽な道ではなく、教科書の説明が理解できずに這いずり回るような茨の道でした。さまざまな困難に出会いながらも独学で中学英語を終了し、さらに高校英語へと進みます。他の少年たちからの挑発やいやがらせが相変わらず続く中で、徐々に「英語の勉強から片時も離れたくない」ために我慢し、自分をコントロールするようになっていきました。厳しい消灯時間、びっしりと組まれた訓育や工場実習の合間に、寸暇を惜しんで、トイレットペーパーの切れ端をノート代わりに勉強を続ける姿は、やがて看守たちの共感をも得るようになってゆきました。

　7年半後に彼は模範囚として出所し、運転免許を取り、トラック運転手やタクシー運転手として働きながら英語の猛勉強を重ねます。そしてついに6年後の1973年には大手外資系合弁企業の正社員通訳として採用されるに至ります。国際化とハイテク化が進んだ今日とは違って、日本人が英語ネイティブ・スピーカーを見かけることすらめったになく、ほとんどの人が英語で話しかけられたら逃げてしまうような時代に、田中少年はほとんど独学で通訳の夢をかなえたのです。いかなる苦境にあっても、英語を学ぶことで自己をコントロールし、夢に向かってコツコツと努力することで自分を創りかえ、人生を切り開いた実例がここにあります。彼の手記はその後英訳されて、*To Live Beyond My Power* と題して出版されています。

　もちろん、一人の人の生命を奪った罪は許されることではありません。田中少年もその罪を深く悔いるように変化してゆきます。しかし読者の中には、このような人が出所して夢をかなえ、幸せな生活を送っていることを許し難いと思われる方もあるかもしれません。

　ですが、少なくとも私には、田中少年に石を投げる資格はありません。振り返れば私自身も、15歳から20歳くらいまでの時期は、主人公と同様に感情のコントロールが難しく、頭の中は悪い妄想でいっぱいで、激情に駆られてとんでもないことを仕出かしそうになったことがたびたびありました。私があの時期に犯罪を犯さずにすんだのは、偶然のおかげにすぎません。心の中で罪を犯した点では、私も、田中少年と同じだと思っています。ですから、自分の分身が地獄から這い上がってゆくのを見守るような気持ちで、彼の手記を読んだのです。

　この本は特に、英語学習に意味を見出せない人々に、読んでほしいと思います。

「英語はコミュニケーションの道具だ」という面ばかりを強調されて、「単なる道具にすぎないのなら私には要らない」と思ってしまっている人々に、読んでほしいのです。そしてまた、いくら「生徒の将来のために」と発破をかけられても、功利打算のためだけに英語を教えることに、違和感と空しさを感じておられる英語教師の方々にも、読んでほしいと思います。

4. 興味を持っている方向と、英語学習とを結びつければ、
人は燃える

かつて、アメリカ大統領のエイブラハム・リンカーン（Abraham Lincoln）は、「意志あるところ、道は開ける」と言いました。「涓滴岩を穿つ」という言葉もあります。ましてや、自分の天命を見出すと、想像以上の速さで道が開けたり、岩に穴をあけられたりするようです。人を動かすのは、外部からの報酬ではなく、本人の強い意志です。強い意志があれば、さぼりたいと思う自分に勝つといった葛藤すら起こらず、人は没頭します。

ここに紹介した方々の例を振り返ると、たとえ学校という場所で、国社数理英などの教科の勉強ができなくても、それは暗記力がないわけでも、勉強が嫌いなわけでもないことがわかります。記憶力、理解力、集中力、学力は誰にでもあります。要は興味の方向が異なっているだけのことです。したがって、たとえいま勉強に集中していないからといっても、教師は決して彼ら彼女らを、また自分自身の指導力を否定すべきではありません。単に学習者の興味が教師の期待と違う方に向いているだけです。大切なのは、彼らが興味を持っている方向と、英語の授業の内容とを関連づけてあげることです。英語がいかに目の前の学習者にとって意味のある学習となるのか、その工夫を学習者と一緒に考えてみませんか。

参考文献

Tanaka, H.（2017）. *To live beyond my power*. On and On（On2）. Kindle 版 .

7節
学びを支援する教師の関わり方
——授業は［我］と［汝］の対話

三浦　孝

　教師がコミュニケーション主体の英語授業を目指す上で、いわゆる授業の達人の技法をどれだけ真似してみても、うまくいかないことがあります。それは、技法が授業の土台を成す諸要素の単なる一部にすぎないからです。授業は、世界中に一人しか存在しないユニークな個人としての学習者と、そうしたユニークな個人が集まった世界に一つしかない「学級」と、世界に一人しかいないユニークな「あなた（教師）」との関係性が土台となっています。この関係性を左右する大きな要因は、教師のクラスに対するスタンス（向き合い方）です。では、あなた（教師）自身がどのようなスタンスでクラスに向き合ったら、学習者が生き生きとなり、教師も生き生きとするのでしょうか？　それが本稿のテーマです。

1. 「どうやったら生徒に英語を話させることができるでしょう？」

　今から10年ほど前のこと、私はある県の高校英語授業改善事業の助言者をしていました。あちこちの地区を訪れ、英語授業をどのようにコミュニケーション中心の授業に変えていったらよいか、高校の先生方に講演をしていました。ある時、講演が終わってから、一人の先生からこのような相談をされました。

　「先生、私は授業で生徒に英語を話させようとするのですが、彼らは頑として口を開こうとしません。どうやったら彼らに英語を話させることができるでしょうか？」

　年の頃50歳くらい、教員経験豊かそうなその先生は、深刻な表情でそう尋ねました。私はその先生にこう尋ね返してみました。

　「それはお困りでしょうね。ところで先生の生徒さんたちは、授業の休み時間には何をしておられますか？」

　「はい、おしゃべりに夢中になっています」

　「そうでしょう。彼らは話したいことをいっぱい持っているわけです。その一部を英語でも話せるように導いてあげたらいいのではありませんか？」

　その先生は、キョトンとした顔をしておられました。

　「つまり、生徒たちは話したいことをいっぱい持っているけれど、先生が決めた土俵には上がりたくないだけなのです。だったら、先生の方が、生徒たちの話したい土俵に、降りていけばいいのです」

我々教師は生真面目なので、決められたとおりに事を進めようとしがちです。年間指導計画や教科書や学習指導案がこうなっているから、といった発想から授業を展開しようとします。言い換えるとそれは、教師がシラバスや指導案や教科書の方ばかりを向いていて、生徒の方を向いていないということです。極端にたとえれば「足を靴に合わせよ」、つまり教師が持ってきた特定のサイズや型の靴を、生徒の都合を聞かずに無理やり履かせようとするのに似ています。生徒は教師が自分たちよりも、「制度」の方を優先していることを感じ取り、そういう指導に乗り気でないのです。そのような先生にとって大事なのは制度の方で、生徒はその道具にされているとも言えるのです。

2.　「我と汝」の関係

　マルティン・ブーバー（Martin Buber）（2021）という哲学者は、人と人との関係を、2種類に分けています。一つは「我とそれ」、もう一つは「我と汝」です。前者の人間関係は、AさんがBさんを自分の道具として利用する関係を言います。たとえば雇用主Aと召使いBの関係です。Aさんは、自分が指示した用事をBさんが果たすことを第一次的に求めており、Bさんの精神的存在に関心を持つことはないか、たとえあっても二次的なことです。それに対して後者の人間関係は、相手と自分を「関係性」の中で捉え、対話によって互いの「永遠のいぶき」を感じとろうとする関係です。

　先ほどの熟練教師の悩みに戻りましょう。あの先生は、「会話を教えなければいけない」という使命感や義務感に心を奪われて、生徒を「教え込む対象」という道具として扱ったために、行き詰まってしまったのです。

　今日では、先生方は生徒と積極的に英語で対話するよう心がけておられます。しかし、時としてその対話が、「我とそれ」に変質してしまうのを見かけます。たとえば次の〈会話例1〉のような場合です：

〈会話例1〉
教師：　Mr. T, did you watch TV last night?
生徒 T: Yes, I did.
教師：　What program did you watch?
生徒 T: I watched a baseball game.
教師：　Good! How about you, Miss A?

　この先生は、生徒が「野球中継を見た」と答えたのに対して、何の興味も示さずに "Good!" とだけ返して、次の生徒に話を移してしまっています。これでは、せっ

かく一生懸命英語で話したＴ君は、がっかりしてしまうでしょう。もしも、この先生が本当にＴ君との出会いを大切にし、彼のことをもっと知りたいと思っていたならば、次の〈会話例2〉のようになっていくのではないでしょうか。斜体字の部分のように、人間関係ができていくはずです。

〈会話例2〉
教師：　Mr. T, did you watch TV last night?
生徒T: Yes, I did.
教師：　What program did you watch?
生徒T: I watched a baseball game.
教師：　Uhm hmm. Baseball! *Do you play baseball?*
生徒T: *Yes, I'm a member of the baseball club.*
教師：　*Oh, really! That's wonderful! Why don't we play catch some day?*
生徒T: *I'll be happy to!*

3. 「教え込む」vs「ともに知的に遊ぶ」

　上記〈会話例2〉のように対話すれば、英語をきっかけとして、生徒と教師の人間的交流が始まります。それが「我と汝」の対話です。〈会話例1〉では教師は生徒から何も学ぼうとはしていません。それに比べて〈会話例2〉では、教師は生徒の人格に関心を示し、彼から何かを学ぼうとしています。
　心の思いを汲み出す教師に必要なスタンス、それは、
　・どのような学習者も、（たとえ今は見えなくても）自分にはない・尊敬すべき立派な資質を持っている
　・自分は、この学習者から、どのような貴重な資質を学ぶことができるだろうか、それを楽しみに待つ
という姿勢です。そうやって大切な「汝」として自分に接してくれる教師に、学習者は徐々に心を開いてくれます。そして教師はこうしたスタンスで学習者から貴重な資質を学ぶことによって、いつまでも心が若くいられると同時に、人格的に高まっていくのです。
　先ほどの「生徒に英語を話させよう」と苦闘する先生の話に戻りましょう。最後に私はその先生にこうお話ししました。
　「目の前の生徒たちと先生が、英語を題材にして、どうやったら楽しく知的に遊ぶことができるか、それを工夫してみてはどうでしょう」
　授業で「遊ぶ」という表現に、抵抗を感じられる読者もおありかと思います。しかし、私たちはみんな幼少期に、遊びを通して人生の基本を体得してきたのです。

「遊び」の中には
- （ア）肩ひじ張らないリラックスした雰囲気
- （イ）その活動自体が楽しいので、進んで参加したくなる魅力
- （ウ）参加者同士の「我と汝」の関係
- （エ）目的だけでなく、目的に到達するまでの道筋で得る思わぬ収穫や発明・発見の存在

があります。「遊び」とは、ダラダラと怠惰に時間を浪費することではありません。本当の「遊び」は、知力を駆使した、積極的で創造的な活動であり、ある意味、「学問」そのものと言ってもいいかもしれません。そして、人徳・忍耐力・社会性・胆力の源泉のはずです。

　以上のように、教師が目の前の学習者を「汝」（人間存在）として尊重し、貴重な人生のひとときをともに知的に遊び、相手の良さを探し、相手から自ら進んで学ぼうとするときに、豊かな人間性の泉は掘り当てることができるでしょう。そして、生徒から学ぼうとする教師は、日々に新情報を得て心が若返り、より生徒と理解し合えるようになっていくでしょう。

引用文献

ブーバー , マルティン（著）、野口啓祐（訳）(2021)『我と汝』講談社 .

第 **2** 章

理論編

人間形成的英語教育の
メソッド

どのようにすれば心に触れる授業を日々の教室に実現できるか、その
方法（メソッド）をわかりやすく解説します。自己実現欲求・有意味学
習・外発的動機づけと内発的動機づけ・自己関与性・自己効力感・自
己肯定感、批判的思考力といったコンセプトが鍵を握ります。そのメ
カニズムを理解することが、心に触れる授業づくりの原点になります。

1節
人間形成的英語教育の理念

鈴木　章能

1.　学習者観と指導のあり方

1.1　2つの学習者観

　目の前で目標言語を学んでいる児童・生徒・学生のことを日頃私たちは、どのように見ているでしょうか。彼ら学習者に、やる気がないとか、すぐに気が散るとか、落ち着きがないとか、主体的でないといったことを感じた場合、そうしたことは個人の特性の問題であるため、足りない部分が満たされるように指導しようと考えるでしょうか。

　学習者の捉え方は歴史的に大きく2種類あります。一つは、人間は教え導くことによって様々な特性や学びの習慣を身につけていくと捉える立場、もう一つは、人間は例外なく、生得的な発達の可能性ならびに自己実現に向かう欲求と動機を持っており、自ら常に学び、変化していく存在として捉える立場です。人間形成的英語教育は後者の立場に立ちます。したがって、どのような学習者も、そもそも本来は楽しく学びに没頭するものと考えます。彼らが学びを避けるようなときは、学習者を学びに向かわせないようにしている要因を取り払うことで解決しようと考えます。自分の意見を言えない学習者がいた場合、その学習者に問題を見つけたり励ましたりするより、意見を言えなくさせている要因を取り除くことを考えます。そのために教室の雰囲気や学習者同士の関係をポジティブにしたりして、まずは小集団の中で意見を言えるようにします。また、学習者が学びに集中しない場合、学習者の興味・関心に応じて、没頭できる教材やアクティビティを選び導入することで、学習者に如何なく能力を発揮してもらいます。

1.2　人間は常に学び成長するという学習者観

　こうした考え方は、アブラハム・マズロー（Abraham H. Maslow）やカール・ロジャーズ（Carl R. Rogers）らが始めたヒューマニスティック心理学に負っています。マズローは、生理的欲求・安全の欲求・所属と愛情の欲求・承認の欲求などの欠乏欲求の充足の上に「自己実現の欲求」があるとし、人間は誰でも自己実現を目指す生得的な傾向を持っていると考えました（Maslow, 1970, pp. 153–174）。ロジャーズは個人を、常に構築や創造を行っている宇宙の中に存在する有機体として捉えました（Rogers, 1980, p. 126）。したがって、人間は他の種と同様、「体験している有機体を実現、維持、強化しようとする一つの基本的な傾向と動因を持ち」

（Rogers, 1964, p. 487）、人間には生涯にわたって「自らを維持し、成長する必然的な実現傾向がある」（Rogers, 1980, p. 133）と考えました。つまり、人間は常に学び続けたがっている存在であるということです。学ぶこととは変化することでもあります。生きるとは、死ぬまでどこまでも成長と発見を続ける現在進行形の過程と言えます。

1.3　指導の方向性

学習者にも、こうした人間観をあてはめて考えることができます。学習者は、誰にも宇宙の一部として成長していく必然的な実現傾向があり、もろもろの可能性に開かれた、流動的で絶えず変化していく存在です。しかし、そうした在り方が様々な要因から阻害されることがあります。その場合、教師は阻害要因を取り除こうとします。まず、学習者を、何かができるからという理由ではなく、ただ存在するというまさにその奇跡ゆえに受容し、内側から共感・理解します。また、学習者同士も同様に互いに無条件に受容し合い、そのような関係構築を互いに促進し合えるように導きます。そのようにして、教室を自己防衛に走る必要のない支持的な雰囲気にし、学習者が自己肯定感や自信や自律心を維持できるようにします。人間はそもそも学び成長するものですから、そうすることで学習者は主体的かつ自律的に学び、学びに没頭するようになります。

2.　意味のある学習

2.1　自分にとって身近な課題を学習の対象とする

人間は誰もが常に学び変化する存在であるという立場から学習者を考えるときに一つ気をつけなければならないことがあります。それは、「学ぶ対象」です。人間は誰もが常に学ぶのであれば、学習者はどのような教材やアクティビティでも喜んで取り組むものと考えたくなります。しかしながら、人間が常に学ぼうと欲するのは、彼ら彼女らが生きるにあたって、自分にとって身近な課題を解決しようとするときです。解決するとき、自己を維持したり、自己を実現できたりするからです。そして、自己の成長を認識できるからです。したがって、教室の学びも、学ぶ対象が自分の現在や将来にとって身近な課題であるという意識を持たせ、実際の教室での言語活動に自己の成長を感じられることが必要です。

2.2　学習者エンゲージメントとの関係

そのような学習を、ロジャーズは「意味のある学習」と言いました。「意味のある学習」とは、つまり、その内容が「学習者と密接に関係をもった現実的問題」であり、「自己評価」とともに「学習に自己関与」する、すなわち「学習者が主体的

に行う参加行動」（桑村, 2022, pp. 192–195）を伴った学習です。関与とは、「持続的な変化の過程」であり、「肉体的エネルギーならびに心理的エネルギーの両方の投入」であり、「量的なものと質的なものの両方の要素」（桑村, 2022, p. 195）をもつものとロジャーズは定義します。したがって、「意味のある学習」は、認知的・感情的関与といった内的側面と組み合わさった行動として捉えられます。

　これは要するに、昨今の用語で言えば、「学習者エンゲージメント」が観察される学びのことです。何かを手に入れる目的で練習を決意している状態（モチベーション）ではなく、練習をしていること自体に意味を感じながら夢中になって取り組んでいる状態（エンゲージメント）での学びのことです。ロジャーズによれば、「学習者が学習に真剣に取り組むのは」、その学習が「対象や課題が彼らの価値観や行動に重要な影響を与える学習」だからです。「事実としての知識の蓄積以上に、個人の行動や態度、人格、将来の選択など、様々な面にわたって変化を起こし、人生に影響を及ぼす」（桑村, 2022, p. 192）からです。授業中のタスクやアクティビティ自体が、そうした内的変化に結びつくとき、学習者は知識と情緒が不可分に結びついて学習に没頭します。

　そうした学びを喚起するために教師が行うことについて考え、実践し、共有するのが人間形成的英語教育です。これは、今に始まったことではありません。三浦他（2021）が具体的にその歴史を概観していますが、1970年代から1980年代にかけて、ヒューマニスティック心理学に基づいたヒューマニスティック言語教育の指導理論や指導法が国内外で研究され発表されました。その後しばらく、日本ではあまり研究が行われてきませんでしたが、2023年現在、ヒューマニスティック心理学の流れを汲む学習者エンゲージメントの喚起に関する理論と指導法に注目が集まり、人間形成的な英語教育が再び活況を呈しつつあります。

3. 人間形成的英語教育の理念の構造

　これまで述べてきた人間形成的英語教育の理念について、理解の促進のために、構造的にまとめておきます。まとめるにあたって、三浦他（2021）が示した人間形成的英語教育の4つの理念についての定義試案を参照して解説を付します。

(1) 全人格的存在の尊重
学習者を全人格的存在（認知的・言語的・情意的・社会的・自己実現志向的存在）として尊重する。

　そもそも人間は誰もが有機体として自己実現に向かって生きており、そのために意味を感じながら学びに没頭します。学ぶという行為は認知面だけが関与しているのではありません。学びは、認知的・感情的関与といった内的側面と組み合わさっ

た行動として観察されます。そうした行動は学習者が安心でき、協力し合える環境
で喚起されます。学習する者とは、そのようなことを総合した存在です。

(2) 個人の潜在的可能性の発揮
人間形成的教育は、各個人が持って生まれた自己の潜在的可能性を十分に発揮して
自己実現を図ろうとする主体性・可能性を信頼し、その潜在的可能性を最大限に発
揮させる学習と環境を与えることを究極的目標とする。

　人間は誰もが常に学び変化しています。主体性も可能性もすでに持っています。
重要なのは、それらを阻害する要因があれば取り除くことです。

(3) 人間形成的言語教育の目標
学習者の目標言語能力の育成を、下記の人間形成的プロセスを用いて実現すること
を目標とする。

a. 認知的目標（論理的思考力・目標言語によるコミュニケーション能力の獲
得）
b. 情意的目標（個の確立すなわち自己実現への支援）
c. 相互作用的目標（他者との間に援助的人間関係を形成する能力の育成）
d. 社会参加的目標（社会に建設的に参加し貢献しようとする意欲・態度の育
成）
e. 地球市民的視野の育成（自己実現目標は、広い世界的視野の中でこそ見え
てくる。外国語という開かれた窓を通して、世界を広く見渡し、自己の価
値を世界の中で発見できる地球市民的視野の中で、生きる意味と可能性が
見えてくる）

　教材、言語活動、指導にこれらのことが反映されるとき、学習者は学びに意味を
感じながら没頭します。意味を感じずにスコアや成績向上あるいは周囲の期待のた
めだけに行う学びや、ただ楽しいだけでポジティブな学習成果に結びつかない学び
は、自己成長・自己実現との関係が薄いために、遅かれ早かれ停滞します。

(4) 適切な環境
学習者が潜在的可能性を最大限に発揮する環境を整える。

a. 自己関与性：学習が成立するためには、それが学習者にとって意味あるも
のだと実感されなければならない（つまり自己関与性があること）。
b. 学習者のイニシアティブ：意味のある学習は学習者自身によって見出され

るものであり、学習者が自らの学習をマネージするイニシアティブが重視
されるべきである。

c. 自己尊重の学び：学習者が自己をより深く理解し、自己を尊重できるよう
な学びが用意されていること。

d. 教師の共感的傾聴姿勢：教師が学習者に無条件の積極的関心と共感的傾聴
姿勢を持つこと。

e. 教室の安全な雰囲気：教師—学習者、学習者—学習者間に安全な雰囲気と
援助的な関係が成り立っていること。

　上記のaやbを実現するためには、教師が学習者のことをよく理解している必要
があります。学習者を理解するためには、学習者の言動を教師が解釈して判断（外
側から分析）するのではなく、学習者の考え方や経験を基に、あたかもその人であ
るかのように感じ、理解することが必要です（内側からの共感的理解）。それには、
学習者の発言を傾聴する必要があります。もっとも、学習者がありのままの自分を
言葉で伝えてくれなければ意味がありません。そのためには学習者がいかに教師を
信頼しているかが問われます。学習者との信頼関係を構築するには、教師が学習者
を「何かができるから」といった条件付きの受容ではなく、存在そのものを受け入
れる無条件の積極的関心が重要です（d）。そして、こうした教師と学習者との信頼
関係を学習者同士も構築できるように、教師は彼ら彼女らを、教室運営や言語活動
などを通して導くことが大切です（c, e）。

引用文献

桑村テレサ（2022）『C. ロジャーズの「学生中心教育」の構造——外国語教育への応用における効果と課題』一粒書房 .

三浦孝・石井博之・加賀田哲也・鈴木章能・Talandis Jr., J.・種村綾子（2021）「HLT（Humanistic Language Teaching）授業の現代的定義試案：これからのヒューマニスティック英語教育づくりガイド」『ヒューマニスティック英語教育研究会紀要』第1号 , 5–15.

Maslow, A. H. （1970）. *Motivation and personality* （2nd Ed.）. Harper & Row.

Rogers, C. R. （1964）. *Client-centered therapy: Its current practice, implications and theory.* Constable.

Rogers, C. R. （1980）. *A way of being.* Houghton Mifflin.

2節

人間形成的英語教育のメソッド
——目標・手順・評価

三浦　孝

1. アプローチからメソッドへ

　前章と2章の1節で私たちは、人間形成的英語教育のアプローチ（土台をなす理論）を見てきました。振り返ると、それは次のように要約できます：

(1) 教育は、児童生徒の全人格的な存在を、何にもまして尊重する。
(2) すべての児童生徒が、より高い存在に向かって自ら伸びようとする潜在的可能性を持つ。その潜在的可能性を引き出すことが教育の使命である。
(3) 児童生徒の全人格的な成長は、教育の目標だけでなく、教育の方法すなわちプロセスにも体現されなくてはならない。
(4) 上記の（1）（2）（3）に適した学習環境を整えることが学校の使命である。

そこでこの章では、そうしたアプローチを実際の教育活動に体現するためのメソッド（method）について見ていきます。

2. メソッドとは何か

　メソッドとは、一つの言語教育プログラムを構成する具体的指導方法の体系であり、1章で述べたアプローチすなわち授業の根本理念を授業に具体化したものです。たとえば「言語とはルールの体系であり、学習とは正しい習慣の形成である」というアプローチを信奉する教師は、「まる暗記と反復練習ドリルの重用」というメソッドを用いることでしょう。メソッドは次のような項目で構成されています。

① 目標：その授業で具体的に何を達成しようとしているか
② プロセス：
　　● 目標達成のための年間指導計画や Can-do Statement
　　● 教材（教科書を含めた）の選定
　　● 授業中に児童生徒・教師・教材それぞれが果たす役割の規定
　　● 授業で用いる言語活動の選択と配列

③ 評価：その指導プログラムが目標を達成したかどうかを確認する方法

3. 人間形成的英語教育のメソッド

① 目標

　人間中心の言語教育は、児童生徒の目標言語能力の育成を第一義的目標としつつ、2章1節の3で述べた人間的成長の支援を目標とします。

　a. 認知的目標
　b. 情意的目標
　c. 相互作用的目標
　d. 社会参加的目標
　e. 地球市民的視野の育成

② 授業プロセス

　人間形成的英語授業は、上記の目標を実現するために、次のような授業プロセスを用います。

(1) 参加者同士の間に本物のコミュニケーションが生まれる活動を用いる。

　本物のコミュニケーション活動とは、次ページの図1のレベル4のコミュニケーション、すなわち、発信者と受信者の間で、自分や相手にとって価値のある意味を持った伝達が行われるものを指します。マズローの欲求階層の各レベルの充足につながる事柄や、自己受容、自己防衛、自己向上、他者理解、人間関係づくり、啓示的価値、芸術的価値などを含む意味の伝達が行われるものを言います（三浦 , 2006, p. 17）。

(2) 活動を通して、児童生徒が安心して授業に参加し、互いに援助的に協力し合える教室風土を作り上げる。

　ただ単に、その日の授業で教える言語事項（文法・語法・語彙等）を児童生徒に注入することだけを授業目標としてはいけません。学習は受け身的なものではなく、学習者自らが自分を育てていくものです。特に、母語と違う一見不可解な言語や文化と長期間格闘しなければならない外国語学習では、自分たちで教え合う力がものをいいます。たとえ今あなたが教えているクラスが、学習態度が悪く、英語嫌いで、基礎的学力に欠けていたとしても、次のように教室風土を育てることによって、すばらしい教室に変えてゆくことができます。

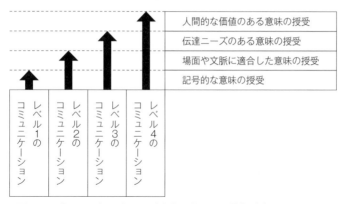

図1　コミュニケーション活動における「意味」の4レベル

i) 教師が児童生徒を尊重し、彼ら彼女らの成長を信じていることを、クラスでしっかりと伝えましょう。
ii) どの児童生徒も、必ず教師が人間として学ぶべき立派な人格を持つ。常に、それを探す心を持ちましょう。
iii) すべての児童生徒が安心して学習し、発言できる雰囲気を作りましょう。
iv) 児童生徒に対して「やればできる・君ならできる」というポジティブ・メッセージを送りましょう。
v) 授業に児童生徒の希望や関心をできるだけ取り入れ、彼ら彼女らのアイディアを求め、複数のチョイスを用意し、やる気になって取り組める活動を用意しましょう。
vi) ある程度締まりのある教室の雰囲気づくりをしましょう。たとえば児童生徒の授業参加意欲が低い学校なら、年度最初の授業開きで、「みんなにこれだけは守ってほしい。一つは、始業のチャイムが鳴ったら、自発的に自分の席に着いて、教科書を開いてほしい。もう一つは、他の人の発言を妨害することなく、まずはしっかり耳を傾けてほしい。先生もがんばるから、君たちにもがんばってほしい」と熱く語りましょう。
vii) コミュニケーション活動を行うなら、必ず成功するように支援しましょう。小さな成功体験を日々積み上げることで、自信をつけさせましょう。

(3) 真に意味ある話題と教材を用いる。

　若者が安定して生きるためには、世界の中での自分の位置を知ることが大切です。「井の中の蛙」状態に安住している者には、心が燃えるような自己実現欲求は湧いてきません。学校のすべての授業や教材は、学習者が生涯をかけて追い求める人生

航路への入口になり得ます。特に英語の授業は、世界のさまざまな風土や状況の中でたくましく生きる人々を題材に取り上げています。そうした教材を通じて、自分たちが生きる世界の現状を理解し、世界のために尽力した人々の勇気や知恵に接して、学習者は「自分の使命とは何か」を考えます。たとえば本書の3章3節、7節や4章10節などは、まさに真に意味ある教材を用いた授業の一つと言えましょう。

　ここで一つ注意したいのは、教材を鵜呑みにするのでなく批判的に吟味する態度の尊重です。教科書で感動的な物語や演説を学んだ時、ただそれを「素晴らしい！感動した！」で終わらせるのでは、批判的思考力は育ちません。それだけでは、単に偉い人の言ったことの受け売り、通説への無批判な同調にすぎません。通説やステレオタイプ的思考を鵜呑みにして疑うことを停止している者に、深い思索や偉大な発見は生まれません。たとえば本書の4章13節は、感動的教材を扱いながらも、敢えてそれとは異なる主張の教材を対置することによって、学習者の批判的思考力を育成しようとしています。

(4) 授業プロセスに人間形成的要素を加える。

　文法事項の習熟を目標とする活動でも、その目標を達成するための授業プロセスに人間形成的要素を加味することによって、授業の豊かさが大きく増してきます。たとえば中学校英語で、現在完了形の［have＋過去分詞］が使えるようにする授業プロセスを例にとって考えてみましょう。

　「今日の授業では、『〜したことがある』という表現法を学びましたね。では次回の授業で、それを使って友だちに経験を尋ねあうインタビュー活動を行いましょう。みんな一人が一つずつ、［Have you ever＋過去分詞］で質問を作ってきてくださいね」とアナウンスします。そして次回の授業では、一定時間を決めて（通常5分〜10分）、クラス全員が教室中を歩き回って、何人かのクラスメイトに自分の質問で話しかけ、相手の質問に答え合うのです。

　このインタビュー活動の効果は抜群です。教室中が驚きや笑いの渦になり、生徒は自分が英語を話していることさえも忘れて没頭します。予期しなかった質問が来るので、一度では理解できず、リピートを要求してまで理解しようとします。自分と同じ経験をしたクラスメイトを見つけて、わーっと盛り上がります。これまで口をきいたことのなかった友達にも、思い切って質問をし、それがきっかけで仲良くなることもあります。知り尽くしたと思っていた友達が、意外な経験をしていることを知り、相手に対する理解がさらに深まります。教室は、思い切って英語を使うチャレンジと、友達同士の出会いの場になります。

　このように、授業の単元目標の達成だけでなく、そのために取り組む授業のプロセスにも意味を持たせます。ヒューマニスティックな教育の究極的目標である「人間的成長」は、授業プロセスの中にも、具現することができるのです。

そのためには、一つひとつの学習過程（授業活動）がどのように

- affective（情意的）
- cognitive（認知的）
- linguistic（言語的）
- social（社会的・相互作用的）
- self-actualizing（自己実現的）

な視点から、児童生徒の人間的成長に貢献しうるかについて、予め見通しを立てておくことが必要です。学習指導案にもこのことを明示するようにしましょう。これは、どのような授業でも教師の工夫次第で実現可能な一歩になります。たとえば本書の4章18節は、目標 TOEIC 点数のような達成ゴールを課せられている専門学校で、ゴールを追いながら学習プロセスにも意味を持たせる取り組みの一例です。

③　成功体験を積み重ね、自己肯定感を高めるための評価

　人間形成的な英語教育についてお話しすると、よく尋ねられる質問があります。「評価はどうするのですか？」という質問です。評価とは、第一義的に「学習の今日までの到達点を明らかにし、明日目指す目標地点を指し示す」ためのものです。私たち学校英語教師が、生徒の進学や就職の際の競争的選抜資料として、相対的評価に基づいた成績一覧表を提出しなければならない事情は、もちろん有ります。しかし、私たちはそれにもかかわらず、評価の第一義的な目的を忘れてはなりません。

　英語という教科は、特に学習者の自己肯定感と強く結びついた教科です。「相手の言う英語が理解できた」「自分の英語が通じた」「みんなが自分の発言に一生懸命耳を傾けてくれた」「すてきなコメントを返してくれた」——コミュニケーションに成功したという小さな積み重ねや、失敗を乗り越えた達成感が、児童生徒の自己肯定感を高めます。毎回の授業で少しずつ、こうした学習者の達成感を積み上げましょう。そのためには教師が彼ら彼女らの発話に対して、減点式評価（至らない所を指摘する）ではなく、加点式評価（良かったところを見つけて褒める）を行う姿勢で臨むことが必要です。もしも英語の間違いを直したい箇所がある時には、まずは「今日の発表はこういう点が良かったね」と肯定的評価を述べ、その後に「次はこういう点にも気を付けると、もっと良くなるよ」と付け加えるとよいでしょう。

引用文献

三浦孝（2006）「Relating Soul to Soul——人間関係の育てあいとしての英語教育を今こそ」犬塚章夫・三浦孝（編著）『英語コミュニケーション活動と人間形成』成美堂．

3節
人間形成的英語授業をつくるための
ポイント

加賀田　哲也

　ここでは、本章1節及び2節で論じた人間形成的教育の「理念」及び「メソッド」に基づき、人間味あふれる授業や活動を組み立てる際のポイントについて、筆者の前任の大学でのエピソードを交えながら紹介します。

1.　授業づくりのポイント

　筆者の前任の大学では、人間的には人懐っこく、魅力ある学生が多かったのですが、とりわけ英語学習となると消極的で拒否感を抱く学生が多く見られました。しかしながら、活動の視点をこれまでの暗記中心の機械的・操作的な授業から「人間形成」に移すことで授業が好転し、学生の英語学習への取り組みが少しずつ変容していきました。ここでは、人間形成の視点に基づく授業づくりのポイントを6つ挙げてみます。

1.1　学習者の潜在的な可能性、成長欲求を信じてかかわる

　人は誰しも独自の潜在的な可能性、成長欲求を秘めています。これは現在、逸脱行動をとったり、授業を妨害しようとしたりする学習者にも当てはまります。ただ、英語の勉強の仕方がわからない、英語の授業がわからない、仲間からの同調圧力に負けてありのままの自分を表現できない等の理由により、望ましくない行動をとる場合が多いと感じています。しかし、いかなる学習者も心底では「英語がわかりたい、話したい、まっとうに生きたい」ときっと思っているはずです。したがって、指導者にまずもって大切なのは、誰にでも潜在する可能性や成長欲求を信じて関わる姿勢を持つことです。そして、この可能性や成長欲求の芽が最大限に発芽できる健全な土壌を耕していくことです。そのためには、教師にはどの学習者に対しても無条件に、そして積極的に関心を寄せ、共感的に傾聴、理解する態度を持つことが求められます。

　ひと言　決して過小評価しない！

　前任校では、アルファベットが正確に読めない、書けない、中学初期段階で学習する文法もほとんど理解していない、学習全般に対して無気力な学生が少なくあり

ませんでした。そこで、授業では折にふれ「自身の能力を決して過少評価してはいけない、誰にでも自分には気づいていない潜在的な能力がある」と言い続けました。すると、学年初めには英語学習に斜に構えていた学生も少しずつ英語の再学習に心を開いてくれるようになりました。

　学期末には、各種英語検定試験にも挑戦する者がちらほらと見られ、英検2級に合格する者も出てきました。当初英検3級レベルにも達していなかったある学生はアメリカの大学院留学を目指すようになり、TOEFLのスコアアップに向けて、猛勉強しその夢を達成しました。また「自分のように英語で苦しんでいる中・高生に英語学習の楽しさや喜びを知ってもらいたい」という理由で、現在中学校教員をしている者もいます。

1.2　英語学習の意味を考えさせる

　学習者が特定の科目に興味を持たないのは、その科目が学習者の自己実現欲求と結びついていないからかもしれません。その科目を学ぶ意味や自分との接点を見出すと、学びは一気に活性化します。英語を学習することによって、将来の自分の可能性が今よりさらに広がることに気づかせることが大切です。日本国内においても、多文化化、多言語化、多民族化が進展している昨今、将来自分にとって英語を使えることがどのような意味を持つのか、「英語」としっかり対峙させる時間を取ってみてはどうでしょうか。筆者はいつも「英語が使えなくても、日本に住む限りは不自由なく生活を営むことはできます。しかし、英語が使えるとより多くの人々とつながることができ、より豊かな人生を送ることができます」と語っています。

　授業では、教材として扱う歌、映画、スポーツ、人物、建造物、風俗習慣などを通して、学習者が身を乗り出してくる瞬間があります。それが英語との接点となります。学習者の目が輝く瞬間を見逃さないことが大切です。そしてことあるごとに、その接点を広げ、深めていきましょう。筆者は4月の授業開きの際には、自分と英語との関わり、自身の英語教育観、英語の学習法、留学時に体験した英語での失敗談などをありのままに語っています。「英語って難しい、まだ好きではないけど、面白そうだな」と思わせることが大切です。

ひと言　世界で羽ばたいている日本人を紹介する

　私たちが日常生活でいかに多くの英語と接しているかを認識してもらうため、授業開きの4月には、家庭にある文具、ゲーム、家具、食品などに書かれている英語をかき集める課題や、自宅から大学に来る途中で目にした英語を書き留める課題を出していました。そうすることで、英語を知ることは、「日常生活において決して損はしない、むしろ有利に働くことが多い」ことを実感させていました。またクラスには、スポーツ系部活動に所属する学生も多く、中にはプロのサッカー選手にな

って、世界へ羽ばたきたいという学生がいました。この学生は2度も再履修クラスに籍をおき、英語の時間はいつもだるそうにしていました。しかし、授業で当時活躍していた中田英寿選手が流暢なイタリア語と英語でインタビューに応えている映像を見せると、中田選手の生き方に感化されたのか、英語学習に取り組む姿勢に少しずつ変化が見られ、無事単位取得に至りました。きっと自分なりに英語学習の意味を感じとったのでしょう。

1.3　協同の学びを取り入れる

　よく「自己実現は他者との関係性において結実する」と言われているように、教室では協同学習の機会を積極的に取り入れたいものです。協同学習は学習者が成人し社会生活を営む際に必要なさまざまな学びを、「教室」という場で体験していることに相当し、まさに学習者一人ひとりの人間形成に資する活動形態と言えるからです。筆者の場合、協同学習の機会を設けたことで、授業が望ましい方向へ一転した経験があります。協同学習の有効性については、学習者相互の対話を通して、複眼的思考、批判的思考、創造的思考が促され深い学びや課題解決能力の育成につながる、他者の学ぶ姿勢や学習方法を自分の学びに取り入れることで自己調整につながる、他者との絆の強化や心理的安定感の醸成にもつながる等が指摘されています。

　ただし、どうしても協同学習に対して難色を示す学習者もいるかもしれません。そのときは、無理に参加させるよりも、むしろ、皆が楽しそうに活動している姿を見て、「自分も参加したい」と思うまでじっと待ち見守ることも大切です。それでも難しい場合は、個人ワークをさせてもいいかもしれません。近年では、過去の対人トラブルのトラウマによるのか、対人恐怖を抱きながら授業に耐えている学生も見受けられます。「協同ワークか個人ワーク」といった活動形態の選択、決定についても個人の意思を尊重することも視野に入れていいのかもしれません。

ひと言｜　協同学習で「ことばの学びの本質」に迫る

　教員になりたてのときは、説明中心の教師主導型の授業に徹していました。一方、研究会やセミナーでは、「協同での学び」によって学習がさらに深まると提唱されることが多く、半信半疑でその実践を試みました。そこで感じたのは、筆者のクラスでは、協同での学びはとくに習熟度の低いクラスで功を奏したことです。音読や本文の日本語訳をペア、グループで確認し、お互いに不十分なところに目を向け、補い合う活動から始めました。そして、時間の経過とともに、少し頑張れば達成可能なタスク（例えば、「オープンキャンパスのときに高校生に大学の魅力を伝えよう」「大学生はアルバイトをすべきか否か意見を述べよう」など）を与え、1グループ4人程度で作業をさせました。当初は何もしない学生も散見されましたが、メンバーのそれぞれに司会、筆記者、発表者、タイムキーパーといった役割を設けると、

各自が責任を持って行動し始めました。お互いに意見交換しながら、関係性を築いていく姿には「ことばの学びの本質」を垣間見ることができました。タスクを完成したときの学生の姿はとても愛おしく、輝いていました。

1.4　達成感を味わわせ、自信を高める

　人は誰しも、何かをやり遂げるための能力や自信を持ちたいという欲求があります。特に英語学習に苦手意識を持っている学習者には、「少し頑張ったらできた！わかった！」という体験を実感させることが大切です。ただし与えるタスクは学習者の現在の英語力をわずかに上回るものにします。簡単すぎる課題を数多く与え達成できたとしても、達成感はあまり得られないでしょう。各レッスンの頂上タスク（Goal Activity）を達成するためのスモールタスクや足場を周到に準備したり、上述の協同学習を取り入れたりするなどして、課題達成を目指します。そして、目標地点に到達したときの達成感や喜びをぞんぶんに味わわせましょう。ここで大切なことは、達成したときのプロセスにフォーカスし振り返らせることです。つまり、どのような課題や困難を、どのような方法で乗り越え、そのとき自分はどう感じたかをしっかりと認識させることです。このことは学習者の自己効力感の高まりや自信につながるはずです。

ひと言　「褒める」ということ

　前任校では、中・高時代に成功体験を経験し達成感を味わった学生がそう多くはいなかったと感じています。そこで、大学の授業では、丁寧な足場があれば達成できるタスクを数多く与え、課題を達成したときや輝いて見えるときには、積極的に褒め、自己承認できるように心掛けました。褒める方法は学生によって変えました。基本的には皆の前で褒める場合が多いのですが、大学生にもなると人前で褒められることを恥ずかしく思う者もおり、そのような場合は、視線やジェスチャーで温かいメッセージを送ったり、机間支援するときにこそっと褒めたりすることもありました。どのような手段であれ褒められると照れくさそうな顔をしますが、筆者にはそれがまたかわいらしく感じられました。

1.5　活動後には指導者、及び学習者の振り返りを行う

　活動後には、指導者は自身の指導について振り返る機会を持ちましょう。学習者は何ができて、何ができなかったのか、その要因は何か、次の活動を設計するにあたり、どのような工夫をすべきか等、真摯に振り返ります。また、学習者にも自身の学びへの振り返りの機会を与え、学習における自己調整を促す機会を確保しましょう。たとえば、相手にうまく伝わらなかった場合には、「声量をやや大きくする」「間をおいたり、抑揚をつけたりする」「ジェスチャーを駆使する」「別の表現で言

い換える」などが考えられます。加えて、自分の学習をモニタリングし望ましい学習方法を見出し、学習を継続していく習慣を身につけさせたいものです。このようなプロセスを経ることで、自らの学びに責任を持ち、ひいては、「自律的な学び手」へと育っていくことでしょう。この学びのプロセスが習慣化されれば、将来子どもたちが社会人となり、キャリア設計や進路に迷ったときや困難に遭遇したときに、自ら積極的に課題と対峙し、課題解決へと向かう、前向きでより充実した人生を営むことができることでしょう。

> ひと言 メモと面談で学習者理解を深める

多忙を極める先生方にとっては、授業への振り返りは、ときにはおっくうなものです。そのような場合、とくに気になる学習者の発言内容や行動をメモするだけでもいいでしょう。また、授業では学習者の発話から、その人の「意外な側面」を知ることがあります。このような発言内容もメモしておき、のちの授業でその学習者（通常、目立たない学習者）を主役とする活動を作ることもできます。

加えて、私の場合、学期に2度ほど学生に自身の学習の振り返りを行わせたり、希望者には授業外で面談したりする機会を設けました。大学では授業が終わるとそれっきりな場合が多く、ゆっくりと学生と話をする時間はありません。面談することで学生をより深く理解することができ、学習者との信頼関係を深めることにつながったと思います。

1.6 受容的、共感的な教室環境をつくる

学習には適度な緊張感は必要であるとしても、教師がいつも権威的、高圧的であると、学習者は「答えられなかったらどうしよう」といった緊張感が増し、身構えてしまいます。教師の説明でさえも耳に入ってこなくなるでしょう。特に外国語の学習では、受容的、共感的な教室風土を醸成することが大切です。教師の柔和な声の調子、温かい眼差し、笑顔が必要となります。「誤り＝宝物」とみなすような、誤りを許容できる安心、安全な教室環境をつくりましょう。そこでは、教師はできるかぎり「共感的な聞き手」に徹し、学習者の発話一つひとつに対して、心に響く温かいフィードバックを与えるように心掛けましょう。教室内では、常に教師と学習者間、学習者同士の間に援助的な関係性が確保され、どの学習者も "I am not alone, but always accepted, protected, and connected." （「私はひとりぼっちではなく、常に受け入れられ、守られ、つながっている」）と感じることができる教室風土をつくりたいものです。

> ひと言 リラックスした雰囲気づくりには BGM !

指導者の中には、ゲームをするなどわいわい楽しく授業を展開しながら、学習者

の緊張を緩和される方もいますが、筆者はそれが苦手なタイプです。筆者の場合、学生がリラックスして授業に臨む方策として、終始クラッシック音楽をBGMとして流していました。学生時代にSuggestopedia（暗示学）を扱った授業で、心の安定を促すには、生理学的な知見から、バッハ、パッヘルベル、ヴィヴァルディなどのバロック調の音楽が適していることを学んだからです。クラッシック音楽を流すと眠り込んでしまうのではと思いつつも、半信半疑で実行してみました。すると学生からは「いつもの授業より集中できた」「これからもBGMを使ってほしい」との声が多く上がりました。確かに、BGMを用いると、学生たちはそれまでと比べ、大きな声で音読をしたりより活発に活動に参加したりしていたことを思い出します。

2. 人間形成を促す活動設計のポイント

　ここでは、学習者の人間形成を促す活動設計の5つのポイントとタスク例を紹介します。

2.1　学習者が自身の「よき理解者」となることを促す

　授業では、学習者が自身の「よき理解者」と感じる、つまり、あるがままの自分を受け入れ、自己理解を深めることを促します。自己理解とは「自分は〜である」など、自分自身に対する感じ方、捉え方を言います。しかしながら、「自分は何者？」と自問すると、日本人の多くは、どちらかと言うと自身の劣った点やコンプレックスなどマイナスな点を真っ先に思い浮かべたり、自身を批判的に捉えたりする傾向がありますが、もっともっと「肯定的な自分」との出会いを大切にしたいものです。

　そこで授業では、言語活動を通して、個々の持つ「肯定的な側面」を注視し、これまであまり「意識しなかった自己」と出会う機会を設けるように心掛けます。タスクを設定する場合には、「自分が好きなこと、できること、長所」など、肯定的な自分に焦点をあてた活動から始めるとよいでしょう。ただし、その過程で「自分が嫌いなこと、できないこと、短所」などにも気づくことがありますが、トータルに自分を受け入れ、「あるがままの自分」を理解できるよう促すことが大切です。このような自己肯定的で自己関与性が高い活動は記憶に残りやすく、言語習得につながりやすいと言われています。ここでの教師の役割は、学習者が自身を唯一無二のかけがえのない存在と捉え、肯定的に自己を受容・共感できるように支援することです。

〈肯定的な自己発見を促すタスクの例〉
- Make a list of all the things you like about yourself.
- What are your strong points and special talents?
- List the three most important things you have achieved in your life.

2.2　他者との関係性を意識させる

　人は誰しも他者との関係性の中で生きています。そして、心理学では「自己実現は、他者との関係性において結実する」と言われています。つまり、人は常に他者を支え、他者から支えられ、助け合いながら自己実現に向かい、その中で自己の生きる意味や存在感を感得していきます。したがって授業においても、自己の生き方を、家族や友人など身近な他者をはじめ、国籍、文化、世代、性的志向の違い、障がいの有無、などを含む多様な社会的立場や属性を持つ他者との関係性の中で捉え直す機会を持つことが大切です。

　このことを踏まえると、授業では「人に伝えて喜んでもらえたことば／人から言われて嬉しかったことば」「人を助けた／人から助けられたエピソード」などについて伝え合うこともできます。このように、「自分と他者との関係性」について着目させるとともに、協同学習の機会を通して、実際に異なる者同士が相互に影響し合いながら、共に学びを広げ深めていく体験をより充実させていくことが求められます。

〈他者との関係性に気づかせるタスクの例〉
- What is the nicest thing you have done for your family or friends?
- Make a list of the people that you feel close to and write a message to each person.
- How did you feel about LGBTQ people before this lesson? How do you feel now?

2.3　学習者の思考や価値観を明確にする

　日々の生活を営む中で、私たちは「来週末、何をすべきか」「高校卒業後、どのような進路を選択すべきか」「核問題をどう考えるか」「今後どのように生きていくか」などの問いに、程度の差はあれ常に考え、選択を迫られています。そのような中で、「思考や価値観を明確にする」とは、自分らしさや生きる意味を明確化することと言ってもいいでしょう。

　授業で教科書本文を扱う場合でも、単に内容理解のための練習に留めるだけでなく、本文の持つメッセージ性まで迫る必要があります。例えば「異文化」を題材とするのであれば、多様な価値の存在や人々の生き様に触れさせ、それらを自分自身や自文化と対照させることができます。幸い、現行の外国語（英語）教科書で扱わ

れているトピックには、生きる勇気を与え心を揺さぶるもの、他者の立場に立って考え共感性を養うもの等、子どもたちの人間的成長に貢献するものが多く見られます。ということは、教師には多様なものの見方や捉え方、生き方に目を向けさせる発問を投げかけながら、目の前にいる子どもたちが自身の価値観や生き方について考え直すきっかけとなるような授業を展開していくことが求められます。

〈思いや価値観を明確にするタスクの例〉
- If you were given a hundred thousand yen, how would you spend it?
- What do you think about the way Martin Luther King Jr. lived his life?
- Choose three of the following items that you think are the most important. Then rank the items and state the reasons for each.
  Time Freedom Status Money Family Job Health Friend Hobby

2.4 学習者の創造性・想像性を高める

学習者の創造性・想像性を高めることはさらなる自己理解へとつながります。そもそも、子どもは独創性のかたまりです。それを発揮する機会を英語授業で設ければ、授業はわくわく熱気に満ちてきます。自分を「物」に投影したり、空想したり、物語の続きを創作するなどの活動が挙げられます。このような創造性・想像性を伴う活動を通して、学習者は普段気づきにくい「無意識下にある自己の存在」への気づきを得ることができることでしょう。例えば、小学校では「色」や「形」の英単語を学習しますが、その際に、"What color /shape are you? Why?"（あなたは（色／形にたとえると、どんな色／形ですか？　どうして？）と自己の内面を色や形に投影することで、自己理解につなげることができます。

Moskowitz（1978）は、自身の Humanistic Task の分類において、"Me and Fantasies" という範疇を設け、この種の活動は自己についてより深い洞察をもたらすと指摘しています。また、縫部（1985）は、「空想」つまり「学習者の内的世界に出現する非現実的な世界」は自己にとってリアルな世界であり、自己理解を促進することを示唆しています。

〈ファンタジーを用いたタスクの例〉
- What animal /fruit would you like to be? Why?
- Suppose you were a smartphone. What message would you send to your owner?
- (Using the song *Puff*(*the Magic Dragon*))Write a follow-up story after "the dragon slipped into his cave."

2.5　学習者の地球市民としての意識を高める

　授業では、学習者と集団、社会、世界との関わりについて問うことで、学習者が地球市民の一人であることを意識させることができます。昨今の教科書には、ローカルかつグローバルなレベルで、環境、人権、平和、福祉、異文化、偉人等に関する題材が豊富です。実際、小・中・高すべての教科書でSDGs関連トピックが扱われています。

　そこで、英語の授業においても、英語力やコミュニケーション能力の育成のみならず、現代社会が抱える様々な課題について学び、批判的思考力、創造的能力、問題解決能力等を伸長させる機会につなげたいものです。現代社会や地球規模の課題についてより深く理解し、それらを自分事として関連づけることで、自身の世界観の広がりや深まりが促され、学習者一人ひとりが地球市民としての自覚を高めることが期待できます。

〈社会的課題解決を考えるタスクの例〉
- Do you see any similarities or differences in food culture of Japan and other Asian countries?
- How has the development of technology affected our daily life? Has technology made us more creative?
- When and where do you feel inequality or prejudices? How would it be possible to solve this /these issue(s)?

3.　まとめ

　本節では、人間不在になりがちな英語教育を人間味あふれる英語教育へと変えていくための授業づくり及び活動設計のポイントを挙げてみました。これからの英語授業には、「人間（自己や他者）」を題材の中核に置きながら言語活動を設計、実施し、英語力向上を目指すことが大切です。加えて、学習者が多様な他者との関係性の中で、お互いに違いを認め理解し合い、主体的に「他者とともに生きること」を選び取ろうとする態度の育成を図りながら、学習者一人ひとりの自己実現を支援することが求められます。

引用文献

縫部義憲（1985）『人間中心の英語教育』ニューベリーハウス出版社.

Moskowitz, G.（1978）. *Caring and sharing in the foreign language class*. Heinle & Heinle Publishers, Inc.

4節

小学校英語授業を豊かにする指針
——楽しみながら「思考」を働かせる

永倉　由里

1.　はじめに

　小学校で、3, 4年生に週1回、5, 6年生に週2回の英語授業が導入されて5年目になります。他の教科では、子どもたちは教科の内容についてそれまでの生活を通してある程度の知識を持っています。しかし英語という教科は、多くの子どもたちにとって体験や事前知識をほとんど持たない初めての出会いになります。ですから、この出会いはその後の学びに大きな影響を与えます。小学校の授業で、英語って楽しい！　相手の言うことがわかった！　自分のことをわかってもらえた！　という喜びを感じられたら、英語の可能性に期待を膨らませて中学校へ進んでいくでしょう。そういう授業にするためには、小学校英語はどのような点に配慮したらよいのでしょうか。そのためには、小学校の英語授業は①語学力を競うためではなく、②自分や友だちのことがもっと好きになり、③友だちや世界の人々とつながる「夢のある英語授業」にしなくてはなりません。本節では、目指すべき英語授業とそれを実現するポイントについて詳しくお伝えしようと思います。

2.　英語を学びながら人間としても成長していける授業とは

　小学校の英語授業は、子どもたちの人間的・社会的な成長につながる絶好の機会です。なぜなら英語授業には、好感をもって人と出会う工夫や、自分や友だちを積極的に褒める姿勢、意見を冷静に堂々と表現する態度、相手と意見が異なった場合でも心を開いて耳を傾けるマナーが満載だからです。子どもの人間的成長を大切にした英語授業、それを私たちは「学習者の人格形成を促す授業」「ヒューマニスティックな英語授業」と呼んでいます。こうした授業が展開されるためには、笑顔を絶やさず互いの声に耳を傾けることで生まれる安心・安全な雰囲気と、伝えたいこと・わかってもらいたいことを伸び伸びと伝え合おうとする良好な関係が保たれることが大切です。その上で、交わす価値のあるやり取りが活発に展開するような話題を設定し、学習の内容や方法について子どもたちの意向や選択を取り入れると、さらに積極的に諸活動に取り組む姿勢につながります。

　私たちが小学校教師対象に行った調査（永倉他, 2022）によれば、大多数の教師

は、「温かく受容的な雰囲気づくりに努めたい」「興味関心を喚起したい」「ほめることで自己肯定感を高めたい」といった項目については十分に配慮していると答えています。一方、「主体的な学びを促す」という点については、その重要性はわかっていても具体的な手立てにつながっていないと答えています。そこで、永倉他（2022）は小学校英語において主体的に学ぶ姿勢を育てるためのポイントを整理しました。その中でも特に困難とされる「自律性を涵養する」ための具体策を含んでいるところに注目していただければ幸いです。

3.　小学校英語授業実践のためのポイントと具体的な手立て

3.1　小学校英語授業実践のためのポイント12

　互いを尊重し合える雰囲気づくりに努め、面白みのある話題について、聞き慣れ・言い慣れる活動で自信をつけたのち、自分のこと・本当のことを伝え合う喜びを実感してほしい！　できれば子どもたち自身にもその学習の過程に意識を向け、進んで学びに向かう力を養ってもらいたい！　さらに、先生方にはそれぞれの授業づくりの工夫や授業で喜びを感じた出来事などを、同僚と共有する機会を持っていただきたい！　こうした思いを込め、小学校英語授業実践のためのポイント12（表1）を提案します。これらを英語授業の中で具現化できれば、児童や教師の人間的成長と英語コミュニケーション力伸長につながり、ともに成長していくことができることでしょう。

表1　小学校英語授業実践のためのポイント12

1. 笑顔・アイコンタクト・声の調子に配慮し安心できる受容的な雰囲気づくりに努める
2. 身近な話題に関する題材の提供や視覚資料の提示により興味関心を喚起する
3. Small Talk 等により、英語を使用する良きモデルを示す
4. 児童の活動状況や児童の振り返りシートなどを参考にして授業内容を調整する
5. 語彙・表現の導入・練習の際は、児童が好む楽しい活動を十分に取り入れる
6. 言語活動では児童が進んで自分のことを語りたくなるような場面や状況を設定する
7. 言語活動に向け、児童が考えを整理する時間を与える
8. 目標に則したやり取り・発表のポイントや評価規準を児童にあらかじめ明示する
9. 児童が見通しを持って学習に取り組み、自らの学習活動を振り返りながら、どうすればさらに改善できるかを考えるよう促す

10. 特に配慮が必要な児童には温かな言葉を掛け、児童同士の学び合いを促す
11. 同僚教師と英語授業等について情報共有や意見交換に努める
12. 自身の授業の目標を設定し、計画を立て実践状況を振り返り、改善策を講じる

　次項からは、この表の1, 3, 4, 8, 10, 11の項目について解説します。

3.2　安心できる受容的な雰囲気づくりにつながる言葉掛け（項目1）

　褒め言葉に加え、耳を傾けながらはさむ合いの手や児童同士の受容性を育てる促し方を紹介します。

褒め言葉：Good job! / Great! / Wonderful! / That's nice! / You did a good job!
受容的な合いの手：I see. / Uh-huh. / Ah ... / And ...? / Me too. / I like your idea.
児童同士の受容性を育てる促し方（グループ活動の後など）：
　Everyone, let's say "Thank you." [あるいは "Good job!"] to ○○さん. One, two!
　Everyone, give ○○さん a big hand. One, two!
　Who likes ○○さん's idea? Please raise your hands.

3.3　英語使用と人間性尊重のモデルとしての Small Talk（項目3）

　Small Talk とは、一般的には本題に入る前のちょっとした雑談のことですが、小学校英語授業では、授業開始時に行われ、身近な話題で興味関心を喚起させたり、既習表現を繰り返すことで定着を図ったり、新たに学ぶことをイメージさせたりするのが狙いです。

　教師が英語を使用する姿は、児童に身につけて欲しい言語的コミュニケーション・スキルだけでなくジェスチャー・視覚資料の有効利用などの非言語的コミュニケーション・スキルのお手本になります。また、教師の「ひととなり」が表れることから、親近感が深まり和やかな雰囲気づくりにもつながります。教師の小学生時代のエピソードは笑いを生み、児童の不安感を払拭することになるでしょう。Small Talk の中での問いかけに英語で即答できる児童は少ないかもしれません。しかし、たとえ児童の答えが日本語であっても、それは教師の英語を聴き取れたからにほかなりません。ですから児童の日本語も前向きに受け止め、アイコンタクトを取りながら英語で言い直してあげれば、嬉しそうな表情が返ってきます。わずか

1, 2分ですが、「ほんもの」のコミュニケーションを展開する機会なのでぜひ取り入れましょう。

3.4 「振り返りシート」とそのねらい（項目4）

「学びに向かう力」を養うための教育的手立ては、未だ一般的になっているとは言えません。そこで、ここでは児童が自らの学びの有り様を受け止め、学習の過程を省み、困難な点があれば改善策を考え試行するよう促す「振り返り」の質の向上のコツを紹介します。

まず、振り返りシートの形式です。単元目標に向かう過程を意識させるため、1単元で1枚のシートを作成し、前時と比較して学びの進展を実感できるようにします。できるようになったことや、さらに目指したいことを書き留めるように促しましょう。振り返りの仕方によって、単元のまとめとして行われるパフォーマンスに違いが出ます。人と比べるのではなく、前より少し進歩できたという自己肯定感の積み重ねが自律性を育てます。ここでは、振り返りシートへの記入を求める際に、振り返りの質を高める言葉の掛け方を紹介します。

教師：今日の授業で面白かったなあと思うところは？
児童1：カードを使って中学でしたいことをたずね合ったゲーム。
教師：なるほど（受容的反応）、どうして面白かったの？
児童2：みんなの気持ちがわかったから。でも僕はうまく言えなかった。
教師：気持ちがわかったのね（共感的反応）。うまく言えなかったのはなぜかな？
児童2：理由をうまく言えなかった。
教師：そうなんだ～（受容的反応）。次回はどんなふうにやってみたい？　それにはどんなことをしようと思う？　それを書いてみて！（改善への思考を促す）

3.5 「指導と評価の一体化」の第一歩は評価規準の明示から（項目8）

「指導と評価の一体化」すなわち学習評価を通じて指導の在り方を見直すことが求められています。作成した指導計画を踏まえた授業を実践し、児童の学習状況から指導計画を検討し、指導計画と授業実践の改善を図ります。

ここで大切なのが、教師だけでなく児童にも学びの過程や理解度を意識するように促すことです。どの活動において、どの領域（聞くこと、話すこと〔やり取り・発表〕、読むこと、書くこと）のどんな力（知識・技能、思考力・判断力・表現力等、学びに向かう力）を、どのような尺度で測るかについて、次ページの表2のようなルーブリックを児童と共有します。

4節　小学校英語授業を豊かにする指針

表2　ルーブリックの例（6年生　旅行先のPR）

	構成	内容	態度
A (4点)	「出だし」「PR内容」「お礼」の流れで発表している	B+に加え、聞き手に質問したりその返答にリアクションしたりしている	B+に加え、ジェスチャーや視覚資料を効果的に交えている
B+ (3点)	「出だし」「PR内容」「お礼」の流れで発表している	「出だし」「PRする国」「そこでのおススメ」とその「様子」「最後のお礼」をすべて伝えている	笑顔、アイコンタクト、相手に届く声で伝えている
B- (2点)	B+のうち2つはできている	B+のうち4つはできている	B+のうち2つはできている
C (1点)	B+のうち1つはできている	B+のうち2つはできている	B+のうち1つはできている

　児童が、目標とするやり取りや発表に向けて取り組めるよう、ルーブリックには構想やリハーサルの段階で着目させます。それを基に自らのリハーサルを振り返り、本番に向け改善したい点を考えてもらいます。自分なりに「修正したいこと」や「付け加えたいこと」などを記述させ、本番の後にも「振り返り」を行います。こうしたプロセスが児童の手元にも残るようにすると、自己の学習過程を俯瞰することの意義が浸透し自律的態度が涵養されます。

3.6　「個別最適な学び」へのアプローチは Humanistic に（項目10）

　配慮が必要な児童に対し、温かく接し無理を強いないようにしていませんか。児童が抱える諸事情への気遣いが、かえってその子を特別視していることになるかもしれません。そうした教師の姿がその子に対する学級全体の関わり方にも影響するでしょう。多様な児童生徒を誰一人取り残すことなく適切に対応するには限界があります。配慮の仕方に悩むよりどの子も丸ごと受け止めて、かすかに頷いてくれたりポロっと何かを発してくれたら、それを拾って「ありがとう！　〜なのね」とクラスで共有しましょう。個別最適な学びは、一人ひとりの存在を認め合い、話題に取り込むことから始まります。対応の難しさに思い悩むより、将来を担う児童との日々を共有できていることに感謝しましょう。教師の個を尊重する態度が児童同士の優しく思いやりのある態度につながり、そこで初めて主体的で協働的な学びが展開することを信じて、日々明るく元気にやっていきましょう。

3.7　「同僚性」「協働性」を高め合おう（項目11）

　児童に求めているように、教師自身も対話から学び協力し合えるようになりたいものです。同じような問題意識を持つ者同士が、立場や年齢に関わらず児童の健全

65

な成長・良質な学びのために、対等にそして自由に情報や意見を交わし、支え合い学び合う同僚性・協働性が保たれた集まりが「コミュニティ」という考え方（Wenger, 1998）です。「コミュニティ」とは、「ありがとう！　一緒に働かせてもらってよかった！　これからもよろしく！」と思える日常を引き寄せるものです。用意された「うつわ」に収まるのではなく、声を掛け合い言葉を交わすところから始まります。

引用文献

永倉由里・伊佐地恒久・加藤和美・三浦孝・柳田綾（2022）「人間性を涵養し英語コミュニケーション能力を高める小学校英語授業実践のためのチェックリスト」『ヒューマニスティック英語教育研究会紀要』第2号, 7–25.

Wenger, E.（1998）. *Communities of practice: Learning, meaning, and identity*. Cambridge University Press.

5節
「やってみたい！」が持続される英語授業
——動機づけ理論の視点から

柳田　綾

1.　やる気スイッチは変化する？　動機づけを高める方策

　英語は学校の科目として学習する場合も数年間に及び、人によっては数十年にわたって学習する場合もあります。その間、やる気がずっと変わらず安定しているとは限りません。Dörnyei（2001）は、時間の経過に伴って学習者の動機づけは変化するものであり、指導者の働きかけによって高めることができると考えました。そして、外国語の授業において動機づけを高めることができる段階を4つに分け、それぞれの段階の構成要素を「動機づけを高める教育実践（motivational teaching practice）」として提案しました。4つの段階とは、①動機づけが高まる基本的な環境づくり、②学習開始時の動機づけを生み出す、③動機づけを維持し、守る、④前向きな自己評価を促す、というものです。以下では、①と②の段階に絞り、特に重要かつ効果が高いと思われるものについて述べていきます。

2.　動機づけのための基礎的な環境づくり——教師の姿勢

　土台が不安定な場所にどんなに豪華な家を建てても、まっすぐ立たずに倒れてしまうように、生徒のやる気を高めるには、教室の環境をまず整えることが必要です。以下、4つの具体例を示します。

（1）　熱意

　みなさんがこれまで出会った中で、一番影響を受けたのは「熱意を持った教師」ではないでしょうか。ここで述べる熱意とは、「自分の教える科目が大好きで、それに身を捧げる情熱によって、この世で他にやりたいことがないかのように見える人たち」を指します（Dörnyei, 2001）。もちろん、多忙な教師は他にも多くの仕事を抱えていますが、教師の使命はやはり自分の教科と真摯に向き合い、それを教えることによって生徒の可能性を広げ、人生を豊かにすることであると考えます。特に英語教師は、英語学習がなぜ、どのように教師の人生を豊かにしたか、そして生徒にとっての英語学習の意義や、英語学習がどのように生徒の人生を豊かにするかについても伝えたいものです。一年の始まりや新学期の授業開き、学期末など、区

切りの時期に上記の英語学習の意義を伝えることで、生徒も教師も気持ちを新たにすることができます。

(2)　積極的傾聴——Active Listening

　アメリカの臨床心理学者のカール・ロジャーズは、カウンセリングの分野で「人はそもそも自己実現傾向を持っている。それはある種の人間関係でよりよく発揮される」という基本仮説に基づき、「人間中心のアプローチ（Person-Centered Approach）」を提唱しました（坂中他, 2017）。これを教育の文脈で考えると、「生徒は誰しも自分の力を発揮しようとする力がある」「それは教師も生徒もお互いを尊重し、大切にする姿勢を持った信頼関係においてよりよく発揮される」と言い換えることができるでしょう。

　この「人間への基本的信頼」に基づく態度を伝えるために、ロジャーズは「積極的傾聴（active listening)」を提唱しました。「傾聴」という言葉は日本でもよく知られていますが、ロジャーズの傾聴とは、表面的なテクニックとしての傾聴とは異なります。あくまでも「相手は成長し自分の力を発揮する力がある」という相手への信頼を示し、それを相手に伝えるための技法としての傾聴という意味です（坂中他, 2017）。具体的には、「相手の気持ちに焦点を合わせ、応答しながら共体験をする」「相手が言った内容のエッセンスを繰り返す」「相手が気持ちをうまく言葉にできないとき、適切な言葉で言語化を手助けする」「相手が自由に話すことを促すために、『それはどういうことですか？』『他に話したいことはありませんか？』などと問いかける」ことが授業で応用できます。

(3)　目を配り、気を配る

　一人ひとりの生徒とじっくり面談する時間がない方も多いかと思いますが、少しの気配りで、「あなたのことを気にかけている」という気持ちを伝えることができます。すでにご存じかと思いますが、以下にいくつか例を挙げます。

- ・生徒にあいさつし、名前を覚える
- ・生徒のちょっとした変化（表情、髪型、服装など）に気づき、それについて温かくコメントする
- ・好きなこと、趣味、特技を覚えておいてそれについて尋ねたり、話題にしたりする
- ・授業中の発言や、課題、試験などで以前よりも良くなった点や成長した点について認め、コメントをする
- ・他の授業や行事、部活動での生徒の様子を観察し、生徒を多面的に理解する

（4） 居心地よく協力的なクラスづくり

　教室や授業の雰囲気は、担当教員をはじめ、各学校の地域や文化、校則、クラスの構成メンバー、さらには季節や気温、教室環境や時間帯など、さまざまなものに影響されます。すべてをコントロールすることは不可能ですが、居心地がよく協力的なクラスづくりのために、教師ができることも多くあります。

・学習のための物理的環境を整える（教室を清潔に保つ、換気や温度調節を行う）
・英語の授業への心構え（readiness）を作る（例えば、教師が英語であいさつや small talk を行う、洋楽を流す、絵本を読み聞かせる、外国からの実物を紹介する）
・生徒が教室を「自分の居場所」にする（詳細は以下を参照）
・教師が生徒の間違いに肯定的に興味を持つ（詳細は以下を参照）

　特に重要なのは、3つ目と4つ目です。3つ目の「生徒が教室を自分の居場所にする」とは、「教室に生徒の色を出す」「教室を生徒が自分流にカスタマイズする」「授業や教室に対して生徒が一定の権限を持つ」ということです。例えば、生徒の作品を教室内に掲示する、学級通信やニュースレターを配布する、授業で流す洋楽を生徒が選ぶといった物理的な権限を持つことで、自分の学習成果や選択が他者に影響を及ぼし、生徒にとって「自分が認められる」という経験になります。
　4つ目に関しては、教師は時として生徒の間違いを「学んだことが理解できていない」と思ってしまうことがありますが、見方を変えれば「生徒は理解しようと努力している途中である」「生徒は自分なりに努力して学んでいることを表現している」と捉えることもできます。間違いを「なぜできないのか」と生徒のせいにするのではなく、「なぜこのように間違えたのか」「そのように間違えた理由や、生徒の思考プロセスはどのようなものか」と、教師が生徒の間違いの原因に興味を持てば、教師自身の授業を改善するチャンスにもなります。
　また、教師が自分の英語学習における失敗談や、失敗から学んだことを伝えることで、間違いを過度に恐れずリラックスした雰囲気を作ることができます。私が大学生の頃、授業担当であるアメリカ人の Tim Murphey 教授は、自分がよく間違えてしまう日本語や、日本における自身の失敗談を英語でよく話してくれました（「かわいい」と言いたかったのに「こわい」と言い間違えてしまった話や、日本の海苔を黒い紙だと間違えてしまったエピソードなど、今でもよく覚えています）。Murphey 教授はさらに、"I love Misteakes" という（タイトルの Misteakes もスペルミスがある）歌を授業中に歌ったり、学生たちが最近「やらかした」間違いや失敗談を英語でパートナーと話したりするアクティビティも行っていました。その

おかげで、私は自分の日常生活で何か失敗をしてしまっても、失敗自体に落ち込むのではなく「この失敗を授業で話せる！」と、失敗の意味を置きかえたり、その失敗から学んだことも考えることができるようになりました。

3. 授業開始時の動機づけ——生徒が前のめりになる工夫

生徒のそれまでの学習経験や価値観は多様で、英語に苦手意識がある生徒が、すぐに英語が好きになるということは難しいかもしれません。しかし、まずは「英語は苦手だけど担当の先生は好き」「英語が苦手でもその授業は好き」という授業づくりは可能だと思います。以下に、英語の勉強を頑張ってみたい、英語の勉強は面白そう、と生徒に思わせるストラテジーを2つ紹介します。

(1) 「自分と似たお手本」を見せる

「生徒と似たお手本」を見せることで動機づけを高めることができます。自分と似たお手本（Near Peer Role Models: NPRMs）とは、「学習者と社会的、職業的、あるいは年齢的に近い（できれば同性の）仲間であり、何らかの理由で学習者が尊敬したり憧れるような仲間」を指します（Murphey, 1998）。日本人の英語教師はALT や海外からの留学生よりも生徒との共通点が多く、NPRMs に適しています。また、生徒とより年齢が近い卒業生や上級生は、さらに良い NPRMs です。英語を活かして活躍している卒業生や上級生をゲストとして授業に招いたり、彼らの授業内のパフォーマンスを動画に撮って生徒に見せたり、彼らの話を紹介したりすると、生徒が目標とするイメージが明確になり、「自分も先輩たちのようになりたい」という意欲が高まります。それは、憧れる人が自分たちと似ている点が多いと、模倣が可能であるように思えるからです（Murphey, 1998）。また、クラスメイト同士で学習方法について意見交換を行ったり、クラスメイトの授業コメントや振り返りを共有したり、作品をファイルにまとめて皆が閲覧できるようにすることも、生徒の意欲の喚起につながります。

(2) 授業外の社会・世界とつなげる

「英語を学校で学ぶのは、テストのために過ぎない」「テストが終われば単語も文法も忘れるし、自分は将来英語を使うことはない」「教科書の英語は実生活ではあまり役に立たない」という生徒の声を耳にしたことがあります。しかし、実際には、教科書の英語も学習者が学びやすいように整えられた有用な英語です。教科書の優れたレッスンから、生徒が実際に使われている英語に触れ、異文化を感じることができる機会を設け、授業外の社会へとつなげましょう。例として、私の授業実践例を紹介します。

私が高校に勤務していた際、担当学年が修学旅行で広島県を訪れる機会がありました。修学旅行前の英語の授業では、以下の活動を行いました。

① 被爆者体験証言ビデオを各自で視聴し、英語で要約する
② 広島の原爆投下に関するショートムービー（英語音声・日本語字幕）を視聴する
③ 広島平和記念公園でボランティア英語ガイドを続けている、胎内被爆者の三登浩成氏の雑誌記事を日本語で読む
④ 原爆ドームを訪れる外国人にインタビューした動画（YouTube）を視聴する

　広島へ修学旅行に行った際、なんと偶然にも生徒たちは三登浩成さんに実際にお会いすることができました。生徒たちは「授業で出てきた人にリアルで会えた！」と興奮して報告してくれました。「英語の授業は世界と本当につながっているんだ」と生徒たちが肌で感じることができた瞬間でした。生徒たちと出会った記念として、被爆した屋根瓦の一部を三登さんからいただき、現在でも私が大切に保管しています。

参考文献

坂中正義（編著）、田村隆一・松本剛・岡村達也（著）（2017）『傾聴の心理学——PCA をまなぶ：カウンセリング／フォーカシング／エンカウンター・グループ』創元社.

Dörnyei, Z.（2001）. *Motivational strategies in the language classroom*. Cambridge University Press.

Murphey, T.（1998）. Motivating with near peer role models. In B. Visgatis（Ed.）*On JALT'97: Trends and Transitions*（pp. 205–209）. The Japan Association for Language Teaching.

6節
自己効力感・自己有用感・
自己肯定感を高める授業

牧野　尚史

1.　英語を学習し続けるために

　入学した当初、多くの中学生はやる気にあふれています。英語の授業でも「英語を話せるようにがんばる」「単語をたくさん覚える」と前向きな言葉を多く耳にします。しかし、授業が進むにつれ、英語に対して苦手意識を持つようになったり、英語で発言することをためらったりする生徒がでてきます。学年が進むとさらにこの傾向は顕著に現れるように思います。それは、なぜでしょうか。

　私が思うに、「英語で言いたいことが言えない」というモヤモヤ感にあるのではないでしょうか。そして、そのモヤモヤ感が積もっていくと、「英語ができない」と自信を失い、英語学習に対する動機も低くなるという負のスパイラルに陥ってしまうと考えています。それに追い打ちをかけるようにテストがあります。テストでも良い結果が出なければ、生徒の自信はさらに失われていくことになるでしょう。これは、私が中学生を教えていて感じることです。自分の言いたいことがうまく言えないモヤモヤ感を受け入れつつ、ねばり強く英語学習に取り組むような生徒を育てられないかと思い、日々実践を重ねています。

　動機づけ研究で有名なドルニェイは、「外国語は、単純な文でさえもひどい誤りを犯す危険なしに言うことができない唯一の教科である」と述べています（2005, p. 103）。その一方で、「教師は生徒の自己像を前向きな方向に変化させることができる」「言語教室が彼らの自己価値が保護されて自信を得ることができる安全な場所であると認識すれば、きわめて積極的な態度で反応するであろう」（ドルニェイ, 2005, p. 105）とも述べています。つまり、教師と生徒や生徒同士の関わり方が学習の動機づけに大きく影響を与えるということです。ここで考慮したいポイントは自己効力感・自己有用感・自己肯定感の3つの"感"です。

2.　自己効力感（Self-efficacy）とは

　自己効力感は、社会的学習理論で有名なBandura（1997）によって本格的な理論づけがなされました。これは、ある特定の課題を実行する能力があるかどうかの自己の判断に関わるものです。その判断に基づいて人は取り組もうとする活動を選

択しますが、それに対して費やす努力やねばり強さの量を決定するときに、自己効力感が関係してきます。自己効力感が高い生徒は、「この課題を自分は達成することができる」「自分には能力があるから大丈夫だ」と感じます。逆に自己効力感が低い生徒は、「自分にはできっこない」「自分にはそんな能力がない」と感じてしまいます。自己効力感が高い生徒は、課題に直面したとき、躊躇することなく努力して課題を達成しようとし、継続的に取り組もうとします。では、自己効力感はどのようにすれば高めることができるのでしょうか。Banduraは4つの主要な要因が自己効力感を育てることにつながり、さらに自己効力感は4つの主要な過程を経て、私たちの行動に影響を与えていると述べています（図1参照）。

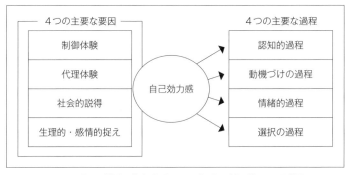

図1　自己効力感を育む要因および行動への影響

　制御体験とは、成功体験のことです。課題に対す成功体験が自己効力感を高めます。ただし、すぐに達成できるような簡単な課題や、難しすぎて達成できない課題では自己効力感は育ちません。生徒の実態に合わせ、チャレンジして達成できるような課題を設定する必要があります。代理体験とは、他者が成功しているのを見て、自分にもできそうだという思いが湧き上がることです。社会的説得とは、他者からの励ましのことで、「あなたならできる」という言葉が課題に向かうエネルギーとなります。そして、生理的・感情的捉えというのは、自分の状態を把握し、体調を整えたり、気分を高揚させたりすることです。例えば、緊張しているときに深呼吸をして落ち着いたり、好きな音楽を聞いて気持ちを高めたりすることなどです。これらの4つの要因が自己効力感を高め、そして自己効力感が4つの過程に影響を与え、私たちの行動を決定づけることになります。自己効力感を高める4つの主要な要因のうち、最も効果的な方法は制御体験、つまり成功体験でしょう。

　図1の「4つの主要な過程」について説明します。「認知的過程」は現状を把握した上で、目標達成のために必要なことを考え、行動に移すプロセスのことです。「動機づけの過程」は、目標達成のための動機を維持し、さらに高めていくプロセスのことを言います。そして、「情緒的過程」とは、課題に直面したときに感じる

不安やストレスにどのように対応していくかというプロセスです。最後の「選択の過程」とは、いろいろな選択をするときにどのようなプロセスをとるかということです。自己効力感が高い生徒は自己の成長のため、困難に立ち向かう選択をするようになります。

3. 自己肯定感（Self-esteem）と自己有用感（Self-worth）とは

　自己肯定感とは、ありのままの自分を受け入れる感覚のことを言います。自己肯定感が高い生徒は、他人と比べることなく、今の自分を受け入れ、認めることができます。そのため、課題に失敗したとしても、すぐに立ち直ることができ、次に向けた行動をとることができます。反対に、自己肯定感が低い生徒は、課題に失敗した場合、自分には能力がないと思い、なかなか立ち直ることができません。そもそも課題に立ち向かおうとすらしないこともあるかもしれません。

　自己有用感とは「自分と他者（集団や社会）との関係を自他共に肯定的に受け入れられることで生まれる、自己に対する肯定的な評価」（国立教育政策研究所, 2015）とあります。つまり、他人の役に立った、他人に喜んでもらえたなどという経験の積み重ねが自己有用感を育てます。

　それでは、自己肯定感や自己有用感はどのようにすれば高められるのでしょうか。三浦他（2021）の Method の一つに次のように書かれています。

　　成功体験の積み重ねで自己肯定感を高める
　　「相手の言う英語が理解できた」「自分の英語が通じた」「みんなが一生懸命耳を傾けてくれた」「言おうとしたことを分かってもらえた」──コミュニケーションに成功したという小さな積み重ねや、失敗を乗り越えた達成感が、生徒の自己肯定感を高める。そのためには生徒の発話に対して教師が、減点式評価（何が出来ていないから咎める）ではなく、加点式評価（何が出来ているから誉める）で臨むことが必要である。

　自己肯定感を高めるためには小さな成功体験の積み重ねが大切であるということです。また英語コミュケーションにおける成功体験は、他者との関わりを通して実現され、これは他者との関わりによって得られる自己有用感にもつながるものです。

　これまで述べてきた3つの"感"を高めることが、本節1で触れた、「言いたいことがうまく言えないモヤモヤ感に負けず、ねばり強く英語学習に取り組む生徒」を育てるために必要な要素だと考えます。そして、3つの"感"を高めるための共通点は、日々の授業の中で持続的に「小さな成功体験」を積み重ねるということです。

　それでは、生徒が小さな成功体験を持続的に積み重ねていくことができる英語の

授業とは、どういったものが考えられるでしょうか。

4. 3つの"感"を高める中学校の授業のポイント

私が授業を考える上で大切にしている視点を4つ紹介します。

4.1 チャレンジングかつ、どの生徒も達成できる課題設定

課題設定で注意することは難易度です。難しすぎず、簡単すぎないもので、かつチャレンジングな課題でないといけません。そして大事なことは、授業の終わりには、誰もが「できた」と達成感を感じることです。ただ、学級にはさまざまな学力の生徒が混在しています。どの生徒も達成感を味わうことができる課題を考える難しさがそこにあります。そこで、ヴィゴツキー（2001）の「発達の最近接領域理論（Zone of Proximal Development: ZPD）」を参考にすればよいでしょう。ZDPとは、生徒が一人では達成することが難しく思える課題も、教師の支援や生徒同士の協働学習を通じて達成可能となる領域のことです。ただし、そこには、適切な課題設定と教師からの足場かけが必要になります。

4.2 生徒をモヤモヤさせ、最後にはスッキリ

「言いたいことが英語でうまく言えない」とモヤモヤする経験は、英語を学習する誰もが感じることです。そのモヤモヤ感こそ、大切な学びにつながります。ただ、モヤモヤ感をそのまま放っておくと、できないままで、上達することはありません。"モヤモヤ感"と"スッキリ"はセットです。その両方をスパイラル的に何度も体験させる授業が大切です。そのためには本節の4.1で述べたように適切な課題設定と足場かけが必要です。ここで、足場かけについて補足しておきます。足場かけは課題達成のための補助になるもの、つまり「支援」を意味します。生徒が自分だけの力で到達できない目標に対して、教師が支援することで、到達させることです。ただし、教師がすべての足場をかけるのではなく、学習しながら、生徒が自分で足場をかけていくことができる工夫が大切になります。また、達成したあとは、少しずつ足場を外していくことも必要です。

4.3 生徒同士が協働的に学習できる形態

授業では、ペアやグループで行う活動を多く取り入れています。英語で何かを伝えるときには、必ず相手がいます。相手意識を持って伝えることがコミュニケーションにおける見方や考え方の一つになります。また、生徒同士で活動をする際には、リアクション、繰り返し、質問などのコミュケーション・ストラテジーを使うように促します。相手の言っていることが「わかった」「興味を持っているよ」という

意思表示になるからです。協働学習では他者からのフィードバックを通して生徒同士の相互理解も深まります。

4.4　教科書を創造的に活用した活動

　教科書にはバラエティー豊かな題材があります。紹介文、説明文、物語文、チラシ、ダイアログ形式などです。また近年の教科書には目的・場面・状況に合った表現がちりばめられているため、よいモデルとして使うことができます。そんな教科書を活用しない手はありません。教科書にある活動をアレンジすれば、さらに豊かな表現活動をすることができます。たとえば、町紹介をするという活動を「自分の町や学校を紹介するホームページを作ってみる」などにアレンジすることができるでしょう。

5.　英語教育のその先へ

　言いたいことが言えない "モヤモヤ感" が、言えるようになった "スッキリ" に変わる瞬間が、小さな成功体験になります。小さな成功体験を積む機会が多ければ多いほど、生徒は達成感を味わい、自己効力感を高めていきます。「自分ならできる」とチャレンジし、さらなる成功体験を積んでいくと、自己肯定感や自己有用感を高めることにもつながります。これら3つの "感" は英語をねばり強く学習し続ける力だけでなく、社会に出て挫折したり、理不尽なことに直面したときに立ち向かっていくための生きて働く力になります。英語を通じて、他者と関わり、人間力豊かな生徒を育てていきたいものです。

引用文献

ヴィゴツキー（著）、柴田義松（訳）（2001）『新訳版・思考と言語』新読書社 .

国立教育政策研究所（2015）「生徒指導リーフ Leaf. 18 「自尊感情」？　それとも、「自己有用感」」https://nier.repo.nii.ac.jp/record/1601/files/2015078.pdf

ドルニェイ, ゾルタン（著）、米山朝二・関昭典（訳）（2005）『動機づけを高める英語指導ストラテジー 35』大修館書店 .

三浦孝・石井博之・加賀田哲也・鈴木章能・Talandis, Jr., J.・種村綾子（2021）「HLT（Humanistic Language Teaching）授業の現代的定義試案：これからのヒューマニスティック英語教育づくりガイド」『ヒューマニスティック英語教育研究会紀要』第1号 , 5–15.

Bandura, A. (1997). *Self-efficacy: The exercise of control.* W.H. Freeman.［バンデューラ, A.（編著）、本明寛・野口京子（監訳）（1997）『激動社会の中の自己効力』金子書房 .］

Zimmerman, B. J., Bonner, S. & Kovach, R. (1996). *Developing self-regulated learners: Beyond achievement to self-efficacy.* American Psychological Association.［バリー・J・ジマーマン（著）、著塚野州一・牧野美智子（訳）（2008）『自己調整学習の指導』北大路書房 .］

7節
人間形成と学力向上
——指導困難校が生まれ変わった取り組み

椎原　美幸

1. 初任校で「一人ひとり」の大切さを学ぶ

　私は大学卒業後、民間の英会話スクールにて4年間日本人マネージャーとして勤めた後、公立中学校に16年、現在は教育委員会に勤務しております。私の初任校は、1学年8学級の「やんちゃな生徒が多い」ことで有名な中学校でした。その「やんちゃ」具合は噂以上で、授業中なのに運動場を駆け巡る、バイクの横で焚火をする、盗難が相次ぐ、月曜日は教員も休みがちで、朝から3学級まとめての朝の会。リアルな中学校の現場で、疲れ切った私を支えてくれたバイブルが、研究社出版の『だから英語は教育なんだ』（三浦他, 2002）でした。一人ひとりの思いを大切にしたい。そう感じた私は校舎裏にたむろする3年生たちに、フォントサイズ20で作成した "I am ～ " の練習プリントを1枚渡し、「良かったら一緒にやってみない？」と声をかけました。

　胡散臭そうに見上げる子どもたちでしたが、大きな赤丸をもらうのが嬉しいのか、毎日添削を出すようになり、次第に教室の後ろでプリントにとりかかるようになりました。暴力行為で自宅謹慎になったある生徒は、「英語だけは毎日やる」と母親に英語ファイルを預け、「1週間で20枚は行くばい。心配すんな」とメモも届けてくれました。この初任校での6年間の経験を受け、脳科学に関心をもち、きちんと学ぶ必要性を感じた私は、県立特別支援学校へ人事交流による勤務を希望し、夜間は米軍基地内の州立大学で心理学を学びました。

2. 今度の課題は自己有用感の向上

　3年間の特別支援学校勤務の後は、「インクルーシブ」を土台におき、ADHD やASD の疑いのある生徒を積極的に受け入れている中学校へ配置されました。校区内には英語教育に力を入れている私立中が2校、県立中高一貫校、そして本校と計4校がひしめき合い、本校は、他校の合格発表がある度に、入学予定者数がどんどん減っていく中学校でもありました。個人面談では、「先生、うちら残りものやろ？」「友達とは住む世界が違うとった」と涙する生徒もおり、i-check[1] や Q-U[2] でも非承認群の多さが際立ち、初任校とは打って変わって、自己主張のなさが気にな

りました。英語は、コミュニケーションの教科です。個人面談を大切にしながらも、やはり「授業が命！」とまず取り組んだのは、座席配置です。英語の授業だけの座席表を作り、メンター・メンティー[3]をペアとした活動を主としました。教師の発問の後は、2人で話し合っていいよ、という時間を取ると、少しずつ問いかけに反応が出始めます。

　ある日、メンターの女子が「隣の席の男子のために3単現の -s の練習問題を作ってきました。5枚コピーをしてほしい」と手書きのプリントをもってきました。また別のペアは放課後、一緒にプレゼンの練習をし、本番で仲間が言葉に詰まると、メンターがさっとかけより、励ます姿も増えました。また、それまで一斉インタビュー活動をすると男女きっちりと別れていた学級が、進んで誰にでも声をかけるようにもなってきました。

　特にスキット作りでは、メンティーは、文法が苦手ながらもユーモアのあるアイデアを出します。例えば電話でのスキットでは、ニキビに悩む月を励ます太陽や、いつもチョキに負けてばかりと落ち込むパーに、でも君は僕を包み込む優しさがあるよ、と答えるグーを演じました。自分のアイデアをメンターの力を借りてよりシンプルな日本語へパラフレーズした後、それを英語で表現するための語順を共に考えることで自信がついてきたようです。特に良いスキットはリーディング用教材に書き起こし、学年全体の週末課題とすると、保護者から感謝の手紙をもらうこともありました。また小道具作りのために、空き教室には色画用紙やクレヨンを常備しました。段ボールで巨大携帯電話を作成し、学級に大きな笑いを起こしたメンティーは、これがきっかけで「笑顔の絶えないクラス」を目標とし、学級委員に立候補したと後に語ってくれました。

3.　長文読解はGraphic Organizerで視覚化

　2年生になると英文も長くなり、長文読解への苦手意識が増します。そこで取り入れたのが、表などを用いて英文内容を視覚的に整理できる Graphic Organizer です。アメリカの小学国語のドリルでは、80 words 程度の英文を、円を重ね合わせながら、相違点や類似点を視覚化したベン図などに整理する練習問題が多くあります。勉強になかなか気持ちが向かない生徒も、図の形にすることで、読もうという意欲が高まり、自分の図を他者の図と比較することで、協働意欲が増してきます。

　NEW HORIZON English Course, 2（東京書籍、令和3年度版）の Let's Read では、盲目のテノール歌手、新垣勉氏の半生が描かれていました。彼は戦後の沖縄で混血児だと差別を受け、唯一の家族であった祖母を中学2年の時に亡くし、天涯孤独の身となります。そして一人の牧師と出会い、歌で人を救うことに自己の喜びを見出していくという感情変容が特徴です。一般に生徒には馴染みの薄いキリスト教

の精神が重要な鍵となるこの単元も、図式化を利用して内容理解が進みました。

4. 最初から教科書を開かず、まずは疑問をもたせる

　伝記などの実在の登場人物が題材となる単元では、登場人物役を演じる ALT に生徒が質問を次々に投げかける Who am I? クイズから入ります。He or She? How old is he? Where is he from? What food does he like? How many people are there in his family? Where is his favorite place? What is he good at? などの問いに ALT が回答していく中で、沖縄が舞台であること、祖母を頼りにしていること、教会で歌うことが好き、など設定の大部分をこの20分の Interaction を通して生徒は理解します。What TV program does he like? の問いに ALT は静かに答えます。He can't see anything .... し〜んと静まる教室。別の生徒が Why he can't see?（原文ママ）と問います。He can't see because he is blind. という答えで、みんながハッとした表情に変わります。Why?　実は教科書本文には出てきませんが、彼は幼児期に誤って毒を点眼されて失明していたのです。このようにして ALT が子どもたちの疑問に答えると、情報はさらに追加され、どんどん深まっていき、生徒は早く読みたいと感じるようになります。

　本文は場面ごとに提示し、始めに本文に書かれた情報を問う事実発問、次いで内容を基に自己の思いを表現させる評価発問へとつなげ、「もしあなたが彼だったら？」という視点を常に持たせます。祖母が亡くなったとき、どう感じるか。生徒たちは自分の立場で考え、ブレインストーミングを行います。保健室登校の女子生徒が suicide と書き、私も驚かされました。実際に新垣氏は高校生のとき自殺未遂をしていたからです。もちろん彼女は、その事実は知りません。ブレインストーミングのたびに、不登校傾向の生徒の、真をつく感受性に感動をもらいます。祖母が亡くなり天涯孤独の身となった時、牧師から家族になろうと誘われた場面では、本文には he felt happy. とありますが、he felt の後は敢えて（　　　）にして提示し、ここでも、自分だったらどう？と問います。子供たちから出た感情表現は glad, scared, confused など実に多岐にわたります。どうしてそう感じたのか、その理由も必ず述べさせるようにしています。何故なら、そう感じた背後には、14年の彼らの人生経験が影響しており、自己を見つめ直し、かつクラスメイトの新たな一面を知る良い機会となるからです。学級の約4分の1の生徒は母子家庭です。「母親が死ぬのは、怖い。新しい家族ができても、親が死んだ悲しみは消えない」と率直に思いを班員と共有していました。

5. 教科書本文を俯瞰的に捉える習慣づくり

勉が牧師の家族の一員となり、少しずつ勉の心情に変化が見られます。His hatred of his parents began to fade. He decided to help other people in need.

起承転結の転から結の部分では、一度内容を俯瞰するために、これまでの勉の変化を Graphic Organizer で分析させます。X 軸は hatred から love へ、Y 軸にはあえて、自分達で最も適切と考える語を本文から抜き出させます。

ある班は thank God と feel down を対の言葉としました（図1）。本文の中にある negative な単語、positive な単語をグラフに当てはめていきます。分析の際は、negative を青、positive を赤で教科書本文に色分けする班もあり、徐々に赤の

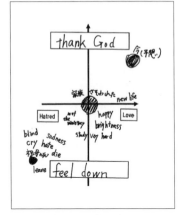

図1　勉の心的変化を図示した Graphic Organizer

単語が増えていくことで、将来への希望を見出すことを直に感じ取っている様子でした。

ここでは、When he decided to help people in need, what did he have inside himself? と発問しました。もちろんこの答えは、教科書には書いてありませんので、生徒は一生懸命に想像します。live purpose, conscience, courage, believe など様々な表現が出る中で、A4 の紙に大きく「Big Bandage　大きな包帯」と書いた男子がいました。この生徒は、医師から ASD と診断され、小学校のときは不登校傾向で自己有用感が低かった生徒です。理由を問うと、「今まで何度も嫌なことがあって、それがかさぶたみたいになって、でも、きつかったから、人にも優しくできると思う」と答えました。彼は、そのかさぶたを覆うものとして Big Bandage と表現したのです。学級から自然に拍手が起きました。過去に自室から出て来なかった彼が、堂々と自身の言葉で発表できたことに胸が熱くなった瞬間でした。

6. 他教科の先生方からアドバイスをもらう

父への憎しみが薄れ、自分の歌声を唯一無二のものとし、神そして父からの gift と感謝するに至るまで、その過程をどう分析させるかは大変悩みました。こういう時は、職員室の他教科の先生方に助けを求めるようにしています。今回は理科の先生に、「理科では様々な因果関係を矢印でつなぎ合わせながら検証していく。まずはキーワードだけを取り出して、線でつなぎ合わせてみれば？　ぐちゃぐちゃのメ

モ書きでいい。過程が一番大事だから」と提案されました。

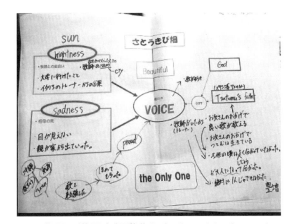

図2　物語の進展を視覚化したGraphic Organizer

　また、英語の教科書には理科や社会など他教科と関連して価値づけられるトピックがたくさんありますので、私は日頃から、英語教科書の本文の和訳を他教科の先生方の机上に置くようにしています。そうすると例えば、児童労働の単元では、家庭科の先生が敢えてカリキュラムを変更してfair tradeを同時期に指導してくださいました。今回も全学級、道徳の授業で新垣氏のドキュメンタリーを視聴することで、各担任も一緒に単元構想を練ることができました。実際に生徒が図式化するのには30分かかりましたが、4人の班で議論しながら、各班それぞれ当時の沖縄の状況、障がい者や外国人への差別や偏見など多くの要因を紐づけ、「受難は決してマイナスのことではない」「むしろ人生を豊かにするもの」「だからこそ他人と比べず今の自分を大事にしよう」とそれぞれの自己の悩みを例に出しながら結論づけていました。

7. 自分の思いを乗せるリテリングへ

　単元ゴールは生徒とともに作っています。ある生徒が「これだけ凄い人だから、新垣さんの人生をいつもみたいにリテリングしてビデオにとって発信すれば？」と思いつきます。そこでALTが、「僕も新垣さんについて何も知らなかったから、他のALTたちも、こんな素晴らしい日本人がいることを知るといいね」と場面・状況を追加してくれ、「徹子の部屋　English ver.」と題し、生徒が新垣氏になりきってリテリングし、その後でALTと簡単な質疑応答をすることをパフォーマンス評価としました。リテリングはともすると本文暗唱になりがちですが、牧師の家族の

一員になる場面では、お仕着せに happy と解釈するのではなく、自身の感情で表現できたことは成果の一つです。

8. 学力調査は健康診断のようなもの

この学年は、この実践の翌年に英語科全国学力・学習状況調査を受けましたが、4学級とも、全国平均を2桁以上も上回り、平均以下の問いは一つもありませんでした。これまで県平均を下回ることが常の学校でしたが、県内でもトップクラスになったことで県教育委員会の視察を受けるなど、生徒たちも大変自信をもつことができました。3年生10月時の英検3級合格者（見込みを除く）は77％で、通塾をしていない生徒の中には準1級合格者もいます。一人ひとりに寄り添う授業をしていけば、必ず後から数値はついてきます。学力調査は健康診断のようなもの。単に振り返りのツールであり最終通告ではありません。

同窓会の時に、「英語の授業でこんなことしたよね」とよく話題になります。大人になって何が残せるのか、それを常に大切にするように心がけています。

引用文献

三浦孝・中嶋洋一・弘山貞夫（編著）（2002）『だから英語は教育なんだ──心を育てる英語授業のアプローチ』研究社.

1　総合質問紙調査 i-check（東京書籍）　生徒の回答を基に、「自己認識」「社会性」「学級環境」「生活・学習習慣」の4つのカテゴリー別に学級の概要や個人の状況を分析する。

2　楽しい学校生活を送るためのアンケート Q-U　早稲田大学　河村茂雄教授が開発した学校・学級生活への不適応、不登校、いじめ被害の可能性が高い子どもを早期に発見できる心理テスト。

3　メンターは主に英語の文法や語彙を中心に、知識・技能が高い生徒が担い、メンティー（助言を受ける生徒）の表現したい思いを傾聴し、支援を行う。

8節
自ら学ぶ力を育てる授業
——自己調整学習の視点から

溝口　夏歩

1.　はじめに

　日本語を母語とする学習者にとって、英語は日本語との違いが大きく、また授業時間数が限られていることから、家庭など授業以外の教師や仲間がいない環境下でも自力で英語学習を継続することが望ましいと言えます。その場合、日々の授業と授業外での学習を切り離すことはできません。つまり、授業外での学びを見据え、学習者が学びの主導権を持てる授業をデザインすることや、授業観を「教師が学習者に知識を与える場」から「学習者が学び方を学ぶ場」へと転換することが重要であると考えます。そこで有用なのが、「自己調整学習（self-regulated learning）」です。自己調整学習とは、知識や技能を習得するために、学習者自らが学びを管理することとされます。そのため本節では、授業を通して学習者の自己調整学習を育てる方法について提案します。

2.　自ら学ぶ力を育てる自己調整学習

　自己調整学習は、バリー・ジマーマン（Barry Zimmerman）によって提唱され、学習者が「動機づけ」「学習方略」「メタ認知」の視点から自身の学習過程に積極的に関わっていくことを意味します（Zimmerman, 1986, 1989a, 1989b）。「動機づけ」では、とくに自己効力感を高めることが求められます。そのためには、ちょっと頑張れば達成できる課題などを課し、学習者に「できた感」を積み重ねる体験をさせることが大切です。「学習方略」では、計画通り学習が進まなかったときに、どういう手立てをとればよいか考えさせます。例えば、「自分が伝えようとしていることがなかなか伝わらない」ときに、なぜ伝わらないのかを自ら考えさせます。すると「もっと気持ちを込めて話したらどうか」「もっとゆっくり、はっきりと話したらどうか」「もっと簡単な英語を使って話したらどうか」「もっとリラックスして話したらどうか」などの答えが浮かんでくるかもしれません。その中で、最も有効な手段を学習者自らが熟考し、選択するように指導します。また、「メタ認知」では、自ら進んで自己の学習の歩みを振り返り、評価し問題点を見つけ、解決方法を模索させます。自己調整学習はこれらの過程を通して、目標に近づくために必要だと思

う学習を、自ら進んで、責任を持って行うことを促すのです。

3. 学校現場における自己調整学習

　学習指導要領に記載される3つの資質・能力の育成のためには、「個別最適な学び」と「協働的な学び」の一体的な充実が重要とされています。この「個別最適な学び」は、自己調整学習や支援者の役割と大きく重なるところがあります。

　個別最適な学びについては「学習の個性化」と「指導の個別化」の視点から、児童生徒が自己調整しながら学習を進めていくことができるよう指導することが求められます。そこでの教師の役割は、当該授業の使用教材・時間配当・授業方法を、学習者の持つ特性に合わせて柔軟に設定、提供することです。つまり、教師は、児童生徒がこれまでの経験を基に学習課題を設定し、自分に合った学習方法を模索する態度を育成する役割を果たす必要があることから、学習者が自分に最適な学習を探し出して進める機会を提供することに重点が置かれます。

　しかし、30人を超える児童生徒を前にして、個々に合った学習機会を提供するとなると戸惑うのは当然です。うまく学習が進まないとやる気が失われることもありますが、特に懸念されることは、学習性無力感を持つ生徒への対応です。学習性無力感とは、望んでいたことが叶わなかった経験が重なることで、行動を起こすことが無意味であると感じてしまう状態です。学習性無力感に陥った者は、自分の行動で結果や未来をコントロールできないと考え、それが消極的な行動に繋がってしまいます。教師の願いは、児童生徒が学習を通して新たな発見や経験を積み「自信」をつけることですから、児童生徒に「やらない方が良い」と思わせてしまうほど悲しいことはありません。そのため以下で、学習者が自律的に学習を進めることができる自信を育てるために、教師が教室内で活用できる手立てについて考えます。

4. 教師の役割

　自己調整学習は、学習者が自分の学習に主体的に向き合うことですが、他者と関わりながら強化されるものでもあります。そして、そのために教師ができることも少なくありません。学習者の自律した学びを促すための手立てを、学習者同士の働きかけと、教師からの働きかけの観点から提案します。

4.1　学習者同士がもたらす相互作用を高めるために

　自己調整学習は、一見学習者個人で進める学習方法にも聞こえますが、実は他者との相互関係がその大切な要素の一つです。一人で学習を進めるとなると、自ら自分を律したり、評価したりすることが必要になりますが、他者との関わりがあれば、

学習者は互いに影響を与え合うことができます。学校に行かずともオンラインで欲しい情報が手に入る今日ですが、他者との関わりや学び合いは教室だからこそ得られる学習の機会だと言えます。

　また、学習者同士で学び合うことで、新しいものの見方や立場に気づくことができるでしょう。たとえ同じ授業を受けて、同じ知識について学んでいても、それに関する考え方、感じ方は学習者によって異なることがあります。すなわち、学習するというプロセスにおいて、知識を得て、何かを理解する作業にとどまることなく、それについての個々の解釈や認識を仲間と共有することは、自分のそして他者の学びにより深く関わることであり、互いの学びに拡がりと深化をもたらすことができます。

　さらに、他者との協働的な学習は、互いに学習における支援を求める機会を増やすことにも繋がります。わからない問題があったり、学習内容に関する疑問を抱いた際、教師に質問するよりも学習者同士の方が気軽に教え合い、解決することができると感じる学習者も少なくありません。加えて、他者と共に学ぶことを通して学習者は互いに刺激を受けることができます。互いの学習を観察することで新しい学習の方法を学んだり、他者が上手に学習を進める姿を目にすることで自分の学習のモチベーションに繋がることもあります。これらはそれぞれ協働学習やモデリングとも呼ばれますが、他者との関わりが学習者の学習方法の獲得、モチベーションの確保において好影響を及ぼすことがわかります。教師はこれらを理解した上で、学習者が仲間と協力して学習を進められる安心できる学習環境づくりを心がけることが大切であり、学習者はそのような他者との関わり合いの機会を通して、自分に合った学習に近づくことができるでしょう。

4.2　学習の支援者としての教師の役割

　教師が学習者の視点から彼ら彼女らの学習をサポートし促進することが、より自律的な学習者になるための手助けになるとされています。加えて、多くの学習者はまだ自分に合った学習方法を模索中の可能性が高いことからも、教師の友好的かつ温かい支援がある環境があれば、学習者が安心して自分の学習を進められることは想像に難くありません。自律的な学習者育成を促進する教師の言動として、学習者と十分なコミュニケーションをとったり、個々の考えや発言に注意を払って褒めるなど、学習者の意志や姿勢を尊重することが大切です。具体的な例として、学習者の間違いやつまずきに気づいた際は、それらを指摘する代わりに他の学習者と確認し合うよう促したり、取り組みを価値づけた上でヒントを与えたりすることが挙げられます。また、学習者のより良い学びを実現するためには、良い観点を持つ学習者の意見や考えを意図的に仲間の学びとして教室内で共有することや、必要となり得る情報や考え方を前もって提示することが有効であり（横田, 2024）、学習者個

人と教室全体を常によく観察する教師の姿勢が大変重要であることがわかります。

　以上の考察により、自己調整学習における支援者とは、単なる学習カウンセラーや学習に困難を感じる時に助けてくれる大人ではなく、普段から傍らで学習を見守ってくれる、ある種、「同志」のようなものかもしれません。学習者同士の相互作用とその重要さについて4.1で述べましたが、教師もまた、学習者にとって大切な存在です。学習の進度や進め方について、迷ったり不安になったりした際、頼れる話し相手として教師がいるという事実だけでも、学習者にとって大きな励みになるでしょう。学習者には自力で、主体的に学習を進めている感覚を持たせつつ、学習の方法や方向性について上手にサポートする、支援者としての教師の役割はとても重要だと考えます。

5.　おわりに

　本節は、学習者が自律的に英語学習に取り組む方策の一つとして、自己調整学習の視点から学習者が自らの学びを自律的に運営することができる手立てについて考察してきました。一斉授業など、知識を教授することが中心の教育はもう時代遅れだと言われますが、筆者もその昔、講義型授業を受け、指示されたことをその通りにこなすことが学習だと思って学校に通っていた一人です。英語教師となった今、学習者目線の効果的な学習法について学び、授業で実践するのはとても興味深い反面、自分が受けていた教育とのギャップに不安になることもあります。しかし、教師の「教えてあげよう」という姿勢は、むしろ学習者が自分の力で学ぼうとする機会を減らしてしまうことになるかもしれません。目の前の学習者が予測困難な時代を幸せに生き抜くための適応力、そのための「自分で学ぶ力」の育成をいかに支援できるかが、これからの教師の大切な役割の一つだと考えます。

引用文献

横田富信（2024）『子供の自己調整スキルを磨く——個別最適な学びと協働的な学びを根底から支える』東洋館出版社.

Zimmerman, B. J. (1986). Becoming a self-regulated learner: Which are the key subprocesses? *Contemporary Educational Psychology*, *11*, 307–313. https://doi.org/10.1016/0361-476X(86)90027-5

Zimmerman, B. J. (1989a). Models of self-regulated learning and academic achievement. In B. J. Zimmerman & D. K. Schunk (Eds.), *Self-regulated learning and academic achievement: Theory, research, and practice* (pp. 1–25). Springer-Verlag Publishing. https://doi.org/10.1007/978-1-4612-3618-4

Zimmerman, B. J. (1989b). A social cognitive view of self-regulated academic learning. *Journal of Educational Psychology*, *81*, 329–339. https://doi.org/10.1037/0022-0663.81.3.329

9節
学習者の成長を促す自己表現

石井　博之

　人間形成を促す授業づくりの鍵は、自己表現活動にあると考えています。活動を通じて表現する内容が、生徒にとって深く考えるに値する内容であれば、表現の過程で自己理解は深まります。そうして生まれた表現には各々の生き方や在り方が反映されており、生徒が相互に知るに値する内容になります。表現の交流は、生徒の更なる自己内省を促し、自己の確立を助けます。自己を確立した生徒は、自己実現に向けて力強く歩むことができます。

　本節では、私が高校英語授業の現場で、上記の考えに基づく自己表現活動から、自己内省のサイクルをより良いものにするために実践してきた内容を、次の5つのポイントに分けて述べていきます。

1.　深い自己理解を促す問いの設定
2.　表現の質を高める例の提示
3.　問いを普段の授業に落とし込む3つの切り口
4.　他者理解と自己内省を深める意見交流の工夫
5.　本文理解後の表現活動を深めるための授業デザイン

1.　深い自己理解を促す問いの設定

　表現内容を生徒に提示する際、教師がどのように問いを投げかけるかによって、生徒の表現に至るまでの思考の過程や、最終的な表現の質は大きく異なります。これまでの実践から、生徒の深い思考を促す問いにつながる可能性が高いのは「生徒が今直面していること」と「個人のこだわりがあること」の2つだと考えています。前者は、例えば「恋愛」「友情」「進路」等で、高校時代に生徒が直面する普遍的なテーマです。後者は「趣味」「大切にしているもの」「想像・空想」のような、表現に個人の思い入れが反映されやすいテーマです。これらを、自己表現を求める問いに組み込むことで、表現の過程で生徒の深い自己理解を促すことができます。

　例えば、関係代名詞 what を使う表現活動を設定する場面を考えてみます。仮に、問いを「クリスマスに欲しいものは何か」とし、"What I want for Christmas is 〜 ." の型で自己表現させることとします。そこから生まれる表現の多くは、新しいスマートフォン、ゲーム、ペット、新作の化粧品、それらを買うためのお金など、即物的なもののオンパレードになることが想像に難くありません。このような表現過

程で、生徒が自己を顧みることはないでしょう。今度は問いを「人生最後の日に欲しいものは何か」とし、"What I really want for the last day of my life is 〜 ." の型で表現させることとします。このテーマだと「家族」や「恋人」という答えが多くなることが容易に想像できます。何しろ、人生最後の日です。その時に必要なものが、お金で簡単に買えるようなものに集中することはまずないでしょう。生徒がこれまでの人生を振り返り、自身にとって本当に大切なものは何か考え、いくつか浮かんだものに優先順位をつけ、厳選したものがひねり出されてくるはずです。

2. 表現の質を高める例の提示

　魅力的な表現の例を提示することによって、生徒のアイデアに幅を持たせ、より多様で個性的な表現を引き出すことができます。過去の実践で有効だったのは「教師や先輩、同級生等の身近な人物が書いた、その内面が見えるような英文」や、「映画や絵本、著名な人物の名言からの引用」です。例えば、前述の「人生最後の日に欲しいもの」であれば、私なら "What I really want for the last day of my life is one sunny day without cloud in the sky." を例として示し、「なんでだと思う？」と生徒に問いかけます。生徒は私が登山好きであると知っているので「どうせ山でしょ」と気づいてくれます。そして、「ウチは家族そろって登山が好きだから、山に登ってそこから富士山を見て、一緒に綺麗だねって笑い合いたい。みんなはどうしたいかな、人生最後の日に」と投げかけます。私が登山好きなのは周知の事実だとしても、そこから先に示された理由や考え方は未知の内容です。そこから私が大切にしているものや人生観を窺い知ることができます。実際に顔が見える存在の内面に触れる表現は、生徒の心を打ち、その表現意欲を搔き立てることがあります。

　また、英語の映画や絵本、小説、ポスター、歌詞、詩、名言などには、生徒の心を動かす素晴らしい表現がたくさんあります。いつも「活動に使えるものはないかな」とアンテナを高くして日々生活していると、様々な表現に出会うことができます。よい本があれば買い求め、よい英文を見つけたら書き留め、ここぞというときに例として提示するとよいでしょう。

3. 問いを普段の授業に落とし込む3つの切り口

　ここまで述べた「魅力的な例を伴った、自己理解を深く促す問い」を実際に日々の授業で活用する切り口は、「①教科書の本文理解」「②教科書の文法事項」「③教科書本文にある表現」の3つに大別できます。

　まず、「英語コミュニケーション」の授業で大きな割合を占めるのが、「①教科書

の本文理解」です。その内容を元に問いを作成できれば、それをゴールの表現活動として逆算した授業デザインが容易になり、教科書を扱う多くの時間を人間形成的な目標に向けた学びに結びつけることができます（その方法の具体については、5の項目で述べます）。

　ただ、教科書のすべての単元が①の方法に適しているわけではありません。その際は、その課で焦点が当てられている「②教科書の文法事項」や「③教科書の本文にある表現」を用いて問いを作成し、単元末に表現活動を行います。これらは本文内容に活動が縛られないため、一度作ってしまえば教科書が変わっても活用でき、「論理・表現」でも運用が可能であることが大きなメリットです。「人生最後の日に欲しいもの（関係代名詞 what）」や、3章7節で紹介している「友達の定義（関係代名詞 who）」がその一例です。他にも、私が実践した事例が「ヒューマニスティック英語教育研究会」の紀要第1号と第2号に掲載されているので、興味があれば参考にしていただければ幸いです。

4.　他者理解と自己内省を深める意見交流の工夫

　問いや良い例を受けて考え抜いて表現した内容は、ぜひ生徒同士で共有させたいものです。日常会話では知ることのできない、互いの深い部分にある考えや思いを知り、そこからさらに自分の考えを深めるきっかけになるからです。

　この意見交流の大前提となるのが、自分の内面を表現してもいい、安全だと思える教室環境づくりです。自己開示をしたら笑われる、馬鹿にされる、あるいは受け入れてもらえないのではないか、と思う環境では、生徒は自分の考えを表現しようとしません。その基礎固めとして重要になるのが、教師による自己開示と教室環境に応じた段階的な指導です。これについては1章5節にて具体的に述べておきました。

　意見交流の手法としては、プレゼンテーションやスピーチ、会話によるやり取りのように発話を主体とするものだけではなく、書いたものを読み合う、という方法も有効です。書かれた英文は、話し言葉と違って流れて消えることなく、読み手が自分のペースでじっくりと受け止め、それについて考えを巡らせる余地があることから、人間形成的な内容を扱う活動と相性が良いからです。具体的には、グループ内での回し読み、壁掲示、英語通信に掲載すること、等の方法が考えられます。

5.　本文理解後の表現活動を深めるための授業デザイン

　ここでは、私が以前勤めていた公立の水産高校での授業を例に、教科書内容から表現活動を作成し、実際に表現させるまでの一連の流れを例示します。使用教科書は東京書籍の *All Aboard! English Communication I*（平成29年度版）、対象レッ

スンは Lesson 5, Finding My Future（pp. 45–50）です。旧カリキュラムの教科書ですが、大まかなイメージはつかめるかと思います。内容は、帯広農業高等学校で夢や目標に向かって学ぶ高校生が、日々どのような学習活動や経験をしているかを知り、生徒が自身の将来を考える一助とする、というものです。担当していた生徒にとっては、分野は違っても高校から専門的な内容を学ぶ者同士、共感的に学ぶことができるものでした。

　活動は、将来の進路から逆算して来年どんなコース選択をするのか、そこで何を学びたいのか、どのような意気込みを持っているかなどを発表するプレゼンテーションとしました。当時、このレッスンを扱うタイミングがちょうど2年生のコース選択の時期に重なり、このテーマはすべての生徒にとって現実的な問題でした。個別に相談を受けることも多かったため、授業を通じてその助けとなりたいという思いもありました。

　レッスンのカバー写真から、同年代の農業高校の生徒が夢に向かって学んでいる話であることを確認した後、"Which course will you choose and what will you learn for your future?" という「問い」を投げかけました。自分達と同様に職業高校で学ぶ生徒について本文内容を読み取る過程で、改めて自分が将来どうしたいのかを考える、またその前段階として目前に迫ったコース選択で自分が何を選ぶのかを考える機会としよう、と呼びかけ、レッスン末には考えをクラス内で発表することを伝えました。

　実際に本文読解を行う段階では、発表内容について考えるきっかけや、使える表現を集めるために小さな問いを投げかけていきました。第1～2段落では帯広高校にある学科やコース名、そこではどのような座学や実習が行われているかが描かれています。それを読み取り、自分たちの学校にはどんなコースがあるのか、そこでは何を学ぶのかを問いかけました。生徒はペアで協力しながら、辞書を使ってコース名を英訳し、教科書の本文の真似をしながら各コースで学べる内容も英語に置き換えていきました。

　第3段落は、心を込めて育てた動物を出荷する場面です。動物の生と死に直接かかわることで、生徒たちは責任や命の価値を理解します。専門的な学びは興味深いだけではなく、時に辛く大変なこともあり、だからこそ、そこから学べることは多くあります。「自分の希望するコースに進んだら、自分もそのような辛く大変な経験をすることになるだろう。それは、どのようなことだろうか」と投げかけ、ペアで意見を交換させて全体でも共有しました。その中から発表で活かせそうな語句を取り上げ、協力して英訳させ、メモを取らせました。

　最終段落は、農業高校の生徒が「将来の夢は酪農家で、今は牛を育てることを一生懸命に学んでいる」と述べる場面で締めくくられます。ここでは、もうすでに自分が持っている将来の夢や、あるいは決まっていなくても「～に関係することをし

てみたい」という考えを共有させ、そのために翌年特に力を入れて学びたい授業の内容を考えさせました。これも共有し、協力して英語に落とし込んでいきます。本レッスンではちょうど動名詞がターゲットとなる文法事項なので、意識的に「〜すること」という表現を使うように事あるごとに仕向けていきました。

　本文読解終了後、発表の準備へ進みました。まず、改めて問いの "Which course will you choose and what will you learn for your future?" を示し、これについて発表を行うことを確認しました。そして、ワークシートで発表の具体例とフレームワークを示し、実際に教師がモデルを示して見せました。生徒の学力差が大きいことから、発表難易度（発表する英文量）を、8文以上、5 〜 7文、4文の3段階に分け、自己選択する形式を取りました。原稿ができたら、教師からチェックを受ける。OK が出たら、暗記する。暗記したら教師から発表チェックを受ける。OK が出たら、前に出て発表する。発表が終わったら、終わっていない人を手伝う、という流れで、準備ができた者から発表するようにしました。早く仕上がる生徒ほど良い発表をしてくれるので、後発組にそこから発表のコツをつかんでほしいというねらいがあったからです。

　人間形成的な意味で、この活動をやってみて良かったと思うことは2つあります。一つは、読解の段階で使える表現を共有し、かつ発表の型も示していたことから、英語が苦手な生徒が口ごもってしまった時に、聴衆側が言いたいことを察して、キーワードや語りだしのフレーズを助け舟として教えてあげるという相互援助が自然発生的に生まれたことです。もう一つは、原稿を作成したり相互に暗記のチェックをしたりする中で、生徒が将来やコース選択についてお互いに真剣に相談する姿が見られたことでした。早く終わってしまった生徒も遊んでいるということはなく、英語が苦手な友人を助けるか、進路の話をしているかという状況になったのが印象的でした。

　ここに示した単元末活動から逆算して授業を構築する方法にたどり着くまでに参考になったのが、三浦他（2016）が提案している「頂上タスク」を設定し、その達成に向けて「小タスク」を積み上げていく手法と、山本（2017）による「Big Question」を軸とする授業デザイン方法です。原典から学ぶことが非常に多いので、興味がある方はぜひご覧ください。

引用文献

三浦孝・亘理陽一・山本孝次・柳田綾（編著）（2016）『高校英語授業を知的にしたい——内容理解・表面的会話中心の授業を超えて』研究社．

山本崇雄（2017）『「教えない授業」から生まれた 英語教科書 魔法のレシピ——アクティブ・ラーニングかんたんガイド』三省堂．

10 節
社会との関わりの中で生き方を考える授業
——SDGs との関連で

山本　孝次

1. 持続可能な社会の創り手を育む授業

　現代社会は VUCA の時代であると言われています。VUCA とは、Volatility（変動性）、Uncertainty（不確実性）、Complexity（複雑性）、Ambiguity（曖昧性）の頭文字を並べた造語で、先行きが不透明で、将来の予測が困難な状態を意味します。

　VUCA の時代の一要因として挙げられるのが、近年の気候危機です。2023年は観測史上最も暑い夏を記録しました。同年7月にアントニオ・グテーレス国連事務総長は国連本部での記者会見で「地球沸騰化の時代が到来した」と発言し、各国政府や企業のリーダーたちに脱炭素社会への動きを加速化するようにと警告を発しています。また、国連は将来的に子どもたちが地球温暖化に対処する力を身につけられるよう、2025年から学校での気候変動教育の義務化を呼びかけています。

　国連は2016年から2030年の15年で世界が解決すべき課題を「持続可能な開発目標（SDGs）」で提示しています。現代社会は、SDGs が示す地球規模課題を自分事として捉え、その解決へ向けて行動を伴い積極的に取り組んでいける人材を求めています。教育分野においても、学習指導要領の前文にて、「持続可能な社会の創り手」を育んでいくことが重要課題として掲げられています。

2. 英語授業への SDGs 学習の取り込み方

　高校英語の教科書においても、SDGs 関連のトピックを扱う課が増えています。2022年度に使用が開始された「英語コミュニケーション I」の教科書を対象にした分析によると、6割近くの単元で SDGs 関連のトピックが取り上げられています（山本・竹内 , 2024）。しかし、SDGs に関連したトピックをただ単に読むだけでは、持続可能な社会の創り手を育む SDGs 学習とは言えません。

　持続可能な社会の創り手を、SDGs の達成に貢献できる人、つまり SDGs が提示している地球規模課題の解決に主体的に取り組んでいける人と考えると、その育成のためには授業に次のような7つのステップが必要です（山本 , 2021）。

（1）地球規模課題の存在を知る
（2）地球規模課題の現状をさらに知る
（3）課題の状態が続いたらどうなるかを考える
（4）課題の原因を考える
（5）課題解決へ向けた先行好事例を知る
（6）自分たちができる課題解決法を考える
（7）課題解決へ向けて行動する

また、これらの活動は次の3タイプに分類することもできます。

① 地球規模課題を「知る」活動：(1)、(2)、(5)
② 地球規模課題について「考える」活動：(3)、(4)、(6)
③ 地球規模課題の解決へ向けて「行動する」活動：(7)

　前述の「英語コミュニケーションⅠ」の教科書分析によると、SDGs関連トピックを扱った単元の中で、SDGsについて「①知る」活動の(1)、(2)、(5)と「②考える」活動の(6)は45〜52％の単元で用意されているものの、「②考える」活動の(3)、(4)や「③行動する」活動の(7)に関しては12〜19％の単元でしか用意されていません（山本他，2023）。このことから、持続可能な社会の創り手育成を目指した授業を行うためには、教員が「地球規模課題の解決へ向けたステップ」を意識して、地球規模課題を「①知る」活動だけでなく、その影響や原因を踏まえて解決法を「②考える」活動、そしてその課題解決へ向けて「③行動する」ことを促す活動を用意していくことが大切であることがわかります。
　具体的にどのような活動が考えられるかを、検定教科書 *Heartening English Communication Ⅰ*（桐原書店、令和4年度版）の Lesson 3, We Can Make a Difference を例として説明します。この単元は、気候変動をトピックとしており、世界の4つの地域での気候変動の影響及びその対策についての Web サイトへの投稿文を読んで、自分たちが CO_2 削減対策としてできることを考える内容となっています。筆者は、これらの教科書の活動が、「地球規模課題の解決へ向けた7つのステップ」（先述）をどれくらい満たしているかについて分析を行いました。次ページの表1はその分析結果をまとめたものです。
　この単元は、気候変動について「①知る」「②考える」「③行動する」のすべての活動が用意されている点で、持続可能な社会の創り手育成を目指した授業を行うのに適した単元だと考えられます。特に気候変動による様々な課題やその対処法を「知る」活動のためのよいリーディング材料を提供しています。しかし、それぞれの活動は英語技能の向上を主眼とした活動であるため、「地球規模課題の解決へ向

表1　単元内に用意されている活動

Lesson 3, We Can Make a Difference の活動	地球規模課題の解決へ向けた7つのステップの充足度判定
Think-Pair-Share ・気温が4度上昇した場合のシミュレーション画像を見て何が起こっているのかを考える。	○（3）課題の状態が続いたらどうなるかを考える
Reading / Retelling ・気候変動が及ぼす影響に関する投稿文を読んで、問題点や意見を理解する。 − 世界各地から4人の投稿者が何によって気候変動の影響を受けているのかを紹介している。 − 世界4か所の気候変動対策を簡単にではあるが紹介している。	◎（1）地球規模課題の存在を知る △（4）現状課題の原因を考える ○（5）課題解決へ向けた先行好事例を知る
Communication Activity (Listening / Speaking / Writing) ・CO_2削減の取り組みについて話し合う。 ・CO_2削減対策に関する意見を、Webサイトに掲載する（ためにわかりやすく整理して書く）。	△（6）自分たちができる課題解決法を考える ○（7）課題解決へ向けて行動する
Real Life Information ・19世紀末からの気温上昇、気温上昇による気候危機について知る。	○（2）地球規模課題の現状をさらに知る
※充足度判定　◎：非常に良くできていて、すぐに使える / ○：良くできているが、実施するには教師の加工が必要 / △：実施にはかなり工夫が必要	

けたステップ」の順番に並んでいるわけではありません。また、各活動の内容が、単元末の主たる活動として用意された「(6) 課題解決法を考える活動」や「(7) 課題解決へ向けての行動を促す活動」と必ずしも直接的に関係があるわけではありません（次ページの表2参照）。

そこで、本単元を使って、持続可能な社会の創り手を育む授業づくりをするためには、次の2点が必要となります。

1. 「地球規模課題の解決へ向けたステップ」を意識して活動の順番を考えること
2. 「地球規模課題の解決へ向けたステップ」の中で足りないものを補うこと

1つ目に関しては、例えば、単元の最後にある Real Life Information でさまざまな気候危機（干ばつ、豪雨、洪水、サンゴの死滅、利用可能な水の減少、北極の氷の融解、感染症の拡大など）が紹介されていますが、こうした気候変動による影響

表2　活動の順番と関連性

教科書の構成による活動の流れ	地球規模課題の解決へ向けたステップの望ましい流れ
○（3）課題の状態が続いたらどうなるかを考える	◎（1）地球規模課題の存在を知る
◎（1）地球規模課題の存在を知る △（4）現状課題の原因を考える ○（5）課題解決へ向けた先行好事例を知る	○（2）地球規模課題の現状をさらに知る（資料使用） ○（3）課題の状態が続いたらどうなるかを考える △（4）現状課題の原因を考える
△（6）自分たちができる課題解決法を考える ○（7）課題解決へ向けて行動する	○（5）課題解決へ向けた先行好事例を知る △（6）自分たちができる課題解決法を考える
○（2）地球規模課題の現状をさらに知る	○（7）課題解決へ向けて行動する

を知る活動は気候変動対策を考える活動の前に行う方が効果的と考えられます。

2つ目に関しては、例えば、「（4）現状課題の原因を考える」活動が足りないので、地球温暖化の因果関係図を描く活動などを追加する必要があります。以下はその因果関係図提示の一案です。

① 小グループで、模造紙の真ん中に「地球温暖化」と書き、その周りに「原因」を内向きの矢印をつけて描いていく。「原因の原因」、「原因の原因の原因」まで描いていく。
② ギャラリー方式で他のグループの因果関係図を見て回る。
③ 因果関係図を作ってみて気づいたことをグループで話し合い、発表する。

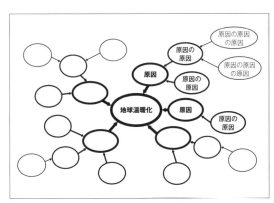

図1　地球温暖化の因果関係図

もう1つ不足していたのは「（6）課題解決法を考える」活動です。不十分と判断した理由は、解決法の例として、「エコバッグを使う」「バスや電車を使う」「緑の

カーテンを使う」など個人で行うことしか挙げられていなかったからです。せっかくReadingの本文で世界4か所のさまざまな気候変動の影響やその対策を知る活動を行ったのに、これでは生徒が考えるCO_2削減対策も、本文の内容を読んでいなくても思いつく「電気をこまめに切る」とか「エアコンの設定温度を下げる」といった個人的な行動に限られてしまうことが危惧されます。こうした個人の努力はもちろん大切ですが、SDGsを達成するためには社会システムを変革するというマクロな視点で解決法を考えていくことが必要です。そうした広い視点から解決法を考えられるようにするためにも、「(6) 課題解決法を考える」活動の前に「(4) 課題の原因を考える」活動を行っておくことが大切です。そうすることで、さまざまな原因に対して必要な対策を考えることができるようになります。

「(6) 課題解決法を考える」活動を充実させるためのもう一つの工夫としては、社会を変える行動（social action）には外部へ働きかける行動もあると知らせることです。社会問題に関心を持ち自分自身の行動を起こす以外にも、場づくりに取り組んだり、既存の活動団体の支援をしたり、政策に働きかけて仕組みを変えようとする行動があること（図2参照）を知らせる工夫です。

このsocial actionの4分類を知っていれば、地球規模課題の解決へ向けたステップの「(5) 課題解決へ向けた先行好事例を知る」活動が「(6) 自分たちができる課題解決法を考える」活動及び「(7) 課題解決へ向けて行動する」（ことを促す活動）を考えると

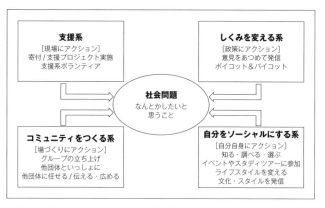

図2　Social action の分類（阿部他 , 2017, p.26 より）

きに活きてきます。また、課題解決法を考えさせる際に、(a) 自分でできること、(b) 仲間と・家族と・学校でできること、(c) 国・企業・NPO等ができることの3つのカテゴリーに関してそれぞれ考えるようにすると、様々なsocial actionにつながりやすくなります。

以上のように、「地球規模課題の解決へ向けたステップ」の流れを意識して活動の順番を考え、既存の活動に不足している活動や不十分な活動があれば、それを補充することによって、SDGs関連トピックの単元での持続可能な社会の創り手育成を目指した授業づくりを行うことができます。

3. まとめ

　SDGs 達成に向けて取り組むことは、持続可能な社会を創ることに繋がります。英語授業においては、SDGs 関連トピックの単元を扱う時が、この持続可能な社会の創り手育成を行うよい機会です。

　SDGs 学習を通して、生徒に自分がこれから生きていく社会がどうなって欲しいのかを考えさせましょう。VUCA の時代において、これからの社会をなりゆき任せにしておくことはできません。私たちが望む、より良い社会を実現させていくには、自らが創造性を発揮し、その実現に主体的に取り組んでいく必要があります。

　気候危機のような地球規模課題に直面した社会では、なりたい自分を追求することもままなりません。持続可能な社会の創り手となることは、マズロー心理学における第5の欲求段階である自己実現欲求を超えた「自己超越」の領域（ウォルシュ＆ヴォーン，1986）にあたることですが、不確実な現代社会を生きる生徒世代の自己実現は、この理想の社会を実現するという自己超越欲求を追求する過程でこそ達成できるのではないでしょうか。

　持続可能な社会の創り手を育むことを目指した SDGs トピックを扱う英語授業を通して、生徒はこれからの社会で生きていくために必要なコンピテンシーを身につけていくことができます。例えば、世界各地で起こる気候危機に対して、その影響や原因を分析し、関係各所とパートナーシップを結んで対策を考える授業は、課題解決力、批判的思考力、協働する力、共感力、地球市民的視野などを養う一助となるでしょう。

引用文献

阿部秀樹・近藤牧子・鈴木洋一・田中浩平・前嶋葵・八木亜紀子（2017）『Social Action Handbook——テーマと出会い・仲間をつくり・アクションの方法を見つける 39 のアイデア』開発教育協会.

ウォルシュ, ロジャー・N. & ヴォーン, フランシス（編）, 吉福伸逸（訳・編）(1986)「メタ動機：価値ある生き方の生物学的基盤」『トランスパーソナル宣言——自我を超えて』(pp. 225–244). 春秋社.

山本孝次（2021）「持続可能な社会の創り手を育てる高校英語授業を目指して——SDGs をテーマにした Soft CLIL 授業の勧め」『ヒューマニスティック英語教育研究会紀要』第1号, 118–121.

山本孝次・竹内愛子・柴田直哉・溝口夏歩（2023）「「英語コミュニケーション I」の教科書分析——持続可能な社会の創り手育成における有用性」『ヒューマニスティック英語教育研究会紀要』第3号, 46–112.

山本孝次・竹内愛子（2024）「高校教科書で SDGs はどのように取り入れられているか」『英語教育』1月号, 28–29.

11節
批判的知性を伸ばす
クリティカル・リーディングの授業

峯島　道夫

1.　はじめに――批判的知性の重要性

　私は大学で「クリティカル・リーディング」の授業を担当しています。英文テキストを熟考・評価しながら読む活動を通して、学生の批判的思考力を伸ばすことが目的です。この授業では大学生を相手にしていますが、偽情報が溢れるこの時代において、情報の真偽や信頼性を吟味する力は、小学生から大人まですべての人に必要とされているのではないでしょうか。さらに、今後、生成 AI が日常的に使われるようになれば、その必要性はますます高まるでしょう。即座に返ってくる回答を鵜呑みにするのではなく、その真偽をあくまでも自分の頭で判断しようとする批判的な知性は、現代において必要不可欠です。

2.　批判的知性を伸ばすクリティカル・リーディング

　教育において学習者の理解を深めるための有効な指導技術の一つに、発問があります。英語教育では一般に、事実発問、推論発問、評価発問が用いられます。各発問がどのようなものなのか、後出の授業展開例 (2) で用いる物語文を例に確認しておきましょう。

　　"Valentine, you're not a bad fellow at heart. Stop breaking safes open and live a better life." That is what the prison officer said when Jimmy Valentine left the prison.
　　Jimmy went back to his house to get his tools for breaking safes open. Two weeks after that, a safe in Jefferson City was robbed.

　「事実発問」とは、文中にその答えが明示されているような問いです。たとえばこの文章であれば、Why did Jimmy go back to his house? のような問いです。答えは To get his tools for breaking safes open. になりますが、これは文中にそのまま書いてあります。次に「推論発問」とは、答えが文中に明示されていないために、文脈や既有知識から推論して答えるような問いです。たとえば、Who robbed the safe in Jefferson City? のような問いです。文中には誰がジェファーソン市の金庫を襲ったかは書いてありません。書いてありませんが、文脈から推論すればProbably Jimmy did. と答えるのが妥当です。最後の「評価発問」とは、テキストの形式や内容に関して、読み手が根拠に基づいて評価することが求められるような問いのことです（峯島, 2024）。たとえば、What kind of person do you think Jimmy is? Why do you think so? のような問いです。この問いには、事実発問のような唯一の正解はなく複数の答えが可能ですが、答えには必ずテキストに基づく根拠（textual evidence）が必要となります。刑務官の親身な忠告を無視して出所早々金庫破りをしているという事実を根拠にすれば、「信用のならない悪人」という答えも可能です。一方で、"Valentine, you're not a bad fellow at heart." という刑務官の言葉を根拠にすれば、「心根は悪くないが、将来に希望が持てず自暴自棄になっている人」という答えもあるかもしれません。いずれにせよこの評価発問は、学習者がテキストを正確に理解した上で、自分の既有知識や価値観を判断基準に答えることが求められるため、学習者の批判的思考力を伸ばす上でとても有効です（ただ残念ながら、日本では諸外国に比べて教科書における評価発問の占める割合は少ないようです（峯島・茅野, 2013））。

　私たちは普段、新聞や本を読む際に、単に新しい情報を得るだけでなく、感情的に何らかの反応をしたり、書いてある内容についてさらに深く考えたりするのが普通です。翻って英語の授業ではどうでしょうか。大抵の場合、時間の制約などから、教科書テキストの意味内容をひととおり確認して終わり、となりがちなのではないでしょうか。ですがそこで終わりにせず、さらに "What do you think about this?" と学習者が教科書の内容について仲間と尋ね合い、解釈や意見を共有できれば、学習者はそれまでの自分にはなかった新しい視点や考え方と出会い、自らの地平を広げることができるのではないでしょうか。

　次項では、クリティカル・リーディングの授業展開例を2つ紹介します。一つは説明文、もう一つは物語文を教材に用いた例です。

3. クリティカル・リーディング指導の具体的授業展開例（1）

3.1 使用する教材

　最初の教材は日本語の新聞記事（『新潟日報』2015年4月8日17面）の一部を英訳したものです（一部名称を変えてあります）。原文の日本語の記事には、「英語早期教育—保護者の90％が賛成」との見出しがつけられていました。学生には、「これは早期英語教育についての新聞記事です。これを読んで、後でみなさん、感想を書いてください」とだけ伝えます。

Early English Education
90% of Parents Agree
Survey by ABC Language School

Regarding the Ministry of Education, Culture, Sports, Science and Technology's policy to start English education from the 3rd grade of elementary school by 2020, ABC Language School, located in Shinjuku, Tokyo, conducted a survey among parents and found that about 90% are in favor of starting English education earlier.

The survey was conducted online in February, targeting 598 parents of children attending the school's classes, ranging from preschoolers (ages 1 to 6) to 6th graders. Regarding the early introduction of English education, 463 people (78%) answered that "it is a good thing," and 86 people (14%) answered that "the target grade should be lowered even further," making a total of 92% in favor of earlier English education.

　この授業では、内容に関する事実発問を順次与えて学生の理解を確認しながら読み進めていくような方法は取りませんでした。なぜなら、この教材を使う一番の目的が、批判的な読みに慣れていない学生に「自分はテキストを批判的に読めていなかった」ということにショックを受け、そう自覚してもらうことだからです。ですので、教師の親切すぎる事前指導はその妨げになるのです。この記事には数値が多く出てくるため、一見、客観的で信頼できる内容であるかのような印象を受けます。ですが注意深く読めば、調査方法に明らかな欠陥があることに気がつきます。そのためこの教材は、学生が通常の読みのモードで読んだとき、批判的に読めているかどうかを確認するのに最適なのです。その欠陥とは、もちろん The survey was conducted online in February, targeting 598 parents of children attending the school's classes に書いてあるサンプリング（標本抽出）の偏りのことです。調査対象が当該の語学学校に通う子どもの親であれば、早期英語教育に肯定的なのは当然です。しかし、学生はこのテキストの見出しに 90% of Parents Agree とあり、本文でも最初 a survey among parents としか書いていなかったため、一般の親の9割が賛同しているとおそらく思い込んでしまったのです。思い込みや先入観は批判的思考の大きな妨げになります。このサンプリングの偏りに気づく学生は例年2割程しかいません。以前フィンランドの中学生（16歳）37人を対象に行った同じ調査でも、不備に気づいた生徒は1人だけでした。

　さて授業では、この記事について個々に感想を書いてもらった後、3人一組になり意見交換を行い、その後クラス全体にフィードバックしてもらいます。大抵どこかのグループから、サンプリングの偏りについて批判的なコメントがあります。す

ると、それに気づかなかったグループは大きなショックを受けるようです。そのショック体験が今後の教訓になれば、この活動は目的達成です。もしどのグループからも指摘がなければ、「この記事にはある重大な欠陥がありますが、見つけられますか？」と尋ね、学生の批判的思考が発動するよう働きかけます。

　授業では、学生が不備を見落とした理由や記事の内容について議論した後、最後にこの記事が持ちうる社会的影響についても考えます。たとえば、幼児や小学校低学年の子を持つ一部の親が、慌てて子どもを英会話学校に通わせるかもしれませんし、英会話学校や行政府にとってはありがたい後押しとなるかもしれません。新聞記事は、世の中のある一事象を取り上げて記述したものかもしれないけれど、それを社会というより大きな文脈の中に位置づけて、それが今後もたらし得る波及的な影響について考えてみることも大切で、それも批判的知性だよね、という話をしてこの授業を締めくくります。

4. クリティカル・リーディング指導の具体的授業展開例 (2)

4.1 使用する教材

　次に紹介する教材は、検定教科書 *Orbit English Reading*（三省堂、平成18年度版）掲載の I Have Never Seen You Before という物語文です。あらすじはおよそ次のとおりです。『刑務所に服役していたジミーは、出所後すぐにジェファーソン市で再び金庫破りをする。その後、美しい女性アナベルに恋をし、その町で靴屋を始め、名前もラルフと変える。その後ラルフはアナベルと婚約し、二度と罪を犯さないと決心する。ある日アナベルの父は多くの顧客を自分の銀行に招待し、最新式金庫のお披露目会を開く。ところが、孫娘のアガサが過って金庫の中に閉じ込められてしまう。アナベルはラルフに、"Will you please do something, Ralph?" と懇願する。』そして物語は次のような結末を迎えます。

　Ralph took a deep breath and suddenly stood up. He brought his old tools from his room and pulled off his coat. With this act, Ralph D. Spencer moved aside and Jimmy Valentine took his place.

　"Stand away from the door, all of you," he commanded in a loud voice. He put his tools on the table. From this point on, he seemed not to notice that anyone else was near. The others watched as if they had lost the power to move.

　Immediately, Jimmy went to work on opening the safe. In twenty minutes — faster than he had ever done it before — he opened the safe's door. Agatha ran into her mother's arms.

Actually, this caused Jimmy a lot of problems. Watching his skill in opening the safe, everyone suspected he might be the bank robber of the bank in Jefferson City. It just so happened that a police officer was among the people present. Knowing this, Jimmy said, "Take me to the police." The officer said, "I don't know what you are talking about.... I have never seen you before." He then slowly walked away, out into the street.

4.2　使用する発問

(1) 事実発問

最初に、学生が重要なポイントを把握しているかを確認するため、次のような事実発問を問います。カッコ内にその発問に対する解答例を記します。

▶ What did he use to open the safe? (A. He used his old tools.) What did everyone suspect about Jimmy? (A. They suspected that he might be the bank robber of the bank in Jefferson City.) What did the police officer do at the end? (A. He slowly walked away from the bank.)

(2) 推論発問

推論発問としては、次のような発問が考えられます。

▶ Ralph took a deep, not shallow, breath. He also stood up suddenly, not slowly. What do these actions indicate? (A. I think they indicate that he is done with indecision and has made up his mind to open the safe.)

▶ He saved a girl from the safe. Does this symbolize something? (A. The original story by O. Henry is titled "A Retrieved Reformation." I think the safe symbolizes Jimmy's closed mind as a criminal and the girl symbolizes his conscience.)

▶ Why did Jimmy go to the officer and say, "Take me to the police"? (A. I think he thought now that everyone knew that he was a bank robber, nothing mattered. So, he turned himself in.)

▶ What do you think would happen after this? Would they live happily ever after? (Answers will vary.)

これらの推論発問によって、問われなければおそらく自力では気づけないと思われる重要ポイントについて学生に考えることを促します。

(3) 評価発問

最後に、学生がこの物語を自分事として捉え、そこで考えたことが自分のこれまでの生き方を内省し今後の生き方に繋がるような、いくつかの評価発問を与えます

（授業ではこの後、その答えに基づいてディスカッションやプレゼンの活動が続きますが、本稿では割愛します）。一つめの問いは、If you were Ralph, would you open the safe? Why or why not? です。この問いに対して I would open the safe because I love Annabel. や I couldn't just let the girl die, so I would open it. のような正しい答えをすぐに返す学生がいます。ですが、この答えに至るまでには、ラルフを含め誰もが自分勝手な保身の気持ちと葛藤しているはずです。その気持ちを想像してもらうために What reasons would you have for not opening the safe? と続けて問います。学生はしばらく考えた後、Because I wouldn't（want to lose my happy life./ want to get arrested./ want Anabel to know about my past.）のように答えますが、これらはすべてラルフの苦悶の声であると同時に、学生の正直な心情の吐露だと考えることができます。これらの評価発問を通して、学生は自分自身の心の弱さを認識するとともに、その後その同じ弱さを克服したラルフの勇気と覚悟を初めて深く理解することができます。

　もう一つ、学生に考えさせたい評価発問があります。それは The police officer said, "I have never seen you before" and let Ralph go. Do you think what he did was right? で、警察官のやったことは本当に正しかったのか、と問います。警察官のこのセリフは、この物語のタイトルにもなっています。このことから、作者の意図はこの警察官にスポットライトを当て、彼を寛大な称賛すべき人物として描くことだったのだろうと推測できます。実際、ラルフに深く感情移入し、作者の狙い通り、警察官が最後に見逃したことに感動している学生も少なからずいます。そのような学生にとって、この問いの答えは Yes. しかありません。ですが、実はそのような学生にとってこそ、この発問は必要なのです。なぜなら、この発問は自分の当たり前を疑い、この物語を批判的に見直すチャンスになるからです。

　この評価発問を考えるための足場かけとして、まず警察官がラルフを見逃すべき理由を考えてもらうこともできます。ラルフに感情移入していた学生からは Ralph repented his past deeds and was no longer a criminal. Now he was just a shoe store owner. Most importantly, he saved a girl's life. So, he shouldn't be arrested. のような答えが出されます。次に、今度は逆に逮捕すべき理由を考えてもらいます。この問いに対しては An ordinary shoe store owner shouldn't have special tools or skills to open safes. It was obvious that he was the bank robber of Jefferson City. He should be arrested. 等の意見が出されます。学生はこれらの賛否両論について考えた後、Do you think what the police officer did was right? の評価発問に答えてもらいます。次は IY さんの意見です（授業ではこれを英訳し発表します）。

> アガサを助けたことはとても素晴らしいことだったが、それでジェファーソンシティの金庫破りが帳消しになるわけではない。それに、心を入れ替えたのに警官が見逃したら一生罪の意識にとらわれてしまうのではないか。むしろ刑務所で罰を受けてから帰ってくることにより、堂々とエルモアの町でくつ屋を営みながらアナベルと幸せに暮らすことができるのではないかと思う。

　彼女は、警察官はラルフを見逃すべきではなかった、罰を受け罪を償ってこそ幸せになれる、と言っています。敷衍すれば、この警察官の取った行動は結果的にラルフの尊い覚悟を台無しにしており、むしろ葛藤しながらもラルフを逮捕した方が本当の意味でラルフを救うことになったのではないか、ということだと思います。これは、単純なハッピーエンドの読みを超えた、主体的な作品の批評と言えるのではないでしょうか。

　このように、評価発問を通して物語を批判的に読むことによって、学生は愛が人を変える力、利己的な自己と向き合う辛さ、それに打ち克つために必要な勇気、職務と人情の板挟みになった場合の対応といった、今後の自分の人生においても重要な意味を持つかもしれない課題について深く考えることになります。

5.　おわりに

　本節では、学習者の批判的な知性を伸ばす授業実践を説明文と物語文を例に紹介しました（同様の実践は意見文を用いても可能です）。一般に、学校のリーディング指導では、学習者がテキストの内容を正確に（テストではなおかつ効率的に）理解できる能力が重視されがちです。ですが、偽情報が氾濫する現代社会に、卒業後に飛び込むことになる学習者にとっては、その能力と同じくらい「これって、ほんとに正しい？」と立ち止まって考える批判的知性も重要になります。そのためにも、今後も授業を通して、学習者が仲間と共にテキストを批判的に読み解き、そこで考えたことが自らの地平の拡大に繋がるような機会を数多く提供したいと考えています。

引用文献

峯島道夫（2024）「「評価発問」とは何を評価する発問なのか――学習者にテキストを評価させよう」『英語教育』12月号 , 68–69.

峯島道夫・茅野潤一郎（2013）「日本・韓国・フィンランドの英語教科書の設問の比較分析調査：教科書はクリティカルシンキングをどう教えているか」『中部地区英語学会紀要』42, 91–98.

峯島道夫・今井理恵（2021）「読みにおける発問の役割についての一考察：人間性の伸長に資する評価発問をめざして」『ヒューマニスティック英語教育研究会紀要』第1号 , 100–108.

I Have Never Seen You Before. *Orbit English Reading*.（三省堂検定済教科書、平成18年度版）, 76–81.

第 **3** 章

体験編

私が人間形成的授業に
目ざめた時

どの教師も、最初から人間形成的な授業を楽々と行えたわけではありません。つまずき、もがきながら、あきらめずに授業開発に取り組み、先駆者からも学び、試行錯誤を重ねて突破口を見出したのです。本当の授業に目覚め、英語を教えることに大きな喜びを見出すこととなった9名の教師が、それぞれのシンボリックな苦闘と覚醒の体験を語ります。

1節
授業崩壊のどん底で見つけた、語りかける授業

三浦　孝

　これは今から40年以上も前、私が若手教員だった時の話です。半世紀近くも昔の出来事ですが、私の教師人生にとって大きな転換点となった出来事です。もしもこれがなかったら、私は今のように英語教育を愛することもなく、研究者としての道もなかったことでしょう。

1. 指導困難校への転勤

　大学を卒業し高校英語教員になって9年が過ぎようとする3月のことでした。普通科のG高校に赴任して3年目で、2年生を担任し、学級経営も教科指導もうまくゆき、翌年は3年生担任に持ち上がろうと意欲に燃えていた矢先に、県内で誰もが知る指導困難校への転勤を命ぜられました。まさに晴天の霹靂でした。

　担任していた生徒たちと泣く泣く別れ、私は転勤先のT工業高校へと向かいました。その学校の荒れ様は聞きしに勝るものでした。

　　◇ 素行の悪さ（盗み・器物破損・無断借用）
　　◇ 怠惰（清掃さぼり・無断欠席・遅刻・早退）
　　◇ 生徒同士の関係の悪さ（けんか・いじめ・相互不信・弱肉強食）
　　◇ 授業モラルの欠如（私語・居眠り・暴言・立ち歩き・カンニング）
　　◇ 教師への不信

こうしたことが日常茶飯事で、学校は殺伐としていました。

　授業はといえば、始業のチャイムが鳴っても教室に入らず、前時の授業の板書は消してなく、定められた座席を無視して好きな者同士が集まって大声で私語を交わし、ある者は机に伏して眠り、小テストでは集団で一斉にカンニングをし、注意すれば「なんで俺だけ注意するんだ、あいつだってそいつだってやってるじゃねぇか」と食ってかかります。担任としても英語教師としても、自分が機能していないことが明白でした。生徒には「ウッセー引っ込んでろ！」とののしられ、同僚には「三浦さん舐められてるぞ」と責められ、自尊心ボロボロの惨憺たる不安の日々。「自分はそのうち、内臓をやられるか、精神をやられるか、どちらかだろう」とさ

え思っていました。

2. 英語の猛特訓

　前任の G 高校の離任式に、2 人の英語教師が登壇して挨拶をしました。一人は私、もう一人は D 先生でした。D 先生は私と同年齢で、かねてから「俺はこんなランクの低い生徒を教えたくはない。地域の有力者に頼んで名門の H 高校へ転勤させてもらうんだ」と口癖のように言っていました。おそらく偶然の一致でしょうが、彼はその春 H 高校へ転勤になりました。

　D 先生の転勤が、私の闘争心に火を点けました。D 先生が英検1級を何回も受験していることを知っていた私は、彼に負けまいと、いきなり1級合格を目指して猛勉強を始めました。毎日夜8時から12時まで4時間、必死に勉強しました。

　一次試験準備から二次試験まで通算して5カ月、当時の私にとってこの勉強が無上の救いになりました。昼間の人生は、相手（生徒や教師たち）がいる世界であり、相手がこちらの言うことを聞いてくれないのでカラ回りし自尊心がズタズタになる世界でした。それとは対照的に、試験勉強の世界は自分が頑張りさえすれば確実に前に進むことのできる世界です。おまけに、資格試験は情実に頼らず、実力で勝ち取れる世界です。私は昼間の屈辱・無力感・怒りのどす黒いマグマを、夜の試験勉強にすべて注ぎ込み、馬車馬のようにものすごい勢いで前進しました。

　猛勉強の甲斐あって英検1級に合格し、私は D 教員に対する密かなリベンジを果たしました。それでも飽き足らず、それから通訳技能検定や TOEFL、科学技術翻訳士に挑戦し、同時通訳養成講座や日本語教師養成通信講座を修了しました。こうして約10年にわたって、英語を聞きまくり、読みまくり、書きまくり、話しまくったのです。意に反する転勤への憤りをすべて勉強に注ぎこんで、難関と言われる資格を取りまくりました。目標を達成し終えた時には、恨んでいた人たちに感謝さえしたい気持ちになりました。学ぶことは自分を支え、自分を変えるということを初めて体験した時です。そしてこの時期の英語猛特訓が、後になって自作教材の開発や海外大学院受講の素地となって生きてくるのでした。

3. 授業の荒れを力で抑えつけようとした日々

　私が赴任したその T 工業高校では、英語が生徒の最も嫌いな科目でした。入学時の英語の内申書成績は5段階評価で、高いクラスで平均3.5、低いクラスでは2.0でした。生徒の進路希望は、大学進学が約12％、他は就職か専門学校進学でした。

　赴任してからの3年間、私は無理矢理にでも授業を聞かせようと、英語を叩き込む強圧的な指導を行いました。授業の最後の10分間を小テストに当て、その日の

授業を聞いていないと点が取れないようにしました。赤点者は放課後に集めて補講を行い、反復練習的なドリルで合格点を取ることを要求しました。毎時間、教科書を持参しているか、ノートを取っているかをチェックして平常点に反映させました。どれもこれも、生徒の力を伸ばすというよりも、荒れた学校で自分の授業を成立させるためでした。

　工業高校のカリキュラムでは、英語授業が学業に占める割合は小さいものです。しかも英語は生徒の嫌いで苦手な科目です。そんな生徒を相手に、私は自分が受けてきた旧来通りの訳読と文法説明・ドリル式の授業を行い、赤点で追いまくったので、生徒の顔は苦痛にゆがんでいました。振り返れば、この時の私の授業は、学ぶ喜びどころか奴隷的強制労働でした。

　そんなふうにして3年後に卒業生を見送ったあと、猛烈な寂しさと空しさに襲われました。自分は言葉の教師であり、言葉は人と人とをつなぐもののはずなのに、授業を重ねるたびに生徒と距離が離れていく。その孤独に耐えられなくなったのです。もう、自分が受けてきた授業スタイルでは立ちゆかないことを認めざるをえませんでした。さりとて、代わりにどういう授業方式を採ったら良いか、全く見当がつきません。

4.　旧来の授業に決別

　最後の頼みに、「本当に生徒に語りたいことを英語で語ろう。生徒が何を考え、何を求めているかを英語で聞こう」と考えました。日頃から、生徒に語りかけ、聞いてみたい事柄が心に貯まっていました。それを英語の教材にして、授業をやろうとしたのです。もちろんこれは、英語の文法や語法・語彙を教える上では、偏りが生じるという問題があります。しかし当時の状況では、たとえ検定教科書で満遍なく教えたとしても、大半の生徒は聞いていないのだから、結果的には同じだと考えて、3年生の選択英語（週2回）の授業で翌年4月に実行に移しました。

　最初に行った、'Bullying' の授業での真新しい感激は今も忘れません。最初に、イソップ物語の The Boys and the Frogs が平易に retold された物語で、内容理解活動・音読・文法解説を行い、物語の最後のカエルの長老の叫び、"What is play to you is death to us all." （あなたがたにとって遊びであることが、私たちにとっては死を意味するのだ）の重さを強調しました。次いで、前年に東京で起こった集団いじめによる自殺事件の被害者の中学生が父親に書き残した遺書の内容を150語程度の英文に訳し、先のイソップ物語と同様の手順で教えました。それから下記のような選択肢を示して、もし同様の集団いじめを受けた場合、自分ならどうするかについて、生徒の考えを問いました：

(1) I will fight back even if I am lynched.
(2) I will join the bully's group.
(3) I will put up with the bullying.
(4) I will get better grades. Then they will stop bullying me.
(5) I will ask the police for help.
(6) I will ask my parents for help.
(7) I will change school.
(8) I will kill myself.

この選択肢の本当のねらいは、たとえどんなに困っても自殺する以外に取りうる方法があることを生徒に示すことでした。
　それから、下記のような選択肢を見せて、"Have you ever witnessed a case of bullying like these?" と尋ねました：

1. They tell someone to die.
2. They always neglect someone.
3. They say that someone smells bad.
4. They call someone 'the god of death'.
5. They always laugh at someone's looks.
6. They tear someone's clothes
7. They hide someone's textbooks.
8. They beat someone for fun.

　この選択肢の本当のねらいは、こうした行為が特定の個人に集中的に加えられると集団いじめとなることをわからせることでした。どちらも、選択肢から選ぶことによって、英語が苦手な生徒でも自分を表現できるように工夫しておきました。選択肢を教師が順次読み上げて、生徒が小さく挙手して答える方式で考えを聞きました。生徒は以前の授業時とはうって変わった真剣さで参加していました。寝ている者など一人もおらず、「目が据わっている」というか、まさに授業に食らい付いていました。
　実はこのクラスにも、素行の悪い生徒や横暴な生徒が何人かいました。始める前、私は彼らの中の何人かがこの教材に反応して食ってかかってくるかもしれないと思っていました。それを覚悟で、薄氷を踏む思いで、しかし断固としてこのテーマを取り上げたのです。自分の人間性の根幹から、真剣に全力で生徒に語りかけた最初の授業でした。そして生徒の表情から、この授業がしっかりと受けとめられたことを私は感じました。

この成功に発奮して、この方式で 'Girlfriends', 'My Favorite Singers', 'My Future Jobs', 'My Favorite Comic Books', 'My Favorite Sports', 'My Favorite Tourist Spots', 'Friendship', 'Social Justice' などのテーマで教材を作ってみました。パソコンもプリンターもない時代で、毎夜3時間以上をかけて教材をタイプライターと手書きで作成しました。生徒が喜んで参加する姿を想像しながら作るのは、楽しくてたまりません。授業へ行くのも楽しみでした。

5. 一生をかけるに値する英語授業へ

この授業では、成功も失敗も全部自分の責任でした。それが、以前の授業との決定的な違いです。自分の信念に基づいて、自分の知恵をしぼって準備し、実施し、その成果が歴然とわかるのです。それまでの私は、授業がうまくゆかないのを、「学習指導要領が悪い」「検定教科書が悪い」「校長が悪い」「生徒が悪い」などと外的要因のせいにし、「自分が悪い」と思ったことはありませんでした。あのままいっていれば、私は他人を批判するだけで自分からは何も創造できない愚痴り屋で終わっていたでしょう。ところがあの日から私は、愚痴り屋ではなく創造者になったのです。たった一人でも、現状を越えてゆくパイオニアになれたのです。

この授業のもう一つの収穫は、教師が生徒から学ぶ姿勢ができたことです。たとえば 'My Favorite Singers' の授業では、生徒から Billy Joel とか Rod Stewart とか、聞いたこともない歌手の名前を教えられました。そこでレコードレンタル屋に行ってレコードを借りて聴いてみると、中にはとても美しい曲が入っており、それを「今月の歌」として生徒と一緒に歌ったりしました。また 'My Favorite Comics' では、『タッチ』というマンガの存在を生徒に教えられ、本屋で買って私も好きになりました。'My Summer Plan' では、1人の生徒が夏休みに豊橋から九州まで往復の単独自転車旅行を計画していることを知り感激しました。「義憤を感じた事件」では、私の教材に触発されて、3年生の生徒が就職試験で東京に行った時、老婦人が駅構内で転倒しているのに誰も助け起こさないのを見て、思い切って介抱してあげた話を聞きました。

このようにして、授業を行うごとに生徒のことが理解できるようになっていきました。そして私が聞く耳を持っていると感じた生徒たちは、心を開いてくるのでした。特にむずかしい理屈があるわけではなく、「生徒たちは何を知っているだろうか?」「このことをどう考えるだろうか?」「何が好きだろうか?」と聴こうとする姿勢を持っただけです。

このようにして授業改革1年目を終え、作成した教材約30本のうち、成功したもの3分の2を残し、あとは廃棄して新しく教材を作り直しました。その蓄積で3年後には、学校の印刷機で印刷した一年分の教材を印刷所に持ち込んで冊子に製本し

てもらい、『アクティブ英語コミュニケーション』という自主教材にし、それを使って授業を行いました。

　授業改革前には重荷だった授業は、今や楽しくわくわくする発見の喜びに変わりました。生徒にとって奴隷的苦役のようだった授業は、英語による交流の場へと変わりました。教えるごとに生徒と私の距離が縮まってゆき、私は日々に精神的にも若くなっていきました。

　今から考えると私はＴ工業高校へ着任して最初の数年間、心の中で生徒たちを見下していました——ただ英語や国語といった学校の教科成績が低いというだけで。しかし、あの授業改革で生徒に耳を傾けるようになってからは、どの生徒もみずみずしい感性にあふれ、私にはない尊敬すべき一面を持っていることがわかってきました。まるで教室にこんこんと湧き出る泉を発見したように、その授業改革は私の教育観を転換させました。40人の生徒がいる学級には、40の泉が湧いています。それを掘り当てられれば、授業はこの上ない喜びに満ちていたのです。

　もちろん私は自分だけの力で、その転換を切り開いたわけではありません。それは、私の試行的な授業を暖かい目で応援してくださった先生方と、授業に参加し協力し感想を述べてくれた生徒たちのおかげです。そのおかげで私は77歳になる今日まで、英語教育を自分の天職・生きがいとして愛し、毎日を過ごしています。その原点となったＴ工業高校は、私にとってまさに恩人だったと、つくづく思うのです。

2節
試験対策と人間形成的英語教育の両立
——進学校でトピックについて英語で話し合う

柴田　直哉

1.　私の英語学習史

　本節を書くにあたって「中学校・高等学校での英語の授業で何を学んだ？」と自分自身に問いかけてみたのですが、その答えは「問題を解くためのストラテジー」「ある程度の明示的な文法知識」の2つであり、人間形成的学習に関連するものは思いつきません。おそらく当時の自分に質問をしても同じような答えを出すでしょう。同時に、少なくとも私が中学・高校で経験した英語教育は、人間形成的英語教育・学習としては機能していなかったと気づくことができました。

1.1　学校時代：期待と失望

　中学に入学して初めて英語の教科書を読んだ際、難しそうだなと感じたと同時に、中学校の英語の授業ではクラスメイトたちと様々なトピックに関して話し合う機会があるのかもしれない、とワクワクしたことを覚えています。しかし初めて英語の授業を受けた私はショックを受けました。大量の文法問題ドリルを渡され、本文をノートに書き写し、その日本語訳を書いてくるという指示、そしてその解説を先生にしてもらうという授業形態だったからです。自分で英語を書く活動といっても和文英訳であり、文法上の誤りを指摘されるだけでした。私は、英語は学年で最下位層の成績で全く話せないレベルだったため、英語で何かを考えたり話し合いたいとは思っていませんでしたが、それでも折角様々なトピックがあるのに、それに関して考えや意見を共有する機会がないのは何故だろうと疑問に感じていました。

1.2　高校時代：失望から理想へ

　高校に入学するとさらに教科書の内容が難しくなっただけではなく、使用する文法表現・文構造が複雑化しました。英語の授業で、与えられたテーマに関して考察したり話したりすることは、やはりありませんでした。それでも「幅広いトピックや社会問題に関連する内容が教科書で紹介されているのに、それを深掘りすることはどうしてないのだろう？」「機械的な練習活動をすることが本当に英語教育なのだろうか？」という疑問は常に持っており、本格的に進路を考えるにつれて、その思いがより強くなりました。

2節 | 試験対策と人間形成的英語教育の両立

そして高校2年次に真剣に進路を考えた際、多くの人にとって中学・高校は最後の教育の機会であり、情緒・認知的にもある程度発達して、ある程度の経験・体験をしている年齢だからこそ、倫理観・道徳観を育む最適の機会ではないかと考え、そういう英語教育のために中学校・高等学校の教員を目指しました。勿論、倫理観・道徳観を育む教育は他教科でも行うことができます。しかしながら、英語の教科書を見ればわかるように、英語という一科目だけで、人種差別や環境問題といった他科目で扱うトピックに幅広く触れることができることの素晴らしさを感じたのです。そして、私自身だけではなく、生徒たちと一緒に多種多様なトピックに関して英語という外国語を通して考え、話し合うことがしっかりできれば、英語科目を通して人間性涵養の教育ができると考えたのです。

1.3 大学時代：意見を考え・話し合う授業とのめぐり会い

大学では英語教育を専攻としていましたが、そこでの英語の授業が私にとって大きな転機となりました。授業では統合型内容中心カリキュラム（The Integrated Content-Based English Curriculum）（Sato & Crane, 2023）が導入されていました。これは例えば、Discussion and Debate, Intensive Reading, Academic Writing などの複数の英語科目を通して、「小学校英語教育の是非」や「死刑制度の是非」など一つのテーマを2週間ずつ扱い、内容理解と英語運用能力の向上を目的としたカリキュラムです。講義内の大半の活動は、与えられたテーマに関してペア・グループで話し合うというものでした。幅広い知識や観点を持っていなかった私は、自分の考えを深く持ち主張することに難しさを感じていましたが、「これだ！ こんな授業を受けたかったんだ！」と思った瞬間を今でも覚えています。

特に Academic Writing の講義では、プロセス・ライティングが用いられていました。プロセス・ライティングとは、考案、下書、学習者同士の意見交換、推敲編集といった過程を繰り返し行うことで、与えられたトピックに関して思考を深め、より良い文章を書くための指導法です。エッセイの下書きに対して学生間でコメントをし合う活動では、特に内容に焦点を当てて質問やコメントを交換することで、与えられたテーマに関するより深い考察につながっていたと実感しています。死刑制度の是非、移民政策、人種差別といったテーマが扱われた際には、複数の英語講義を通して人権について深く考察し話し合う機会があり、その機会のおかげで、それまで自分が見聞きした断片的情報や体験を統合することができました。なにより学生間だけではなく、先生もしっかりとその議論に入り、学生側の意見を理解しつつ、自身の意見も主張し、少しでも幅広い観点から物事を見るように支援する授業形態に感動しました。

この統合型内容中心カリキュラムは1, 2年次用のものでした。その際、外国語教育とは、外国語能力の向上を図ることも大切ではあるけれども、本来は外国語を用

いながら様々な物事について他者と考察し合い、倫理観や道徳観の育成へつなげるように志すべきではないかと再度考えるようになりました。そして、中等教育現場でこのような人間形成につながる英語教育をどのように実践したらよいかを強く考えるようになったのです。

2. 高校教員時代：試験対策のための英語教育と人間形成的英語教育の両立

「ペアやグループでのスピーキング活動やライティング活動をさせてばかりの授業では、大学入試対策にはならないし成績は上がらない。君はどういうつもりなんだ」これは、私が教育実習中に行った研究授業で当時の教頭先生からいただいた講評です。この言葉は、未だに頭に残っています。そしてこの言葉が、それ以後、約2年間の私の教え方を支配していました。

教員生活2年目に、私は自分の信念に基づいて授業改革に取り組み始めました。副担任としても関わっていた高校3年生のリーディング（現：「英語コミュニケーション」）の授業で、徐々に変革を始めました。一気にコミュニケーション中心の授業形態にすることは避けて、教員主体の従来の文法訳読式を中心に行いながら、可能な限り他科目（例：世界史や化学）の内容と関連させるような授業を行うことにしました。折しも生徒たちも、受験対策のためだけの英語学習に疲労感を度々訴えており、そんな状態をどうにかしたいと切に感じていました。

変革の中で、「そもそも試験対策のための英語教育と人間形成的英語教育は完全に別物にしかなりえないのだろうか？　つまり、試験対策のための英語教育を行うと人間形成的英語教育にはつながらないのだろうか？」と考えるようになりました。そこで当時同学年の別クラスを担当していた先輩の英語教師に相談をし、私が作成したハンドアウトを見ていただきました。そして、大学ではレポート課題等が多くあることからも、エッセイ課題を生徒たちに与えトピックに関して深く咀嚼する機会を与えたいと伝えました。生徒たちの多くの志望大学の入学試験問題にも、教科書で扱われているような内容に関連したテーマや自由英作文が出題されている事に加え、推薦入試の面接やグループ・ディスカッションでも意見表明が課されている事も伝えました。すると先輩も「生徒たちにもそれを伝えたら、授業の活動が入試対策につながるって思うだろうし、君のハンドアウトも面白そうだから、そのやり方でやってみるといいよ」と言ってくださり、人間形成的英語教育を実践する機会を得ることができたのです。

そこで私は絶滅危惧動物を扱った単元を使って、生徒が自ら考え、意見交換する授業をデザインしました。単熟語や文法といった言語形式面での指導だけではなく、内容面での深掘りをしたいと考えていたので、生物基礎の先生方に、関連事項を授

業で過去に扱ったもしくは現在扱っているかを尋ね、教科横断型の指導を工夫しました。その際、生物基礎の教科書やリーディングの教科書補充資料集と照らし合わせながら、生物基礎の先生に質問をし、私自身の内容理解に努めました。そしてそれらを、教科書内容の深掘りをするためのディスカッション・クエスチョンの作成に活かしました。

　約10年前に行ったということもあり、実際の生徒たちのやり取りや書いた要約やエッセイを紹介する事はできませんが、授業プリントの一部を紹介させていただきます。表1にあるような事前リーディング活動として、生徒たちの経験や現時点での知識を尋ねる質問をし、話し合いをさせました。その後、リーディング活動として内容理解を確認するための質問と、それをより深く咀嚼するためのディスカッションを行い、事後リーディング活動として本文内容の要約を書かせました。加えて、そのユニットの最終プロジェクトとして表2のようなアカデミック・エッセイを課しました。

表1　授業プリント：Pre-Reading 及び Post-Reading 活動例

Pre-Reading: Discuss the following questions with your partner in English.
1) Have you ever ridden any animals? If yes, please tell your partner about your experience. If no, please tell your partner what animal you would like to ride?
2) Do you know why elephants are in danger of extinction? If yes, please tell your partner about it.
3) What endangered/threatened species do you know? What has been done to save them?
4) Are there any endangered animal issues which influence us directly or indirectly in our society?
Post-Reading: Summarise Section 1 in your own words.

表2　授業プリント：エッセイ課題の指示文

Final Project
Please write an essay about the following topic with at least 300 words.
"How to Protect Endangered Animals"
*You need to write AT LEAST three reasons / ideas to support your opinion.
*You also need to use AT LEAST three references to support your opinion.
What it should contain: There are three main parts in your essay.
1. Introduction
2. Body
3. Conclusion

　最初の授業では「何をどうやって話せばいいんだろう」「このトピックに関して日本語でも考えたことないし話したことないよ」と言う生徒が少なからずいました。

特にライティング活動自体が嫌いな生徒たちが多かったため、エッセイ課題に関しては否定的な意見が多くありました。しかしながら、英語を用いての対話活動自体には肯定的な印象を持ってくれていました。そして2回目・3回目の授業で、本文内容理解が進んでいくにつれて、生徒たちはより活発に意見交換をし、「高3になってやっと英語の授業を受けてるって気がしてきた！」と言ってくれる生徒が出てきました。

特に嬉しかった事は、ある生徒が「文法とか訳ばかりで英語の授業つまらないしテスト勉強する気も起きないなってずっと思ってたけど、今はすごく楽しいです。受験勉強する時もただ問題解くだけじゃなくて、長文の内容に関連する背景とか調べるようになりました。ありがとうございます」と笑顔で言ってきたことです。また、「しばっちゃん（当時生徒は私を「しばっちゃん」と呼んでいました）の新しい授業のやり方とハンドアウト、○○先生の方でも使ってるみたいで楽しいって言ってたよ！　英語苦手だから英語ではなかなかできないけど社会問題とか考えて意見話したり書いたりしてより深く理解しようとするのって教育には必要な事なんだろうなって今すごく思う！」と言われた時は、自分なりに試験対策と人間形成的英語教育の両立の可能性を開くことができたのかなと感じました。

3.　現在そして将来英語教育に携わる方々へ

数年前から私は、大学で英語教育専攻の学生たちを対象とした英語指導方法の講義を担当しています。講義目標の一つとして、コミュニケーション活動を通してどのように文法指導を行うのかを学ぶことが設定されており、タスク中心の教授法を用いたフォーカス・オン・フォームを取り入れた指導法と教材開発方法を中心に指導しています。

しかしながら、「コミュニケーション活動を通して」いるとはいえ、フォーカス・オン・フォームという指導方法自体が、文法構造をはじめとした言語形態に焦点を置いてしまっています。そのため学生たちが作成した模擬指導案のコミュニケーション活動に対して「ターゲットの文法事項を使用すること以外に、このテーマに関して話すことで生徒たちは何を育むことができると思いますか？」という質問を投げかけると、学生たちは答えにつまってしまう事が多いです。そのたびに、第二言語習得理論上効果的であると考えられている指導法に関しても、外国語教育を通した人間形成的な要素について意識させる必要があると感じています。

Nunan (2023) は、「言語教育者は教育者である」と述べています。より良い人間形成的英語教育を行うためには、与えられたテーマに関して「知る」段階で留めるだけではなく、そこから見られる問題点に対して「考える」「行動する」という段階へ生徒たちを導いていける授業と教材開発を行うことが大切となります（山本

他, 2023)。つまり、生徒たち自身の感情や経験を深く反芻させるだけではなく（柴田, 2023）、自分ならばどう行動するのかを考えさせ、他者と話し合ったり、書いた文章を読み合ったりする機会を与えることが、生徒たちの倫理観・道徳観を育むためには重要であり必要不可欠です。そのためには、一人の教育者として、英語という科目を通して生徒たちをどのような人間に育てていきたいのかを、今一度自分自身に問いかける機会が必要なのです。

引用文献

柴田直哉（2023）「ヒューマニスティック英語教育における The Text-Driven Approach の有用性について」『ヒューマニスティック英語教育研究会紀要』第3号, 113–132.

山本孝次・竹内愛子・柴田直哉・溝口夏歩（2023）「英語コミュニケーションⅠの教科書分析　SDGs をどのように扱っているか」『ヒューマニスティック英語教育研究会紀要』第3号, 46–112.

Nunan, D. (2023). The changing landscape of English language teaching and learning. In E. Hinkel (Ed.). *Handbook of practical second language teaching and learning* (pp. 3–23). Routledge. https://doi.org/10.4324/9781003106609-2

Sato, K., & Crane, P. (2023). Developing EFL learners' interactional competence through discursive practice: A longitudinal classroom study using mixed methods. *International Journal of English Language Teaching*, *11* (3), 13–51. https://doi.org/10.37745/ijelt.13/vol11n31351

3 節

「愛」について考える 10 時間
——先輩教師から学んだ、生徒とともに作る授業

中田　未来

1.　落ち込む日々

　　これは2003年から2006年まで、中学1年生から3年間授業を受け持った生徒たちとの話です。2003年に大学を卒業してすぐ、大阪府の公立中学校に採用され、4月から中学1年生の担任として、幼い頃からの夢であった教員生活がスタートしました。教員になったばかりの頃の私は、生徒たちに21世紀を生き抜く上で必要な力は何か、それを授業でどう育てていくのかなど考える余裕がなく、さらに言えば、それを考えていく必要があることすらもわかっていませんでした。教科書の内容を指導書に示された時期までに教えることを目標に、教科書内容や文法事項をわかりやすく「説明」するにはどうすればいいかということに力を注いでいました。

　　教員になって1年目、彼らが1年生のとき、私は3クラスの授業を担当していました。私の話を静かに聞いていたのはそのうちの1クラスだけでした。残りの2クラスはすぐに騒がしくなり、私が注意をすると、生徒と言い合いになることもよくありました。その度に授業が止まり、肝心なところの説明が十分にできないまま授業が終わり、自分の不甲斐なさに落ち込んでいました。

2.　生徒一人ひとりと向き合って

　　静かに授業を聞いていたクラスにも、英語の授業中ずっと寝ている生徒がいました。1年生の授業を聞かなかったら英語がこの先どんどんわからなくなってしまうという私の焦りから、起きてしっかりと授業に取り組むように説得しようとしたことがありました。それでも彼は、「だってどうせわからんもん。めんどくさい」というだけで、次の授業も、その次の授業も寝ていました。後になって、彼は授業の最初に行っていたクロスファイアー（英語の質問に答えられた人がいる列から座っていく）という活動がとても嫌だったということがわかりました。英語の授業の度に、答えられなくて自分だけが最後まで立ったままになるのではないかという心配と、そこで反抗的な態度をとったら、私だけではなく部活の先生や担任の先生にまで知られて怒られるのではないかという心配から、無気力な自分を演じていたということがわかりました。

このことがわかったのは、彼との放課後の何気ない会話の中で、「やっぱりどうしても英語がわからなくて困る」と話してくれたことがきっかけでした。振り返ってみれば、彼を説得しようと私ばかりが話をして、彼の気持ちを聞こうとしていなかったと気づきました。楽しく英語の授業を始めたいという思いから、英会話をゲーム的に取り入れようとした活動が、まさか生徒を苦しめているなどとは想像すらしていませんでした。

そこで、学期ごとに私の授業に対して生徒にアンケートに答えてもらうことにしました。そこには「同じパターンのリピートばかりはつまらないし、どんな意味があるのかわからない」「先生が Be quiet. ってよく言っているけど、授業中騒いでいる人にばかり目を向けていないで、真面目にやっている人にちゃんと教えてほしい」などという生徒の声がありました。これを読んで、私は生徒一人ひとりと向き合えていなかったと痛感しました。授業がうまくいかないとき、生徒の心をつかむ英語のゲームはないかと書店に駆け込んだことも幾度となくありました。しかし、私が学ぶべきことは how to ではなく、教師として人として、相手の思いを理解し、それを授業にどう組み込んでいくか、ということだったのです。

そこで生徒一人ひとりの声を大切にし、授業改善に努めました。音読においては Listen and Repeat だけでなく、Read and Look up やシャドーイングなどのバリエーションを増やしました。机間支援の際は、やろうとしない生徒ばかりを気にするのでなく、個別にヒントを与えたり、多くの生徒がつまずいているところを全体に共有するなどして考える機会を増やしました。

3. A先生との出会い――「愛」について考える授業

3年生になり、高校入試が近づくにつれ、学習に前向きな生徒が増えていく中、テストで思うような点数が取れず、落ち込む姿もたくさん見ていました。中学3年生で英検3級レベルの力を持つ生徒はほんの一部で、基本的な文法問題や語彙問題に苦労する生徒が多くいました。しかし具体的に何を変えるべきなのか、何が足りないのか、全くわからないまま日々が過ぎていきました。

そんな中、3年生3学期に、教員経験30年を越えたベテランの先生（以下A先生）と週1回ティームティーチング（以下TT）で授業を行う機会を得ました。「3年生3学期のことだから、入試対策としてどれだけわかりやすい授業をされるのだろう。生徒がメリハリをしっかりつけられるよう、どうやって注意しているのだろう。文法や Reading の指導法だけでなく、生徒への注意の仕方、叱り方を学ぼう」と思っていた私は、A先生との1回目の授業打ち合わせで、そんな予想が全く違っていたことに気がつきました。

打ち合わせの際、「卒業前なので、『愛』について考える英語の授業をしたいのだ

けどいい？」とA先生はおっしゃいました。驚いている私に「歌、絵本、読み物などの教材を通して、愛とは何かについて考えさせたいのです。見返りを求めず、相手を思う心は社会に出て大切になります。愛が平和な社会を築く第一歩になります。英語はそれを表現するツールにすぎないのだから」とA先生は補足してくださいました。

　私立高校の入試が終わった2月中旬の授業で、A先生は生徒に向けて「これから君たちが卒業するまでの10時間、英語の授業では『愛』とは何かということを考えてもらいます」とおっしゃいました。生徒は「愛について考えるって恥ずかしい」「英語の授業で？」と戸惑っている様子でした。そこでA先生は「一言で愛と言っても色々な形があるね。愛とは何か、考えていこう」と続けられました。

　A先生はまず Dreams Come True の *Love Love Love - English version* を流しました。歌詞の聞き取りや意味を解釈していく過程の中で、生徒の表情はついさっきまでの少し恥ずかしい、照れ臭いというものから真剣な表情に変わり、歌に聞き入っている様子でした。生徒が目を輝かせながら授業に取り組む様子に、生徒の心を捉える活動をすれば、強い言葉での注意や Be quiet. などの指示は必要ないのだと感じました。授業は、しっとりと、穏やかに進んでいきました。

4.　生徒の心を揺さぶる「問い」

　愛について考える10時間の授業の前半では、生徒はオー・ヘンリー（O. Henry）の *The Gift of the Magi*（賢者の贈り物）を原作とした *A Present for You* や、*Miss Evans on the Titanic* の読解に取り組みました。そこで、A先生は内容理解をした後、「自分の大切なものを売って、相手に贈り物をしたいと考えた2人の気持ちについてどう思うか」「船に戻れば、自分の命は危ないのはわかっていたのに、Miss Evans が親子連れに救命ボートのスペースを譲ったのはなぜか」など、答えが一つではない問いを投げかけていました。

　一方、当時の私の授業の英問英答問題では、疑問詞、主語、動詞を確認し、本文のどこに答えがあるのか、それをどうやって素早く見つけられるようになるかしか問うていませんでした。それは、書かれている答えを見つけるという機械的な作業にすぎませんでした。もちろん、物語の内容を正確に捉えることは大切です。でもそれは、作者の意図を理解した後、自分の考えを表現することにつなげるための一歩にすぎないことに気づかされました。当時の学習指導要領（平成10年告示）でも外国語科の目標として文化的背景を理解しながら、自分の考えを伝える実践的なコミュニケーション能力を養うことが必要だとされていました。しかし、私の授業は筆記テストで点数を取るためだけの正確な読み取り作業であり、「コミュニケーション」とはほど遠いところにあることを痛感しました。

さらに、A先生の授業では、実社会で生きていく上で大切な学びを促す仕掛けがありました。実社会では、正解のない問いの方が多いのです。正解がない問いに対して、納得のいく答えを見出すために私たちは学んでいると悟りました。そして一人ひとりの答えが違うからこそ、クラスでお互いの意見を聞くことが意味を持ち、クラスメイトと共に学習する意味があることに気づきました。誰かが考えた日本語を、正確な英語に訳す技能を身につけることが英語学習の目標なのではなく、自分の思いや考えを英語で表現し、相手の思いや考えを英語で理解することこそを目指すべきだと強く思いました。生徒の心を揺さぶる、英語で表現したくなる「問い」について考え始めた瞬間でした。

そして生徒の心を深く捉えるのは、1位を決める競争のようなゲームや、答えたときにシールをもらえるという「ご褒美」のようなものでも、「先生に怒られたら怖い」という懲罰的なものでもないと悟りました。誰もが安心して自分の考えを話せる環境を作ることが教師の使命の一つであると考えるようになりました。

5. 愛とは「与える」こと

愛についての後半の授業では、USA for Africa の We Are the World のレコーディングの様子を映した動画を視聴しました。普段、英語を苦手とする生徒も、Stevie Wonder らの歌声に、言葉の違いを超えたパワーを感じ、この動画を食い入るように見ていました。次時の授業で歌詞の意味の解釈をしていたとき、一人の生徒が言いました。「先生、"Let's start giving." って、もしかして愛って give っていうこと？　デラもジムもエヴァンズさんも give してたよね！」この言葉を聞いて、生徒の学びがつながり合い、深まっていることを実感しました。テストで点数をとるためのテクニックのみを教えるだけでは、たどり着けない答えがそこにあると実感した瞬間でした。

「愛とは give である」という生徒の言葉を予想していたかのように、A先生が最後に提示した教材はシェル・シルヴァスタイン（Shel Silverstein）の The Giving Tree という絵本でした。物語を読み終わった後に「男の子の言い分を聞いて、何でも与えてきた木。木と男の子の関係は何を象徴しているのか」「最後には切り株だけになってしまった木の元へ、男の子が戻ってきた。それでも木は幸せだったとあるが、なぜ木は幸せなのか」とA先生は質問を投げかけました。その質問を聞いた瞬間、私の中に一つのイメージが浮かびました。木とは私のこと、男の子は生徒たちのことだと。甘やかしすぎたかもしれない、きつく言いすぎたかもしれない、でも生徒の成長を願って迷いながら必死で取り組んだ3年間でした。成長した生徒の姿を見られることに何よりも喜びを感じていた自分は、大きな木そのものであると感じました。

ここで *The Giving Tree* を読んだ当時の生徒の感想を2つ紹介します。

> この男の子だけではなく、みんなが男の子のようにわがままで欲をもっていると思う。それなのに木は男の子を愛しつづけた。愛は見返りを求めないとは、まさにこのことなんだなあ、と思った。自分も木と同じように優しく、見返りを求めたりしない人間に、将来なりたいな、と思う。今は、この男の子のような人間ばかりだと思う。自然を壊していくことに何も感じず、森などの自然があることがあたり前だと思っている人間は世界にたくさんいると思う。今、地球温暖化が問題になっていると思うけど当然の報いだと思った。

> この少年は、欲があって、木の気持ちも考えずに最悪なやつだと思ったけど、よく考えてみれば自分のようなのかな？と思った。自分は常に人に頼って生きていて、それがあたりまえになってしまっているところがある。この話での「木」は、私にとって親みたいなものかなあと思った。私が困ったときは、どんなことでも助けてくれて、力になってくれて…。
> でも私はそのことを当たり前に受け取っている。もうちょっと、人の気持ちを考えられて、人に感謝できる人間になりたい。

　愛についての10時間の授業を通して、英語教師として最も生徒に伝えたいことは、3単現の -s の正しい使い方ではなく、人を想う心の深さだと確信しました。学習に興味がなく怠学傾向にある生徒に、「明日の英語の授業は本当に面白い。大切な、伝えたいことがあるから絶対に学校に来てほしい」と熱弁している自分がいました。テストで点数を取るためだけの授業では絶対に感じることのない、心の底から湧き出る強い思いでした。この10時間の授業を通して、私の心に火がつきました。英語教育を通して、豊かな人間性を育みたい、ヒューマニスティックな授業がしたいと。

　初めて教壇に立ったあの日から20年経ちます。今授業を作る上で大切にしていることは、「授業では教師がたくさん話をするのではなく、ファシリテーターとして生徒同士の意見を引き出し、つなげること」「生徒自身の英語を使い、場面・状況に合わせた表現するよう促すこと」「生徒が学びの中で問いを立て探究することができる課題を設定すること」の3つです。こう考えるようになったのは、愛についての10時間の授業で、「人を想うこと」「give すること」が愛であると私自身が学んだからです。また、これまでの教師生活20年で出会った一人ひとりの生徒が教えてくれたことは、「授業は生徒と一緒に作っていくものである」ということでした。全てのコミュニケーションは他者理解から始まるのだと強く思っています。

4 節
生徒と対話する授業づくりの模索
——そこから見えた新しい光景

大脇　裕也

1.　教室の混乱から学んだ授業改革への道筋

「先生、英語ってなんで勉強せなあかんの？」

生徒の何気ない質問に対し、「勉強しなあかんからな〜」としか回答できなかった教師1年目の時を昨日のことのように思い出し、今なお当時の教え子たちのことを考えると申し訳ない気持ちになります。

教師を職業とする人は、おそらく学校という場所が好きで、学ぶことも好きだったことでしょう。英語教師であれば、「英語が好きだったから英語教師になった」という人は多いのではないでしょうか。私はその例外で、中学生の時から英語に苦手意識を抱き、高校では英語授業が少ない理系コースにあえて進むほど英語が苦手でした。高校卒業後は専門学校へ進みましたが、中学生の時から憧れていた体育教師への夢が捨てきれず、一般の人々からは遅れて21歳で大学入学を目指し、受験勉強を開始しました。その受験勉強で、あれほど苦手だった英語に興味を持つことができ、成績も一気に伸びたのです。入試の結果は、第一志望の体育系は不合格で、第二志望の外国語学部に入学しました。

あれほど苦手だった英語を22歳から4年間かけて学び直すことになったのですが、教えるという視点で英語を学ぶことができず、いざ大学を出て教壇に立った時には、何をどう教えてよいかわかりませんでした。中学・高校時代に私自身が英語の授業を英語で教わった体験がほとんどなく、何より英語が苦手だった自分の経験から「英語で授業をしても、生徒にはわからないだろう」と勝手に思い込み、日本語での文法指導に終始してしまっていました。教師用指導書も読みましたが、当時の私にはそこに展開されている授業の方法は理解できませんでした。ただ、教師と生徒の長い英語のやり取りが展開されているだけに見えて、「こんな授業は無理だ、理想だ」と感じたことを覚えています。

教師2年目、私の勤務校は生徒が大変に荒れていました。廊下を見ればエスケープしている生徒が多くいるような、いわゆる「教育困難」と言われる状況で、私の授業も大変な荒れに直面しました。声を張り上げながら行った授業は周りの雑談にかき消され、一生懸命作ったワークシートは配布後すぐに破り捨てられる。そんな状況ではありましたが、廊下を見廻っている時にある教室の前を通ると、私の英語

の授業では荒れているのに、社会の授業は落ち着いた雰囲気で行われていました。社会科の教員は私の同期でしたが、体格が大きいとか、怖い雰囲気を持っているわけではないのに、彼の授業では落ち着いた雰囲気の中に生徒の笑顔も見られました。もちろん、社会科の教員も笑顔です。なぜ私の授業や他教科の授業では荒れるのに、この先生の授業は荒れていないのだろう？　気になった私は、引き寄せられるように教室へ入り、授業を見学していました。

　彼の授業と私の授業との違いは大きく2つありました。一つは「教え込もう」としていないところでした。知識・技能の習得だけを目指したものではなく、思考力・判断力・表現力を問うような内容で授業は展開されていました。正解を求めるのではなく、教科書に答えが載っていない、考えを教えてもらうための問いを投げかけ、その答えをみんなで考える授業です。教師の仕事は「教えること」と捉えていた当時の私にとっては目から鱗でした。「英語が苦手だった私だからこそ、英語をどうにかできるようにしてあげたい、苦手意識を抱かないように教えてあげたい」と強く願いながら教材研究をしていたのですが、意図せず、それはいつしか「教え込み」の授業になっていました。

　もう一つの大きな違いは、生徒と「やり取り」しながら授業を進行していたことです。「やり取り」をすれば自ずと生徒の意見を引き出すことになり、その意見に対して他の生徒の意見が引き出されます。「やり取り」の中に冗談や笑いが生まれる楽しそうな雰囲気を目の当たりにして、やっと私の悩みを解決する糸口が見えた気になりました。それからは「どうすればやり取りできるのか」「生徒にどういう発問を投げかければ良いのか」という視点から、教材研究に邁進することになりました。「単なる理想にすぎない」と一刀両断に切り捨てていた指導書をもう一度開き、「やり取り」のヒントを必死に探しました。

　急に授業スタイルを変えてしまうと生徒が戸惑うかもしれないとは思いつつ、「もうこれ以上授業を荒れさせてはならない」と必死で、「やり取り」を目指す授業へとすぐに路線変更しました。All in English とはいきませんでしたが、ドキドキしながらヤンチャな生徒に "Do you like baseball?" と質問しました。すると、生徒からすぐに "Yes!!" と返答がありました。同じような質問を他の生徒にもすると、その生徒からも小さな声で "Yes" と返答がありました。こんな簡単なやり取りですが、当時の私にはとても新鮮でした。その経験は、以前の「どうにか授業を成立させなければ」という姿勢から「生徒の声をもっと聞いてみたい」という姿勢へと私を変えてくれました。

　授業改善へ向けて週末には本屋へ行き、授業づくりに関する本を何冊も購入しては読み、また次の週末に本屋へ行くということを繰り返しました。通勤時にはのめり込むように本を読み、教材作りに活かせると思ったことはすぐに教材にして、授業で使用しました。とにかく目の前の生徒との「やり取り」を目指して片っ端から

色々な指導法を試しました。良著にもたくさん出会いました。私の指導観を変えてくれた本は紹介しきれませんが、初めに手にした『英語授業の「幹」を作る本』（北原延晃著）、『英語好きにする授業マネージメント30の技』（中嶋洋一著）、『だから英語は教育なんだ――心を育てる英語授業のアプローチ』（三浦孝他著）、すぐれた英語授業実践――よりよい授業づくりのために』（樋口忠彦他著）、『成長する英語教師』（髙橋一幸著）などは私の授業実践の根幹を成してくれたと思います。それらの本の参考文献に挙げられている書籍も次々に読み漁り、生徒とのオーラル・インタラクション[1]に力を入れて少しずつ「やり取り」ができるようになっていきました。

　どんな良著から学んだとしても、授業がすぐに上手になるわけではありませんので、とりあえず真似できる部分から始めることにしました。帯活動で Yes / No の2択で答えられる closed question から始めたり、本文の内容に関してどう思うのか意見を引き出したりしながら、少しずつ会話の幅を広げていきました。また、そうした授業でのやり取りをテストでも出題することで、テストと授業が少しずつ一体化し、授業ですることはテストでも問われるという認識が芽生えだし、生徒の授業に取り組む姿勢が変化していきました。教師の役割は、ジェスチャーやイラストを使い、生徒に理解できる英語を用いて積極的にコミュニケーションを図ろうとする態度を示すことだと思います。教師は、生徒のロールモデルです。この姿勢がない中で「生徒が英語でなかなか話してくれるようにならない」と言っていた過去の自分が無責任だったとわかりました。

　「話すこと」の指導の次には、「書くこと」の指導も必要です。「やり取り」することは話すことだけに留まりません。手紙やメール、SNS で思いを伝えることも立派なコミュニケーションです。私は授業で何かをテーマに書かせるときでも、必ず読む人のことを考えて書きなさいと伝えています。また、相手の立場に立って考える練習として、中学1年生の時点で行間読みをさせることから始めています。例えば、教科書本文にある会話文を用いて、文と文の間に会話の状況に合わせた話者の心境や心情などを日本語で書かせる活動があります。その次のステップとして、相手の話した英文に対して英語でツッコミを入れたり、相手に内容を確認したりする練習をします。これらの指導には田尻（2014, pp. 8-12）が参考になるでしょう。

　コミュニケーション・ストラテジーの指導の一貫で、リアクションを取る指導も行います。これは英文を書くときであっても、「自分の書いた英文にリアクションを取る」という指導をしており、先に述べた活動が活きてきます。例えば "Hello." と書く時に、相手の "Hello." という返事を想像しながら書くということです。"I like *takoyaki*." に対して、"Me, too." "Oh, do you like it?" "What is it?" など、3種類ほど質問が思いつけば十分と伝えています。擬似的に読み手と対話することで、書く英文の量も自然と増えていきます。

2. 作品に込められたメッセージを汲みとる視点

　ここからは、私が今でも後悔していることについて生徒の作品を通して述べます。私は10年の教職経験を経たのち、休職して大学院へ進学しました。少し時間に余裕もできたので、自分の実践を振り返るために、今まで溜め込んでいた資料を一つずつ整理しました。そんな時、私はある生徒（ここではAと呼びます）が書いた「将来の夢」についての発表用原稿を見つけました。ここにその原稿を掲載します。

　「"normal family"ってなんだろう？」「"Be cause"の単語は引っ付けないと」「⑤の文の"we"は"We"ではないか」、それがこの原稿に対する当時の私のリアクションでした。

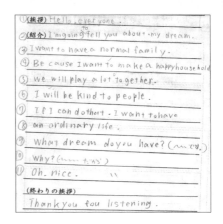

　しかし、10年後にAの原稿に再会し、読んだ時にとてつもなく心が苦しくなり、涙が出たのです。この時、生徒Aの訴えに気づいてあげることができなかったと、すぐに気づいたからです。当時Aは家庭で虐待にあっていました。そのことが発覚したのがこの原稿を書く以前かどうかは、もはや怖くて調べることはできません。ただ言えることは、Aは英語で懸命にメッセージを残していたということです。

　③ I want to have a normal family.「私は普通の家庭がいい。」
　④ Be cause I want to make a happy household.「幸せな家庭を作りたいから。」
　⑤ we will play a lot to gether.「たくさん一緒に遊びたい。」
　⑥ I will be kind to people.「人々に親切でいたい。」
　⑦ If I can do that I want to have an ordinary life.「もしできるなら、普通の生活を送りたい。」

　こんな悲痛なメッセージを、英和辞典で調べながら書いたAの気持ちはどんなものであったのか。これを発表して、クラスメイトや教師が何事もなかったように拍手して次のスピーチに移っていった時、Aにどんな思いをさせてしまったのか。何より、Aはこの文章を書いているときに、相手の反応をどのように予想しながら書いたのか。そんなことを考えると胸が潰れる思いです。Aの発表が終始笑顔だったこともまた、辛くてたまりません。

以前、岩本京子先生の生徒（以下Bとします）の作品を見せていただいたことがあります。以下がBの作品です。

Im yesterduy Im a nospital Im pray Im misery Im miserableustate
 Im besaved possibilityso Im be sad.

まだ習いたての英語で多くの間違いがあります。ただこの時、Bの父親が仕事でガソリンによる大火傷をし、入院中であったとのことです。Bが父を想う気持ち、生きてほしいという願いが強く込められています。この内容が理解できた途端に、岩本先生は涙が止まらなかったと聞きました。そのエピソードを聞いて、私自身は心がギュッとなるような擬似体験をしましたが、「こんな体験をすることが私にもあるのだろうか」と思ったこともまた、覚えています。私の反省は、岩本先生のお話を聞いたとき、「生徒の思いや気持ちをきちんと汲み取れるようになろう」と思えなかったことです。そう思えていれば、Aの気持ちに気づくことができたかもしれません。英語の正確性や流暢性ばかりに気を取られるのではなく、生徒の伝えたい気持ち、その思いを感じ取るといった視点を大切にしたいものです。

「英語って、なんで勉強せなあかんの？」。冒頭にも書いた、生徒からよく聞かれる質問です。今の私は「英語は世界中の人々とお互いをとことん知るための素敵なツールだよ」と答えるでしょう。「相手を知り、自分を知ってもらい、お互いを知った後にたくさんの意見を交換し合い、自分たちの考えや思いをとことんぶつけ合った末に、最後はお互いを信頼し合えるようになるためのコミュニケーションツールとしての英語」だと補足するかもしれません。指導に関する悩みは尽きませんが、今後も生徒の豊かな情操を養える授業づくりに励んでいきたいです。

引用文献

岩本京子（1998）「生徒の作品で語る私の授業」『現代英語教育』3月号, 10–13.

北原延晃（2010）『英語授業の「幹」をつくる本』ベネッセコーポレーション.

髙橋一幸（2011）『成長する英語教師——プロの教師の「初伝」から「奥伝」まで』大修館書店.

田尻悟郎（2014）『田尻悟郎の英語教科書本文活用術！』教育出版.

中嶋洋一（2000）『英語好きにする授業マネージメント30の技』明治図書.

樋口忠彦・緑川日出子・髙橋一幸（編著）（2007）『すぐれた英語授業実践——よりよい授業づくりのために』大修館書店.

三浦孝・弘山貞夫・中嶋洋一（編著）（2002）『だから英語は教育なんだ——心を育てる英語授業のアプローチ』研究社.

---

[1] ここでは、新教材を、教師がわかりやすく目標言語で、生徒との対話を通じて導入することを意味する。

5節

人と人がつながる授業を目指して
——生徒の声が聞こえるように

亀山　弘二郎

　私は今年で教員20年目になります。今は人間的成長を図る英語教育に大きな意義を見出して授業改善に取り組んでいますが、ここに至るまでは紆余曲折がありました。振り返ると、この紆余曲折が私の「学び・教える意味」を見出す旅であったと思います。そこで、本節では、少年時代から今日に至るまでの、「学び・教える意味」を見出す旅の軌跡を物語ろうと思います。

1.　学生時代の私の学び

　小・中学生時代の私は、大人の目を気にして、大人の要求を先回りするような性格でした。勉強は得意な方で、高校は地元の進学校へと進みましたが、そこで転機が訪れました。勉強についていけなくなったのです。そして、親の価値観を無批判に受け入れて生きていた自分への大きな反動も出てきました。「良い大学に行って、それなりの仕事に就く方がいい」といった言葉に嫌悪感を覚えるようになり、高校1年の途中、断固たる決意で「勉強をやめる」と決め、親にも宣言しました。今思えば、功利打算的な勉強観への自分なりの抵抗だったと思います。

　しかし、打ち込んだ野球部の活動が終わって卒業後は専門学校で簿記の資格を取って働こうと考えていた矢先、友達の進路を聞いて心が動きました。「やりたいことは決まってないけれど、大学で経済を学び、それから進路を考える」、専門学校で簿記の資格だけを取ってお店でレジ打ちをして働く私の未来と、幅広く経済について学び選択肢を広げる友達の未来を比べ、友人が羨ましく思えました。初めて、両親に本気の土下座をして謝りました。結局、勉強しているうちに学びたいことが何度も変わり、一浪して國學院大學文学部の外国語文化学科に進学しました。

　大学時代、教職課程の教員の中に、学ぶことの本質に気づかせてくれる先生がいました。楠原彰先生です。毎回授業のあとにコメントペーパーを書きました。授業の感想を自由にコメントして良いもので、次の授業には皆のコメントがそのままコピーされたものが配られ、それを読み合うところから授業が始まります。自分のコメントが読まれると、自分の存在が認められたような気がしました。自分の意見や考えが承認されることが、学ぶことのエネルギーになることを体感しました。ある日の授業が徹底的に私を変えます。2001年9月11日、アメリカの世界貿易センターを狙った同時多発テロの直後の授業です。楠原先生は、授業の冒頭でこう言いまし

た、「私は断固テロに反対します。しかし同時に、戦争にも反対します」。政治家や社会の動きに相対し、一人で「違う」と発言する勇気と責任に感動し、背中に稲妻が走るような衝撃がありました。広い世界とつながり、より良い自分やより良い社会をつくるために、信念をもって行う学びとの出会いでした。

　大学1年の終わり、私は楠原先生との縁で、インドの先住民族の村を訪れるツアーに参加しました。ダムに沈む先住民族（アディヴァシー）の村の人々が、これからどう生きるべきかを真剣に話し合っていました。私は「もっと色々な人に出会い、もっと世界を知りたい」と思うようになりました。貪るように本を読み、新聞の切り抜きを集め、私は自ら欲して学ぶようになりました。「出会う」という学び方、それは小中高時代の押しつけられた勉強の鎖からの解放でした。大学3年の終わりにもう一度インドを訪れた時には、気づくとツアーの中で通訳のようなことをしていました。「出会う」という学び方を私に教えてくれた先生のようになりたいと思い、私は教員を志望しました。

2.　工業高校での実践

　大学4年生の時、地元の高校英語教師になるための教員採用試験を受けましたが、1年目は不合格でした。働き口をどうしようか考えていた時、教育実習で訪れた母校の高校の英語の先生からの誘いで、公立の工業高校で非常勤講師として働くことになりました。勉強が苦手な生徒が集まっていました。「ABCからやらなきゃいけないからね」先輩の教師からそう聞いて、教室へ入りました。授業中に後ろを向いて喋っている生徒たちや、理解することを諦めて寝ている生徒たち。教師として何もできないまま、数カ月が過ぎました。「生徒の顔をあげさせられなかったら、自分の授業に何の価値もない。勝負するしかない」と決意します。

　最初の勝負の授業は、インドでの写真を使った、次のようなものです。授業の冒頭でこう切り出しました。"Today, we don't use textbooks. Please put your textbooks into your desk!（生徒たちが教科書を机にしまうのを待つ）Today, I want to talk about India. I like India very much. Look at this picture.（自分が撮ってきた写真を黒板に貼り出す）I took these pictures. Look! This boy doesn't have a notebook. He has a blackboard. Why? なんで、ノートではなくて、黒板を使ってインドの子どもは勉強しているんだろう？（生徒たちが、写真に注目する）Look. This boy is washing dishes on a street? Why?"

　「学校行かなくていいなら良くね？」などと、生徒は素直に自分の思うことを話しました。

　「私はインドが好きなんですけどね。それは、人として生きることの、何か本質みたいなものに出会えるからなんです。空港を出るとすぐにストリートチルドレン

の子たちがやってきて、手を出してくる。お金が欲しいって。町のレストランの裏でお皿を洗っているこの子もそう。とにかく生きることに皆が必死な感じが伝わってくるんですよね。でもさ、日本ではどうだろうね。せっかく学校に行っても、なんのために勉強しなきゃいけないの？　生きるのが嫌にならない？　インドに行くと、生きることって何なのかって、考えさせられるんですよね。そんな中で、この人には適わないって思う、すごい写真家がいるんです。その人が出している写真集がね、これです」

　藤原新也という写真家の写真集『メメント・モリ』（朝日新聞出版）の中に、全員の顔をあげさせられると確信できる写真がありました。それは、インドで撮られた、川の河口の砂浜に流れ着いた人の遺体に数匹の犬が寄ってきている写真で、「人間は犬に食われるほど自由だ」という文が添えられていました。拡大コピーした大きな写真を黒板に貼りました。"Humans are free enough to be eaten by dogs." と英訳した藤原さんの言葉を、黒板に書きました。「何て書いてあると思う？」

　もう一つの勝負の授業は、『マー先のバカ——小学5年生が遺した日記』（青春出版社）に収録されている杉本治くんの遺した詩「テスト戦争」を私が英訳し、それを生徒と一緒に読む授業です。最初に、杉本くんという少年が小学5年生の時、自分が住んでいる団地から飛び降りて自殺したことを紹介しました。そして、この書籍の最初に掲載されている「無題」の文章を読みました。一部を抜粋します。

　　学校に行ってしあわせになるかだ。一段ずつ上の上の学校に行かなければならない。（中略）これぐらいで進歩を止めた方がいいと思う。（杉本 , 1985, p.11）

　「無題」の文章は、現代の学校を痛烈に批判するものでした。そして、その批判は勉強から逃避しようとした高校時代の私の気持ちを代弁したものであり、同時に、工業高校で私の英語の授業から逃避しようとしている高校生たちの気持ちを代弁したものに違いないと思いました。

　続けて、私は生徒に語りかけました、「この杉本君がたくさんの詩を遺しているのだけど、その中で私の心に一番残る詩があって、それは英語にも翻訳されているんだ。せっかくだから、英語版を読んでみないか」。詩は、私が翻訳したものでしたが、それは伏せました。一部を抜粋します。

　The paper is here. Silence is here.
　It's time to start the War of the test.
　I have a pencil instead of missiles.　I have an eraser instead of machine guns.

戦争と同じように、テストが「苦しいもの」であり「人生を変えるもの」で
と述べた上で、良い中学校へ行き、良い高校へ行き、良い大学へ行って、いった
人は何を手に入れることができるのか、と問うている詩です。

今思えば、拙い授業でした。これを配った後、どう読んでいくのかがはっきりし
ていませんでした。ただ、生徒たちは、自分にとって意味のある何かが書かれてい
ることを理解し、食い入るように読もうとしていました。そして、生徒たちとの関
係が少しできた気がしました。杉本くんの「学ぶことへの疑問」は、私自身の高校
時代の疑問と共通だったからこそ、私自身が熱量をもって伝えられるものでした。
そして、学ぶことから逃避しようとしている高校生たちにもきっと響くはずだと考
えた授業でした。

たくさんの英語嫌いの高校生と出会い、私の気持ちは変化しました。中学校の英
語教師になりたい。そして、英語が楽しいと思わせたい。翌年から中学校の採用試
験を受験し始めました。

3. 中学校での授業

中学校の教師として17年目を迎えた今、私が大切にしているのは、「自分の気持
ちや考えを伝え合えるようになること」を3年間の目標として設定した、言語活動
中心の授業です。

最初に手応えを感じた単元が "My Favorite Story" です。He, she, it などの代名
詞を使って自分以外の誰か・何かについて表現する単元の終末の活動として、"My
Favorite Story" を生徒に発表させました。絵本・漫画・映画・小説など、自分が
好きな物語のイラストを見せながら、登場人物やストーリーの紹介を行いました。
「自分が好きな何か」について生徒たちは「伝えたいこと」をたくさん持っていま
した。やり取りを通してスピーチをつくっていくことも、単元を通して大切にした
ことでした。「あ、それ私も好き！」と同じアニメが好きな友達を見つけた時の、
生徒の嬉しそうな顔は、大学時代にコメントペーパーを読まれて嬉しかった自分と
重なります。パートナーの生徒はその物語について、たくさんの質問をします。や
り取りを通して友達が知りたいことに着目し、質問に答えた内容を加えながら口頭
で紹介文をつくり、授業の最後の5分間だけ、自分が話した内容を忘れないために
ノートに書く時間をとります。

絵本のページをめくりながら必死に自分の好きな物語を語る生徒、大好きな漫画
の表紙を何冊も用意して喋る生徒。伝え合う相手が同じクラスの日本人でも、「伝
えたい・知りたい中身」があれば、言葉には話し手の魂が宿り、言語活動は成立す
ると感じました。「もっと伝えたい・もっと知りたい」という気持ちが高まること

が、より評価されるように、学習評価の方法も様々な工夫を行うようになっていきました。今では、生徒の魂が宿る言語活動にするために大切だと感じることを、次のように整理しています。

言語活動の題材について

① 一人ひとりの気持ちや考えの違い・多様性が現れるものがよい。特に、自分の「好き・嫌い」が関わることや、強い意見を持っている題材。

② 現実世界や現実の他者と関わる題材。

③ 写真や映像などの視覚教材や、実際に手にとって触れられる物があり、生徒の志向性や、想像力が刺激される題材。

④ 教師の自分らしさ（教師の熱が入るもの）が現れる題材。

言語活動の工夫

① 相手の気持ちや立場を考え、「より伝わるように、聞き手を楽しませるように、聞き手を驚かせるように」といったコミュニケーションの目的や意図を大切にすること。

② スピーチなどの発表も、「ライティング→発表」の流れよりも、「口頭のやり取り→発表」という流れにすること。（友達や教師とのやり取りを通して、気持ちや考えを伝え合う生徒が育つと感じています）

　これからも、教室の仲間と出会い、そこに喜びを感じられるような英語の授業をつくっていきたいです。そして、教室をとびこえて、他者や世界とつながっていくなかで、学ぶ意味や生きる意味を実感できるような、授業をつくっていきたいです。毎日の試行錯誤を続けていきたいと思います。

引用文献

杉本治（1985）『マー先のバカ——小学5年生が遺した日記』青春出版社.

6節

生徒が主役になる授業
——生徒とともに授業をつくる教師を目指して

稲葉　英彦

　学年末の最後の授業で、生徒に授業の感想を書いてもらっています。どの生徒の感想も実直で、筆者にとって宝物です。ある生徒の感想を紹介します。

仲間と一緒に英語を楽しむことがどんなに大切なことか、（学級名）として英語の授業を楽しめたし、英語を通して仲間と楽しむことがすごく大切なんだと思った。学校で困ったことがあったり悩んでいるとき、いつも英語の時間が僕を救ってくれた。

---

1. 英語が大好きで教職に

　筆者はこれまで、公立中学校で英語科教員として勤務し、附属中学校教員、教育行政を経験し、現在は大学教員として教職に関する科目を担当しながら、英語教育に関わっています。

　筆者は英語が大好きで英語教師の道を選びました。中学生で英語を学び始めて、初めて映画館で見た洋画では、"It's a dinosaur." が英語のまま聞き取れたことに、一人大興奮しました。学生時代に台湾で大きなイベントに参加した際に、急きょ学生通訳を任され、現地のマネージャーと拙い英語でやり取りし、最終日、グッと握手をして交わした一言 "Thank you, my friend." に涙したこともありました。英語を話した際に心が揺れ動いたことを挙げれば、キリがありません。たとえ短い語句であっても、言葉には思いや気持ちが伴い、その真意を推し量ることが、まさに言葉の学びであると実感しています。

　言葉の先には、必ず他者が存在することを踏まえた人間関係づくりを、生徒が中心となって考える授業を目指しています。これが私の英語授業の根っこの部分です。英語授業の主役は生徒であり、その原動力は他者を尊重し、多様な考えや価値観を大切にしていくことに他なりません。このことに気づかせてくれたのは当時の生徒、そして、大好きな英語に自信を喪失した海外での経験でした。

2. 教師が張り切って引っ張ることが、正しいと信じていた

　教員になった当初、英語の授業が大好きな教員として、生徒を楽しませようと授業準備や進行に全力投球していました。おもしろい道具を買っては授業で披露したり、単語や重要文の定着を図るため、タイマーで時間を測って書いたり話したりする活動を繰り返していました。意欲的に見えない生徒にはすかさず声をかけ、引っ張るように活動に取り組・ま・せ・て・い・ました。一方で、「教科書にある単語や本文、重要文は、きちんとおさえなければいけない」という先輩教員からの助言を参考にし、生徒には小テストや単語テストに何度も挑戦させていました。当時の授業でこだわっていたことを挙げてみます。

- ▶ 英語の毎月の歌を教師が選んで歌詞カードを配布、全員が歌えるようにカナを振る
- ▶ 小テストを毎単元後に実施して、希望者には追テストを実施する
- ▶ 授業の冒頭は、単語や文法定着のための活動やドリルまたは小テストを行い、採点して返却する
- ▶ ワーク等の提出物を学級全員が提出すると、集めてミニ景品がもらえるチケットを配布する

　なんとかして、生徒に意欲をもって学習さ・せ・ようとしていたのだと思います。当時は、生徒の声に耳を傾けることをあまりせず、これらの取り組みが特定の生徒へのプレッシャーになっていたことにも気づいていませんでした。しかし、ある日迎えた転機により、生徒の声や考えに耳を傾けること、そして、英語を学ぶ目的を生徒と考えることの重要性に気づかされました。

3. 英語教育者としての転機

3.1 生徒の困難さに気づいて

　授業の冒頭、語彙の定着のため、単語をペアで発話するゲームに取り組んでいました。英単語と日本語訳が書かれたワークシートを配布し、半分に折ってなるべく早く発話するゲームです。1回目はワークシートを見て、2回目は紙を見ずに次々と発音します。終了したペアは座ることができるため、どのペアも競って取り組んでいました。

　2回目が始まってすぐ、生徒Aが声を上げて泣き始めました。スローラーナーで寡黙な生徒です。一生懸命取り組んでいましたが、周囲と比べてうまく発話できないこと、何回繰り返しても覚えられないこと、何よりペアの友達もなかなか座れず迷惑をかけていると感じたことが原因でした。これまでの授業で、泣くほど我慢し

て取り組んでいたことを思うと、生徒Aに申し訳ない気持ちになりました。

　一見すると、授業で一人の生徒が悔しくて泣いた、それだけのことに感じられます。しかし授業者としては、今まで経験したことのないショックでした。人と人がつながる言葉を学んでいるのに、友達に迷惑をかけたくないと泣き出す生徒のいる授業が、本当の言語学習になるわけがありません。このゲーム的活動に罪があるのではなく、どのような活動でも大切な視点が欠けていれば、結果は同じです。日頃から友達と仲良くしたい、もっと良好な人間関係を構築したいと願っていた生徒でした。単語を多く覚えたり早く言えたりすることよりも、友達に思いを工夫して伝えようとすること、学び合う友達と互いに理解し合えるような関係をつくることの方が大切なはずです。そして、これはこの生徒に限ったことではありません。これが、人とつながるための言葉を学ぶ授業づくりを決意したきっかけです。

　一人ひとりの生徒、どの生徒も心を許せる教室土壌の中で、安心して挑戦したり、間違いや失敗から学び合ったりできる、学び合う仲間を大切にする英語授業。そのために、生徒の内面や授業で学びたいことを知るため、独自でアンケートを行うようにしました。また、後に紹介するような、生徒を主役にする英語授業につながる教材や単元の開発を目指すことにしました。

3.2　英語がわからない辛さを味わって

　英語科教員としてある程度経験を重ね、機会あって長期研修で米国・テキサスに派遣されることになった筆者は、地元のカフェで「自分の英語が通じない」日々を過ごしました。テキサス特有のアクセントもあり、ちょっとした注文でさえ、何度も聞き返されることがありました。英語が話せない人だと思われたくないと、強気を演じていましたが、失敗や誤解されてしまうことも多く、あれほど好きだった英語なのに、自信を喪失し、店員に話しかけることも怖く感じるようになりました。教室で英語がわからない、とはこういうことだったのか、と生徒を思い出しました。店員に "I don't understand." と素直に打ち明けると、店員が声を掛け合い、「毎日来ればいい、何度でも聞き直せばいいし、間違いを気にしている人なんて一人もいない」とはっきりと言ってくれたのです。

　温かい言葉に支えられ、安心すると、店員の英語が少しずつですが聞き取れるようになりました。店員が注文を聞く際も、"What do you want?" や "What can I do for you?" など、実に多様な表現で対応していたことに驚きました。親しい店員からは、"Do you want the same one?" と聞かれることもありました。普段、授業では、定着しやすいように、生徒が使う表現を指定していましたが、生徒自身が場面や状況に応じた幅広い語彙や表現を活用する方が、真正の学びに近づくと感じました。

　この経験は、生徒に使う表現を指示したり、発話を急かしたりする授業から、生徒

が自分で語彙や表現を求めていく、まさに生徒が主役の授業への転換となりました。

4. 生徒一人ひとりが主役になる英語授業を目指して

こうして英語学習における生徒の困難さと辛さを体験し、生徒に恥をかかせない、生徒同士が助け合い、学び合う英語授業を目指すことになります。

4.1 生徒が主役になる授業において意識していること

改革の第一歩として、授業冒頭の機械的な単語の確認や宿題チェック、小テストの類をやめ、生徒自身の考えや得意な表現を生かしながら、友達と学び合う帯活動を設定しました。例えば、単語の確認の代わりに、ペアを組み、配布されたカードにある単語について相手に英語で説明し（直接英単語を言わずに）、相手に当ててもらう活動です。cake というカードを手にした生徒は、"Umm, ... you want this on your birthday. You eat it." のように即興で説明します。相手から "Is it sweet?" のように質問を受けることもあります。

また、2つの選択肢のうちどちらを選ぶか、ペアでお互いに相手を説得しようとする活動もよく用います。"For an ALT, which is a better place to visit, Hokkaido or Okinawa?" のようなトピックを英語係（教科係）と相談して提示します。生徒が "Hokkaido is better. He（ALT）will enjoy local food like seafood." と言えば、別の生徒は "I heard he went to Hokkaido. I'm sure he wants to visit Okinawa. He's never been to Okinawa." と重ねていきます。ミニディベートのようですが、ペアの友達に納得してもらえるように伝える活動です。また、納得した上で、"Sounds nice. Okinawa is a good place for eating seafood, too. We can eat blue fish. Do you know about it?" と、相手の考えに賛同したり深めたりするための情報や考えを加えていきます。これらの活動については、胡子美由紀『生徒をアクティブ・ラーナーにする！ 英語で行う英語授業のルール＆活動アイデア』（2016, 明治図書）が参考になります。

どちらの活動も、ペアを変更したり、生徒の様子に応じてカードやテーマを少しずつ変えたりしていくことで、英語表現を活用して学びながら、繰り返し新しい価値観や考えに出会うことを大切にしています。ここで強調したいのは、一つひとつの手法や指導法ではなく、どの活動であっても、生徒が主役となった上で、生徒のもつ価値観や考えに焦点を当てて授業が展開されるという点です。授業冒頭から生徒が主役になることは、その後の展開にも影響していきます。

〈生徒が主役になる授業のために、筆者が意識していること〉

・配布するカードはペアごとに別々の内容にすることで、ペアごとの優劣がつ

かず、終わるのが早い遅いと気にしなくて済む環境にする。

・ペアで正解を当てられたら、"We're done." や "We've finished." などの声をかけて座ってもらう。こうすることで、教師‐生徒間のコミュニケーションを図りながら、活動状況の把握を行う。

・全ペアがクリアしなくても活動の時間を終了し、「難しかった単語」をピックアップし、全員で表現や説明内容などを考える場をつくる。そうすることで、クリアできなかったペアのおかげで、全員が新しい価値観や考えを学べた、という感謝の場にする。

・「英語で言いたかったけど、言えなかったこと」を出し合い、どう表現したらよいか、考えや表現に関する多様な提案を共有し、みんなで解決する。（生徒の考えた説明例：「映画の世界観が楽しめる」→ 'Feels like I'm in a movie.'）

4.2　生徒はどのように学ぶようになったのか

　冒頭で紹介した生徒の感想「いつも英語の時間が僕を救ってくれた」には、生徒が友達と学ぶ価値を見出し、その生徒らしく人生を歩んでいく手がかりをつかんだことがうかがえます。生徒は、教師が促さなくても、友達にたずねたり、より適切な表現を主体的に求めたりする姿が見られるようになりました。また、一つの言い方に自信がない時にも、別の言い方を試したり、さらに良い表現を探したりする姿が見られました。なにより、必ずしも全員が同じペースで、同一の課題をこなすのではなく、必要なことを自分で判断して解決していくよう、適切に助言し合うようになっていきました。これからの社会や未来のつくり手である生徒には、本当に必要なことを自分で検証し、必要な助言を仲間と求め合うことを大切にしてほしいと、授業を通じて伝えています。

5.　さいごに

　筆者に大切なことを気づかせてくれた生徒 A（本節3.1参照）ですが、どの教室にもきっと同じような思いをもつ生徒はいることでしょう。筆者の場合は、幸運なことに、生徒がわかりやすい表現で、「授業の主役は生徒」であることを教えてくれました。これから出会う生徒一人ひとりも、みんな授業の主役です。言葉はその人の内面から表現されるものです。生徒の内面が大切にされる英語学習を通して、生徒は他者を思い、互いを尊重しながら理解し合うことを学んでいくことでしょう。筆者がそうであったように、英語や英語学習が、その生徒らしい人生を切り拓く学びとなっていくことを願い、生徒が主役となる英語授業をさらに推進していきたいと考えています。

7節

本当の意味で生徒を「知った」時
——「友だちとは？」を問う授業

石井　博之

1. 思い出の活動と生徒作品

　人間形成的な授業に可能性を見出したのは、初任から数えて6年目、関係代名詞 who を扱った課で「友達の定義」をテーマに自己表現活動を行った時のことでした。その授業の中で、生徒が制作してくれた2つの作品（140ページの図2, 3）と、そこから生まれた出来事が、私の心を大きく揺さぶったのです。

　当時の勤務校は職業高校で、地域でも指折りの指導困難校でした。生徒が起こす問題行動は日常茶飯事で、生徒指導に追われる日々。他者に対して不寛容で、コミュニケーションに課題を抱える生徒が目立ちました。学力は低く、中学校での挫折経験から英語にも強烈な苦手意識を持っている生徒が大多数でした。

　その時受け持ったのが、2年生の「コミュニケーション英語Ⅱ」（現在の「英語コミュニケーションⅡ」）でした。生徒たちは、休み時間でも仲の良い2, 3名でまとまるか、自席で携帯電話をいじるかといった様子で、生徒間の交流はあまり行われていなかったと記憶しています。

　なんとかして、生徒に英語を楽しいと思ってほしい、他者に興味を持ってほしい。そんな一心から授業で試行錯誤を繰り返していた時、ふと立ち寄った書店で、スヌーピーで有名な Schulz（2005）の *A Friend is Forever* というタイトルの絵本を見つけました。かわいらしいキャラクターたちのイラストと共に、"A friend is someone who ..." の書き出しで様々な「友達の定義」が書かれていました。

　「これだ！」と思いました。スヌーピーの絵本の素晴らしいところは、イラストがかわいいだけでなく、英文が意味深く、時には哲学的で、考えさせられる内容が多い点です。これを教材にできれば、とっつきやすいだけでなく、思春期真っ只中の生徒にとって重要度の高い「友達」という話題に引き込むことができるはずです。さっそくその絵本を購入し、大急ぎでその日のうちにワークシートを仕立てて授業に臨みました。

　授業開始のチャイムが鳴るなり、黒板に friend と書きながら、"What is a friend for you?" と生徒に尋ねました。こちらの意図を汲みかねてポカンとした表情を見せる生徒に、*A Friend is Forever* の本とワークシートを活用して、あらかじめ厳選しておいた友達の定義の例文を提示しました。特に生徒に響いたのは本の32ペー

ジ の "a friend is someone who joins you for lunch on your first day at a new school." という一文でした。推測ですが、これを読んだ生徒は、「一緒にお昼食べる相手はいるのかな」と緊張して迎えた、高校に来て初めての自分の昼休みを思い出してくれたのだろうと思います。しきりに笑顔で頷く生徒の姿が見られました。次に例文ワークシートの英文を眺め、その文法構造に注目させ、どの文にも共通する形を発見し、そこから法則を推測してもらいました。続いて教師の例（図1）を示し、完成のイメージを持たせました。

そこに書いてある意味を尋ね、「そう、私の場合にはラーメンが大好きなので、一緒にラーメンを食べに行ったらお友達です。仲良くなってくれる人がいたら、おいしい店を教えてください。一緒に行こうね」と伝えると、ラーメンの食べ歩きが私の趣味であることを知っている生徒たちはニコニコしながら聞いてくれました。こうして、自分の考える友人とはどんな存在かを英文で言語化し、それに

図1　教師作品

関連するイラストを描く個人作業が始まった時、一人の生徒が遅刻して教室に入ってきました。

2. 英語を通じた心の交流

「ごめーん、先生、今日も遅刻！」と悪びれた様子もなく教室に入ってきたのは、化粧っ気が強く、制服を着崩した、遅刻常習の女子生徒Aでした。席に荷物を置くなり、クラスメイトが絵を描いているのを見て取ると、「何それかわいい、私も書く！」と言うので、「いいよ、じゃあ一緒にやってみようか」と答え、私も手伝いました。そうして完成したのが、次ページの図2の作品、"A friend is someone who laughs in a tiny thing with you.（原文ママ）" でした。授業の休み時間には、仲良しの友達と楽しそうにおしゃべりしているAらしさがよく表現されていて、それを見てとても嬉しくなったのを覚えています。

図3の "A friend is someone who plays the same video games with you, but is never with you always.（原文ママ）" は、真面目な男子生徒Bが「いつもべったりじゃないのが友達だと思うんですけど、それってどう表現すればいいですか？」と質問してくれて、一緒に仕上げた作品です。右側に「今日は宿題あるからごめんね」というスマートフォンのアプリケーションでのやり取りが書かれていました。

図2　生徒Aの作品

図3　生徒Bの作品

　実は、これらの作品を仕上げた2人は隣同士の席で、いつも遅れてきては騒がしくしているAを、Bは苦々しく思っていたようでした。この日も、Aが遅れて入ってきたときに、Bはあからさまに嫌そうな顔をしていました。
　そんな2人の関係に変化が生まれたのは、全員が作品を完成させたのを確認した後に、作品交流活動を行った時でした。みなで完成させた作品を机上に置き、筆記用具を持って他者の作品を見て回り、気に入ったものがあれば余白にニコニコマークやハートマーク、コメント等を付ける、というものです。SNSで「いいね」や「グッドボタン」を日常的に押している生徒にとってはとっつきやすい活動です。ただ、まれに心無い一言やひどい落書きがされることもあるため、いったん教師がすべての原稿を回収し、チェックしてから返却する必要があります。授業終了後、その点検をしていると、図2のAの作品に、Bが一言 "Good :-)" と書いているのが目に留まりました。
　それからというもの、少しずつですが、そのBがAの世話を焼く姿が見られるようになりました。いつも通り彼女が遅刻してくると、彼は今何をやっているか教えてあげました。これまたいつも通りに教科書を忘れてくると、今度は机を寄せて見せてあげました。プレゼンテーションで彼女が言葉に詰まって困っていれば、単語を教えて助け舟を出してあげました。
　その事実に気づいた時の衝撃は、今でも忘れることができません。普段、休み時間に日本語を介してですらまともに行われることのなかった、本当の意味でのコミュニケーションが、英語の授業で、しかも英文を通じて行われたのですから。

3.　英語で、何を教えるのか

　前述の活動を行った学校に来る前にも、私は初任から5年間、別の職業高校（地域屈指の指導困難校）に勤めていました。辞令を受け取り、教職への希望に燃えていた若者が、理想と現実のギャップに打ちのめされ、授業崩壊を経験するまでに1

カ月もかかりませんでした。一度は職を辞すことを考えるまでに追い詰められましたが、私語や立ち歩きの絶えない教室でも、こちらに目を向けて真面目に授業に参加してくれる生徒の姿に、「あの子たちのために、なんとか授業を成立させなければならない」と自分を奮い立たせ、授業改善に取り組みました。

努力の甲斐あり、2年目には、授業で生徒をコントロールできるようになりました。クラス担任を任され、3年間の見通しを持って英語の授業を行う経験も積むことができました。無我夢中の3年間の後、初めての卒業式を終え、苦楽を共にした生徒を送り出し、空っぽになった教室で、ふと思ったことがありました。「確かに生徒は3年間、比較的落ち着いて授業に参加し、無事単位を取って卒業していった。けれど、あの子たちはそれを通じて本当に成長することができたのだろうか」、と。

なぜ英語を勉強するのか。英語を教える者にとっては、正解のない永遠の問いではないかと思います。「将来の可能性が広がる」「世界の最新情報にアクセスすることができる」「今後増加が予想される外国人労働者と共生するため」「外国人観光客の増加に伴い一般人でも英語を使う機会が増える」等々、もっともらしい答えはたくさんあります。しかし、それが生徒の心に刺さるかどうかはまた別の話です。これらの答えは、地方の、いわゆる学習困難校の生徒たちの耳には空虚に響きます。少なくとも当時勤めていた県では、郊外に行くと、身近な外国人は月に数回会うALTだけでした。稀に旅行者に遭遇したとしても、今はスマートフォンの翻訳アプリが非常に優秀で、最低限のやり取りはそれで十分成立します。卒業後、海外旅行はおろか、県外から出る気などさらさらない生徒も少なくありません。卒業生の進路を見ても、英語がぜひとも必要な仕事に就くケースは稀です。進学しても専門学校までで、それも受験に英語が必要ないケースすらあります。誤解を恐れずに言えば、今後の人生に英語が必要ない生徒はたくさんいるのです。

そんな生徒たちにとって、高校3年間、青春時代の貴重な時間を週当たり数時間も教室に拘束されて学ぶ英語の授業にどんな意味があるのか。いや、英語教師である自分が、生徒たちに向けてどんな意味を持たせられるのか。そう考えるようになった時から、私の英語教育の関心は「英語の授業を通じて、生徒に何を教えるのか」ということに移っていきました。

4. 人間形成的な授業に見出した可能性

そんな想いを抱えて赴任した2校目、試行錯誤を重ねる中で出会ったのが、前述の "A friend is someone who ..." の授業でした。AとBの間に起こった変化を見て、これが答えなのだと直感的に思いました。「英語の授業を通じて、生徒は成長することができる」、そう気づいてからは、どんな授業が生徒の成長を促すことができるのかを模索する日々が始まりました。

その中で、生徒が活動を通じて表情を輝かせ、成長を見せてくれた授業には共通点があることに気づきました。それは「内容に生徒の思いが関係し、自己表現の際に生徒それぞれの個性ある答えが出る活動をしている」ということでした。例えば、"A friend is someone who ..." では、自分にとって友人とはどんな存在なのか、今一度自分の価値観を問い直し、それを英文に落とし込むことになります。それぞれのこれまでの生き方が内容に反映されるため、英文は多種多様なものになります。また、他者の作品を見ることで、自分とは異なる価値観を知り、そこから新たな考えを得て自己内省を深める機会を増やせます。こうした活動は、生徒を生き生きとさせるとともに、相互理解を促進してくれます。

　「自分にとって自然とは」「愛とは」「大切なことは」「親の立場で我が子に言ってあげたい言葉は」「忘れられないあの日の思い出は」…そのような、生徒の内面に迫る問いを軸に据えた授業をいくつも行いました（活動の具体は本書の4章9節で紹介しています）。そうした授業で生まれた作品に対して、教師として内容に注目して一人ひとりに肯定的なコメントを返し、良い作品は英語通信に掲載して紹介するようにして、生徒の考えが周囲に受容される場面をできるだけ設けるようにしました。すると、自分の内面を表現しても大丈夫だと知った生徒の英文の内容は、よりパーソナルなものへと深化していきました。授業の雰囲気は良くなっていき、休み時間にも今まで以上に級友と会話をする生徒が多く見られるようになっていきました。

　何をもって人間形成的な英語の授業とするのか。「人間形成的」という言葉自体が抽象的であるため、これについては様々な解釈ができると思います。それに対する私の一つの答えは、「生徒が自分を知り、他者を知り、さらに深く自分を知る。そのうえで、社会や世界を知り、その中で生きていくべき自分の道を見つける、その手助けとなる授業」です。冒頭に紹介した "A friend is someone who ..." の授業を通じて経験した感動を忘れず、これからも学力の向上に加えて、生徒の内面的な成長を手助けできるような授業を探究していきたいと思います。

引用文献

Schulz, C. M. (2005). *A friend is forever*. Ravette Publishing.

8節
アイデンティティ形成と英語教育
——看護大学の授業から

中村　義実

1.　はじめに

　私が18年勤務した人文系の私立大学を去り、現在勤務する公立の看護大学に赴任したのは2016年度のことでした。50代半ばにして、看護大学という未知なる世界で新たな英語教育のスタートを切ることになりました。

　看護大学の最たる特徴は、在学生全員が一律に看護師資格を目指して進むところにあります。看護師国家試験に英語が出題されないこともあり、英語科目は比較的周辺的な扱いを受けます。英語は二の次どころか蚊帳の外ということにもなりかねません。こうした環境の激変に不安を抱きつつも、腹をくくり、未知なる世界への冒険を楽しみにする自分がいました。

　さて、その赴任初年度ですが、私が抱いていた不安がまさに現実のものになりかけた瞬間がありました。年度末の授業評価アンケートの結果を目にした時です。受講生はおしなべて授業に真剣に向き合っていた印象があったのですが、授業評価には私の意に沿わない数字が並んでいました。突如として厳しい結果を突きつけられ、居住まいを正される思いでした。この苦い経験が、その後の私の授業に変革をもたらすきっかけを与えてくれたのです。

　変革が功を奏したのか、2年目以降、受講生は見違えるような反応を示すようになりました。授業評価は、一貫して驚くほどのペースで上昇傾向を示しました。直近2022年度の受講生が記したコメントのいくつかを下に紹介します。本節では、私のささやかな教育実践を紐解き、受講生、そして私自身の意識変化の内実を探っていきます。

・高校までは英語が嫌いで苦手で一番やりたくない授業だったが、今はとても好きだ。大学の授業で一番やっていたいくらいだ。
・嫌いだったはずの英語を好きになるには、自分の興味ある分野からはじめ、そこで得た気づきを大切にしていくことが重要であると理解した。
・新しい英語の学習方法を身につけることができた。講義で得た内容をこれからも普段の生活に積極的に取り入れ、英語力をどんどん伸ばしていけたらと思う。
・学んでいく中で苦手意識が薄れていき、英語の記事を読んだりして、もっと英

第3章

語に触れたいと思うようになった。

2. 赴任初年度の経験が生み出した新しいビジョン

　赴任初年度、最初に驚きを覚えたのは、受講生全体のハードワークぶりです。1年生95名全員対象の多人数クラスでしたが、看護大生の勤勉さ、真面目さに助けられ、授業の運びにおいてはさしたる困難やストレスを感じずに済みました。

　程なくして驚かされたのは、初回授業で行った意識アンケートの結果でした。受講生の胸中には、英語学習に対するネガティブな感情が深く浸透している実態を知りました。授業では、あれほどの集中と頑張りを見せているにもかかわらず、多くが英語にコンプレックスを抱き、英語嫌いを自認する受講生も少なくなかったのです。

　英語の学びに真剣に取り組む受講生たちを前に、彼らの高校時代に思いを馳せてみました。おそらく想像を超えるほどの努力と忍耐を受験勉強に捧げてきたはずです。英語を熱心に学ぶことで、むしろ、自信を失いコンプレックスが増大してしまう理不尽さを垣間見る思いでした。

　先述したように、年度末の授業アンケート評価では、彼らがただ従順なだけではないことを思い知りました。私が心血を注いで取り組んだ自作教材よりも、フレーズを淡々と覚えていく看護英語の市販テキスト教材の方に高い評価が示されていたことには、正直愕然としました。

　前任大学の経験を通して培ってきたリベラルアーツ教育の知見、そして、看護大学1年目の経験を通して学び得た新たな視点を土台に据え、次年度の授業に向けたコンセプトの練り直しに取り掛かりました。何を変え、何を変えずにおくべきか。また、何を付け足し、何を差し引くべきか。熟慮を重ねた結果、次の2つのビジョンに行きつきました。

　1点目は、英語の学びを自己肯定感に直結させる授業です。彼らの潜在能力を開花させるためには、英語と看護の融合がより一層必要であることを確信しました。勘所は両者を柔軟、かつ有機的に融合させるところにあります。一つの正解を求めるのではなく、多様な見方を尊重し、自分を解き放ち、より良い自分に成長していくことを理念とするリベラルアーツ教育の精神は、譲らずに貫こうと考えました。

　2点目は、看護大生の特性ともいえる多忙さへの配慮です。びっしりと埋め尽くされている時間割に目を向ければ、彼らには専門を犠牲にしてまで英語の学びに精力を傾ける道理も余裕もないことは自明でした。コンプレックスをさらに増幅させるような、また、不必要な重荷を背負わせるような内容は極力排し、授業のスリム化に努めることにしました。

こうしたビジョンを胸に、次年度の出直しに臨みました。結果として、徐々にですが、受講生の肯定的反応が手に取るように伝わってくるようになりました。その後も、多くの受講生が英語の学びへの親しみを深めると同時に、英語力向上の充実感、満足感を随所に滲ませるようになっていったのです。

3. オーセンティックな教材の迫力がもたらす意識変化

紙幅の制約もあり、ここでは、受講生から特に高い評価を得た2教材に絞り、授業の趣旨、概要、受講生の声を紹介します。前者は英字新聞記事で、後者はアメリカのテレビドラマ *ER*（邦題：『ER 緊急救命室』）です。

両者に共通するのは、共に「オーセンティック（真正）」な素材であることです。教材選びの際、私はネイティブ向けのコンテンツであることに特段の重きを置きます。選り抜きのプロフェッショナルらの手によって生み出され、ネイティブスピーカー向けに商品化されているという一点を取っても、品質の確かさが保証されます。本物が生み出す迫力によって、受講生は、英語以前に素材そのものの魅力に引き込まれる効果が期待できます。

英字新聞記事に対して、活字量に圧倒され、「読めるはずがない」という先入観を抱いている受講生は少なからずいますが、素材の選択、向き合い方に工夫を加えることで、その印象は一変します。記事内容への興味、知識が相応に備わっていれば、という条件付きですが、英字新聞の読みやすさを実感するまでにさほどの時間を要しません。読者に簡潔明瞭にメッセージを伝えるスキルこそが、プロである書き手たちの本領とも言えるからです。

日本語記事を基に翻訳された記事を選ぶことも、入門段階においては肝要です。その点で、*The Japan News*（読売新聞社）が有用です。日本語からの翻訳記事は、内容構成がつかみやすく、ネイティブ独自の発想や言い回しが少ないため、英語に向き合うハードルを確実に下げてくれます。さらに、健康や疾病に関連する記事を選ぶことにより、受講生は、英語と専門の両方を学べる「一石二鳥」感を味わいます。

例えば、睡眠障害克服をトピックとする記事（Quality beats quantity when it comes to sleep, *The Japan News*, Feb. 26, 2017）には、「深い睡眠と浅い睡眠のメカニズム／睡眠と年齢の関係／認知行動療法の内容と目的／カフェインが睡眠に及ぼす影響／朝日を浴びることの効果／長い昼寝が睡眠に良くない理由／就寝前のリラックスの方法」等々、今の、そして将来の自分に役立ちそうな情報が満載されています。看護大生であれば、こうした内容に興味関心を抱くことは疑うべくもありません。

受講生は、あらかじめ私が作成しておく設問プリントを基に、段落ごとの内容を

日本語で要約しながら記事を読み進めます。ここで肝心なことは、まず記事内容を自分の腹に落とし込み、次に、自分らしい、腹落ちのする日本語を用いてスピーディーに要約に取り組んでいくことです。模範的な解答の作成を意識するのではなく、自分が伝えたい内容を客観視した上で、気張らずに、聞き手に語りかけるように表現する文体を推奨しました。

　トピックが自分にとって興味深いものである場合には、受講生は心理的負担をさほど感じません。やがて、大半の受講生は、英文に向き合う意識、英文を読み取るスピードの変化に驚きを示すようになっていきます。端的に言えば、英文を解読する姿勢から、内容のエッセンスを汲み取る姿勢への転換がもたらされ、英語力の向上とともに自己成長の実感を感じ取ります。以下が、彼らの意識変化を示す典型的なコメント例です。

・内容が入ってくれば英語も入ってくるのはその通りだと思った。内容に対して思っていることがたくさんあるので、英語が読みやすい。
・問題を解いているという認識ではなく、知識を今頭に定着させているという方向に頭が自然に向くことになったことに驚いた。
・高校の頃はこのくらいの量を苦しみながら読んでいた気がするが、今ではいい意味で気を抜いて楽に読める。
・分からない単語があっても意味を推測できた。だから、書き手が伝えたいことをしっかり捉えることができた。前からスラスラ読めると楽しいし、嬉しくなる。

　次に、*ER* を取り上げます。このテレビドラマが全米で大ヒットした1990年代、私はアメリカで生活を送っていました。当時のインパクトが強烈に頭に残っていたこともあり、授業内で1話の視聴を試みたところ、受講生から並々ならぬ反響がありました。看護大生が英語を学ぶにあたり、理想的な素材であると確信し、独自の教材化に着手しました。

　授業では、映像や字幕、さらにスクリプトを駆使しながら、英語とその背景にある文化を学んでいきます。生の英語に触れるとともに、医療現場で使われる表現や専門用語を効率よく学べます。日米間のコミュニケーションスタイルの違い、また、医療現場の文化的相違にも興味深い点が満載です。さらには、ヒューマニスティックなストーリーが彼らに刺激を与え、将来に向けての意識啓発をもたらします。

　授業の進め方は極めてシンプルです。音声は一貫して英語を使用しますが、字幕については変化をつけます。最初は日本語字幕を用い、長くても5分程度のシーンを鑑賞し大まかなストーリーをつかみます。次に、英語字幕を利用し、セリフごとに映像を停止しながら一文一文を解説します。最後は、字幕なしで映像を流し、リ

スニングに集中させます。スクリプトが配布されているため、授業時間外にも、予習復習をこなせます。

　日本語字幕では伝わらない機知に富んだ表現や、絶妙に張り巡らされたストーリーの伏線を楽しめるところに、オーセンティックな素材の魅力が見出せます。日本語字幕とかけ離れた意味が込められていたり、日本語字幕からはばっさりと削られている英語のセリフは受講生の好奇心をくすぐります。手に汗握る緊迫のストーリー展開を目と耳で学んでいくスタイルは、彼らのリスニング力に画期的とも言える変化をもたらしていきます。回を重ねるにつれて、以下の例のように、驚きや嬉しさを率直に表現するコメントが増えていきます。

・聞き取れる単語が格段に増えていて、一つずつ言葉を理解し、復習していくことで、こんなに耳にスッと入ってくるようになるのだと驚いた。
・単語一つひとつがスラスラと聞き取れたり、意味が分かったりして驚いた。自分の耳がネイティブの英語に慣れてきたのかなと思い嬉しくなった。
・分かるわけがないくらいの気持ちで英語を聞いていたが、本当に耳が慣れて、ちゃんと耳に入ってくるようになって驚いた。
・スクリプトで内容を確認した後に映像を見ると、表情や細かい動きまで気づくようになった。これを繰り返せば、英語力がついていくのだと思う。

---

4. アイデンティティ形成が培う「学力」の本質

　言葉はコミュニケーションの道具にとどまるものではない、という認識を私は深めてきました。言葉は、人間の血肉や生命の一部であり、人格の形成と密接に関わります。さらには、固有の文化の中で育まれ、一人ひとりのアイデンティティを反映します。

　Dörnyei, Henry, & Muir（2016, p. 43）が提唱する「L2理想自己（Ideal L2 Self）」の知見が、看護大生に相応しい授業を構想、構築していく上で大いに参考になりました。学習者が、「理想の自己」と「現在の自己」の差を認識し、その差を埋めようとする時に、外国語（L2）学習への強い動機づけが働くと述べる理論です。

　佐伯（2003, p. 127, pp. 137–138）は、テストで測定できるような「与えられた問題に対して正しい答えを出す力」を「学力」とみる一般的な見解に疑問を投じます。「学力」とは、「どれだけ学んだか」という量ではなく、「どれだけこれから学ぶことができるか」を意味するとし、「本来は非常に長期にわたるもの」であると定義づけます。

冒頭でふれたように、大半の看護大生にとって英語科目はせいぜい「二の次」の存在にしかなりえません。しかしながら、看護職に就いた後の自己のあるべき姿、ビジョンやミッションを思い描くことで、英語学習の動機づけの維持が可能になります。一律に看護師資格を志向する集団としての固有性が、外国語教育に大いに活かされうる可能性に気づくことができたのです。

　本授業実践においては、看護の世界で進行するボーダレス化、グローバル化現象を視野に入れ、「看護師こそ先駆的にグローバル人材に！」というスローガンを掲げてきました。振り返るに、このスローガンは、思いの外、受講生の心に響いていたのかもしれません。

引用文献

佐伯胖（2003）『「学び」を問いつづけて──授業改革の原点』小学館.

Dörnyei, Z., Henry, A., & Muir, C. (2016). *Motivational currents in language learning*. Routledge.

9節
ロジャーズの学生中心教育
——日本人学生の現実に直面して

桑村　テレサ

1. はじめに

　私は中国で生まれ、シンガポール、ドイツ、アメリカなどで公教育を受けました。日本に来る前はアメリカで政府関係の仕事に従事していました。来日して数年後、日本の大阪の大学で英語を教える機会を得ました。

　そのとき、私は学生の英語学習のモチベーションの低さに驚きました。これが先進国日本の現状かとショックを受けさえしました。落胆していても始まらないものの、どうすればよいのか困り果てた私は、課題を克服すべく、教育学の本を渉猟した結果、カール・ロジャーズ（Carl R. Rogers）の「学生中心教育」に出会いました。ロジャーズの教育の原理を授業に活かすと、途端に学生の学びへの姿勢が変わりました。学生はモチベーションがないわけではありませんでした。私の方が学習者の捉え方と授業方法を工夫すべきだったのです。ここでは、私の困った経験、ロジャーズの「学生中心教育」との出会い、その後の実践と学生たちの反応や成果について述べたいと思います。

2. 英語の授業は寝るかおしゃべりかよそ事の時間

　私が担当した授業は英語会話でした。簡単な日常会話ができることを目標にすればよいということでした。生まれて初めての授業に、ドキドキしながら教室のドアを開けました。そこには60名強の学生がいました。皆とても静かでした。教壇にあがるなり、英語で話し始めると、私の顔に視線が注がれました。授業が始まったとたんに、教室がピリッとした雰囲気に変わりました。日本の人々は真面目で勤勉であると中国でもアメリカでも聞いていたため、日本の学生は学びにとても真剣なのだと思いました。

　ところが、自己紹介や授業の内容を英語で話し始めて20分ほど経った頃、視線を下に向けたり、頬杖をついて目を閉じたりする学生が現れ始めました。さらに10分ほど経ち、私は、一人ずつ英語で簡単に自己紹介をして授業を終えましょうと言いました。最前列の学生が、恥ずかしそうに、"My name is ○○" と言いました。ところが、それ以上は一言も話しません。次の学生も、"My name is ○○" とだけ

言いました。そして、5人目、10人目、20人目と進むうちに、自己紹介というより、自分の名前を単に英語で口にするという作業のような状況になり、"自己紹介"はあっという間に終わってしまいました。

2週目の授業では、私が作った簡単な日常会話のダイアログを印刷して配布し、ダイアログを基にした英会話の練習をしようとしました。ダイアログは、初対面のときの会話と、天気のことなどを話題にして話を膨らませていく内容でした。最初はダイアログの英語にある単語とイディオム、次に文法の要点について、簡単に確認をしました。それから私が一度ダイアログを読んで聞かせ、学生たちにペアを組んでもらい、パターンプラクティスをしました。ところが、真面目に取り組む学生は一握りで、多くの学生たちはペアになっておしゃべりをするだけ。私が教室内をまわり、学生に近づいても、プリントをただ見つめるだけでした。英文が難しいのかと思い、黒板で単語やイディオムや文法を説明すると、今度は机に伏して寝る学生が続出。結局、半期の最後の授業まで、学生たちの多くは教室で寝るか、おしゃべりをするか、よそ事をして、英語を学ぼうとしませんでした。

私は、春学期も終わりに近づいたとき、いったい彼らは英語についてどのように思っているのか知りたいと思い、アンケート調査（n=51）を行いました。その結果、71％の学生が「英語を重要とは思うが自分には無関係なものだ」と考えているという結果が出ました（Kuwamura, 2013）。つまり、多くの学生が英語を仕方なく学んでいる、あるいは、可能であれば学ばずに単位を取ることを望んでいるということでした。

3. ロジャーズの「学生中心教育」との出会い

春学期の途中、少しでもいい教育方法はないものかと考えていたところ、ある大学院の博士後期課程に進学する機会を得たため、大学で授業をする傍ら、秋から進学し、日本の英語学習者に適切な教授法を探求しました。進学したのが教育学関係の研究科であったため、さまざまな教育の理論やメソッドを渉猟することができました。そのような折、ある日、本を読んでいたら、次のような言葉に出会いました。

"[W]hen a regular university class does perceive the course as an experience they can use to resolve problems which are of concern to them, the sense of release, and the thrust of forward movement is astonishing."　　　　　　　　　　　　　　　　　　　　　　　(Rogers, 1995, p. 286)
「学生が、通常の大学の授業を、自分たちにとって関心のある問題を解決するために役立つ経験として認識するとき、彼らの解放感や前進への推進力は驚くべきものである」（筆者訳）

そして、そのような学びを「意味のある学習」と言うと書いてありました。私は、「これだ！」と思いました。英語教材の内容やトピックが、学生たちの関心事、つまり、彼らの日々の目標、人生の目標、人生経験、実生活、自己実現などに密接に結びついていなかったために、彼らは英語を、自分にとっては意味がなく、他人事のように思っていたのだという思いにいたりました。私が読んでいたのは、ヒューマニスティック心理学で知られるカール・ロジャーズが、自身の作った「学生中心教育」について述べている本でした。

4. 「意味のある学習」──仕事の英語から人を敬う英語へ

　半年後の春学期、私はロジャーズの教育原理を取り入れた授業を実践しました。学生たちが卒業したあと、どのような職場が待っているのか、また、職場で彼らが避けて通れない、あるいは覚えておくべき英語の表現やスキルを調査し、彼らの目標や自己実現に寄り添った内容を教材にしました。

　まず、学生たちが自ら英語の必要性に納得する仕掛けとして、「E-Job 100」というウェブサイト（鈴木, n.d.）を使いました。ここでは、建築、不動産、フィルム加工業、美容師、医師、郵便局など、日本の約200職種の職場での具体的な英語使用の場面やインタビューなどが、動画やテキストで見られるようになっています。学生たちはこのウェブサイトを見ると、英語の学習が意味のあるものと自ら理解してくれました。その後、仕事上必要な英語のダイアログを仕事の場面別に作ったハンドアウトを配布して、グループになって毎週練習しました。私が英語の授業を担当していたのは工学部でした。そこで、海外から来た顧客に自社製品を紹介する、自分の会社を案内する、（ゼネコン社員ではよくある）OECD活動など、実際に将来遭遇する可能性の高い場面を題材にしました。学生たちは興味をもち、意義を感じながら英語を学びました。

【授業例】

1回目：「E-Job 100」を視聴して、自分の将来の仕事と英語の必要性、必要な英語のスキルについてメモにまとめる。5, 6名のグループを作り、まとめたメモをまわして読み合い、感想を述べ合う。

2回目：各自が前回まとめた内容を英語にし、パワーポイントを用いたプレゼンテーションの準備をする。

3・4回目：1回目とはできるだけ異なるメンバーで7, 8名のグループを作り、英語でプレゼンテーション（1人10分程度）。続けて5分程度の質疑応答（日本語でも可）。

5回目：海外から来た顧客に自社製品を紹介する。3つの製品（架空のものでも可）について、最低3文ずつの英文で紹介する。5, 6名のグループを作り、互いに英文を添削。添削後、グループを再編成して、口頭で紹介し合う。聞いている学生は製品について質問をし、発表者は質問に答える。（以下略）

　この授業を進めているうちにわかったことは、学生たちが最も目を輝かせるのは、仕事上の自己実現以上に、人間性の向上という意味での自己実現を感じるときだということです。日常生活でも職場でも、他者を思いやり、他者ときちんと意思疎通できることが重要です。

　授業で謝罪の表現を練習したときのことでした。まず、他人の足を踏む、遅刻する、仕事で比較的軽いミスをする、重大なミスをする、借りていたものをなくすなど、人を悲しませてしまう場面をいくつか設定し「自分なら、このようなときどのように謝ってほしいか」を考えてもらいました。そうすれば、人の気持ちを汲んで適切に謝ることができるからです。それから "I am sorry," "I am truly sorry," "I am terribly sorry," "I apologize," "I sincerely apologize," "I deeply regret ～ ." など、謝罪の表現を、意味の違いとともにいくつも紹介し、場面別に、自分がどのように謝ってほしいのか、その感情に応えられる適切な謝罪表現を選んでもらいました。「あなたが他人を傷つけたら、自分のことのように他人の気持ちを考えて、適切な謝罪の表現を用いるように」と指示すると、学生たちはペアを組み、一方の学生が私の設定した迷惑を被った場面の中から一つを選び、そのダイアログの英語を発話します。それに対して、もう一方の学生が、相手を自分に置き換えて考えて、適切と思う謝罪表現を選び、発話します。たとえば、 "Did you break my favorite glass?" と一方が言うと、それに対して、他方が、 "I am terribly sorry." を選んで発話します。相手がどれくらい悲しんでいるのかわからない場合には、あらかじめ私の方で用意した "How sad are you?" などの文を使って尋ねて、相手の気持ちに寄り添った謝罪をするようにしました。学生たちは、「相手に寄り添える自分が素敵だった」「相手を敬う自分が体験できた」「素直な自分が嬉しい」などと述べ、自分の成長や肯定的な面を確認して、学びに満足感を示しました。

　以来、人間力と職業の両方を意識した言語活動を心がけています。たとえば、職業に関して、人材斡旋会社への売り込みの活動を作りました。ペアを組み、相手を人材斡旋会社へ売り込みます。相手の長所に注目して、売り込むための創造的な戦略を考えます。それから、ペア同士で英語を用いて発表します。その後有志を数人募り、クラス全員の前で、ペアの相手の売り込みを英語で実演してもらいます。この活動から、英語力の向上とともに、自己肯定と他者への支持的評価に満ちた良好な教室環境が創出されます。

5. 教師の行動と学習者の変化

　もっとも、以上のように授業方法や教材やアクティビティをどれだけ工夫しても、学習者と教師との信頼関係が構築されていないと、教育効果は期待できません。教師が学習者のできないところばかりを指摘したり、約束を守らなかったり、いつもしかめ面をしていたのでは、誰も教師に心を開いてくれません。ですから私は、ロジャーズが示している学習者との信頼関係や支持的な教室を作る方法を実践してきました。それは、学習者を無条件の積極的関心をもって受け止め、各学習者の学びの状況について彼らの立場に立って共感的に理解して授業内容や授業方法を考え、彼らにポジティブなフィードバックを行い[1]、学習者に対して誠実に、あるがままの自分として接し、ユーモアを交えて和気あいあいとした授業を行うことです。こうすると学習者との距離があっと言う間に縮まるのを常に実感しています。また、学習者が教師の顔色を見ながら勉強するふりをしたり、教師の指示を待ち、指示だけに従ったりするのではなく、主体的に学ぶ姿もよく見られます。

　冒頭に紹介したアンケートを実施した大学での授業でも、その効果はすぐに顕れました。「E-Job 100」を使った授業の最初に、私が「英語でプレゼンテーションをしたいですか」と尋ねたところ、希望した学生は5人（全72人）しかいませんでした。ところが最後から3回目の授業で同じことを尋ねると、67人の学生がプレゼンテーションを希望しました。また、その頃になると学生たちの授業への感想は、「教室ではとてもリラックスして学んでいる」「授業中に間違いをしても全く怖くない」といったものが多数を占めました。そして、ほぼ同じ状況がそれから毎年続いています。この5年間は、TOEICを自ら積極的に受けて、900点台を取る学生も増えています。ロジャーズの「学生中心教育」の効果の大きさを実感しています。それと同時に、英語学習のモチベーションが全くない人などいないこともわかりました。今後も、学習者を起点とした教育を行い、英語力と人間力を共に育んでいこうと考えています。

引用文献

鈴木章能（n.d.）「E-Job 100」http://e-job-100.sakura.ne.jp/modx/

Brophy, J.（1998）. *Motivating students to learn*. McGraw-Hill.

Kuwamura, T.（2013）. Interest is the best teacher: Knowledge has been gained from applying Rogers' theories in English education. *WAESOL World Quarterly, Spring Issue*, 10–13.

Rogers, C. R.（1995）. *On becoming a person: A therapist's view of psychotherapy*. Houghton Mifflin.

---

[1]　ほめ方、励まし方については、アメリカの教育学者ジェレミー・ブロフィーが参考になる（Brophy, 1998）。

第 **4** 章

実例編

花開く
人間形成的授業

学習者の英語運用力を高め、同時に英語を好きになり・自分を好きになり・自信を持って互いに協力し・心が通いあう授業を実現する。この人間形成的授業目標をかかげ、15名の小学校・中学校・高等学校・大学・専門学校・民間英語教室の教師が実践している取り組みを紹介します。単なる理想論でなく、現実の制約がある中で、たとえ教師一人からでも、努力と工夫次第でここまで授業を豊かにできる、そういった先進例がここにあります。

1節
子どもの自己肯定感を高める
小学校英語授業

加賀田　哲也

1.　自己肯定感とは

　日本の児童・生徒の特徴として、「自己肯定感」（self-esteem）の低さが指摘されています。そして、この自己肯定感は学年が上がるにつれて、低くなっていく傾向があることが示されています。さらに、自己肯定感と学力、学習意欲、規範意識などには相関関係があると言われています。

　では、「自己肯定感」は、そもそもどのように捉えればいいのでしょうか。日本セルフエスティーム普及協会によると、自己肯定感とは「自己価値に関する感覚であり、自分が自分についてどう考え、どう感じているかによって決まる感覚」で、「人生のあらゆる領域の土台となるもの」と記されています。つまり、子どもたちが、いかにありのままの自分を受け入れ、自分の存在や価値を（肯定的に）評価するかといった自己認識で、生きるための基盤のようなものです。また、心理学では、自己肯定感は誰にも備わっているもので、先天的なものではなく後天的に、他者との関わりの中で育まれるとも言われています。

　そして、自己肯定感が高いと、物事に対して肯定的、楽観的な見方ができる、失敗した時でも次回はなんとかなると思える、自分や他者を大切にできる、といった傾向が見られ、一方、自己肯定感が低いと、自己嫌悪、自己否定に陥りやすい、自己中心的な態度が見られがちになる、何事にも消極的、逃げ癖がつきやすくなると言われています。したがって、学校教育においては、すべての教育活動を通して、児童・生徒の自己肯定感を高めることを意識した授業づくりがきわめて重要であることは言うまでもありません。

2.　自己肯定感を高める授業

　ここで紹介する活動は、以前神戸市で英語専科をされていた先生のご実践をもとにアレンジしたものです。本節では、筆者が当時定期的に指導に入っていた小学5年生のクラスでの実践（2時間配当）を紹介します。

　小学校の多くは、道徳の時間に「「ホメホメことば」を言い合おう」という活動をしています。友達について、輝いているところ、ステキだなと思うところを褒め

合う活動です。そこで、英語の時間でも、英語を使ってこのような活動を試みました。最終的には "I Am Special!" と題する5行詩をつくって、自分をアピールします。発表では、画用紙に写真を貼ったり、イラストを描いたり、コラージュにして見せたりしながら発話します。

　現行の小学校外国語検定教科書では「あこがれの人を紹介する」という単元があります。ここでは、"active," "brave," "cool," "friendly," "kind," "strong," "cheerful," "funny," など人の肯定的な資質を表す語彙や "Abe Uta is my hero. She is an athlete. She is brave." といった英文が出てきます（*Here We Go! 5*, 光村図書出版、令和6年度版）。そこで、この単元の自作の発展活動である I Am Special! では、基本的には教科書が取り上げている単語を使用しますが、教科書にないものは適宜リストにして配布するとよいでしょう。

　この活動の目標と簡単な指導手順は、以下の通りです。

2.1　目標

　友達のよさを褒めたり、友達から指摘された自分のよさを受け入れたりすることを促しながら、自分は世界でたった一人の特別な存在であることを意識させます。

2.2　「ホメホメことば」を伝える（1時間目）

　教科書の単元「あこがれの人を紹介する」の終了後、4人班ごとに分かれ、自分以外の3人に対して、ペアになって英語で「ホメホメことば」を伝えます。

　ここでは、教師があらかじめ「性格」を表す小さいサイズの絵カードを用意し、子どもたちはその理由も言いながら、該当するカードを相手に渡していきます。その際、教師は、一言一言に気持ちを込めて表現するように促します。ただし、理由について述べる際は、児童の語彙力や表現力が制限されていることから、英語で言えないところは日本語でも構わないと伝えます。その場合、「今は言えなくても、中学校でがんばれば、きっと言えるようになるよ」と一言添えれば、中学校での英語学習への動機づけにもつながるでしょう。以下、ペアでのやり取りの例を挙げてみます。

　A: Hello.
　B: Hello.
　A: You're great. You can play baseball well.
　B: Thank you.　You're kind.　算数でわからないところを教えてくれたから。
　A: Thank you.

　この他、次のような発話も見られました。

- You are helpful.
  ⇒自分が困っているときに「大丈夫」と声を掛けてくれて、助けてくれたから
- You are funny.
  ⇒落ち込んでいるときに面白いことをいって楽しませてくれるから
- You are active.　⇒いつも体育のときに活躍しているから

2.3　5行詩をつくる（2時間目）

まずはモデルとして教師の5行詩をコラージュとともに提示します。

Tetsuya
Kind, and friendly
Family, books, *karaoke*, and teaching
This is Me.
I am SPECIAL.

　1行目は名前です。名前は親からもらった最初のステキなプレゼントで、その人のアイデンティティそのものです。2行目は「ホメホメ」タイムで、グループのメンバーからもらった言葉のなかで自分がそう思うものを2, 3つ選びます。3行目は自分が大切にしているもの、自分自身を特徴づけるものを3, 4つ並べます。4行目、5行目の "This is Me. I am SPECIAL."（これが私。かけがえのない特別な存在です）は固定とします。発表後には、"What book do you read?," "Who is your favorite musician?" など質問する時間を設け、簡単なやり取りをしていきます。以下、児童の作品を3つ紹介します。

（作品1） Yuko Helpful and creative Mother and sister This is Me. I am SPECIAL.	（作品2） Tomo Kind and polite Science, rocket, and the cosmos This is Me. I am SPECIAL.	（作品3） Makoto Funny, active, and friendly Baseball, baseball, and baseball This is Me. I am SPECIAL.

　作品1からは、Yuko が家族を大切にしている思いが伝わってきます（Mother and sister という言葉には、彼女が幼稚園に通っていた頃、突然父親を亡くしているという背景があります）。作品2の Tomo は、将来、科学者になって宇宙について研究したいと願っています。作品3の Makoto は、野球をこよなく愛し、将来はプロの野球選手になろうとがんばっています。一つひとつの単語に、子どもたちの

思いが凝縮されていることがわかります。

2.4 振り返り

この授業の振り返りを記します。

・初めはすてきな言葉を使うのにとまどったけど、何度もやっていると、友達のいいところがたくさん浮かんできて、よかったです。
・自分のよいところをたくさん言ってもらって嬉しかったです。
・自分が思っていることばと違っていることばをもらってびっくりした。
・いいところをたくさん伝えたり、伝えてもらったりするのは嬉しい。これからも使っていきたい。

　実はこのクラスには、支援を要する子どもが数名いました。普段の言語活動ではなかなか相手を見つけられずにモジモジする子どもたちでしたが、この活動には目を輝かせながら、積極的に取り組んでいる様子がとても印象的でした。クラスメイトから「ホメホメことば」をもらい、この日はとても嬉しかったのでしょう。筆者は後ろの方から彼らの活動する姿を見つつ、涙ぐむのを抑えきれませんでした。

　この日の晩に、担任の先生からメールをいただきました。そのメールには、この日の学級日誌に「今日の英語の授業で、クラスのみんながもっと仲良くなったと思う。6年生になってもこのクラスのままでいたい。」と書かれてあったそうです。

3. まとめ

　「ことば」はその人のアイデンティティそのものです。人と人を結びつける生きた複雑な媒体です。今回紹介したような活動を通して、小学生でも英語を使って自己の存在や価値をしっかりと表現することができます。外国語教育では、英語力の向上に加え、他者との「かかわり」を通して、自他へのさらなる理解を深め、自他を大切に思う気持ちを育みたいものです。このことが、自分の存在を肯定的、好意的にありのままに受け止めることができ、自己肯定感の高まりへとつながっていくと確信しています。ちなみに、この活動は、学習者の発達段階や学習段階に応じてアレンジすると、中学校、高校、大学でも使用できると思います。ぜひ4月のクラス開きの際に実践してみてください。

参考文献

日本セルフエスティーム普及協会「自己肯定感とは？」https://self-esteem.or.jp/selfesteem/
Here We Go! 5（光村図書出版検定済教科書、令和6年度版）.

2節
外国の小学校と英語でオンライン交流

北野　梓

1. 同年代ネイティブ・スピーカーとの出会い

　私が高校1年生だった時のことです。クラスにオーストラリア人留学生が来ました。初めて出会った同い年の外国人。それほど英語が得意ではない私でしたが、勇気を出して話しかけてみました。すると、中学生レベルの英語で、なかなか伝わるではありませんか。お互いピアノやロックバンドが好きだったり、同じものをかわいいと感じたり、共通点が多いことに気づき、すぐに仲良くなりました。ブロンズヘアーでブルーの瞳、私と見た目が全く違うものの、あの時の彼女との出会いが、私が英語を使う意欲を高めました。

2. 外国の子と友達になりたい

　その後、小学校の教員になり、2018年4月に5年生の担任となりました。児童対象に「英語を使って何をしたいですか」というアンケートを実施し、「外国の子と友達になりたい」という回答を多く得ました。

　子どもたちが同年代の外国人と出会えたら、英語を使う必然性が高まるのではないか。韓国人の友人に協力してもらい、6月から5年生同士でソウルの小学校とビデオ交流を始め、1回目は自己紹介、2回目は学校生活の紹介をテーマとしました。さらに、10月に参加した教員研修会で、マイクロソフト社による教員コミュニティがあることを知りました。世界の教員同士が簡単に繋がり、実践交流や協働ができるコミュニティでした。実際の交流は、ウェブ会議システム（Skype）を使って行われていました。

3. クロアチアのValentina先生との出会い

　10月下旬、Microsoft Educator Communityに入ってすぐのこと、初めにメッセージを送ってくれたのはクロアチアのValentina先生でした。以下は彼女からのメッセージです。

　Hello, I'm Valentina Bertina from Croatia, Europe. This is my first year to take part in Microsoft Educator Community. I'm an English teacher in elementary school. I have students of different ages, but I would like to get involved with those aged 11 because they are in experimental programme (we're trying a new way of teaching and learning). I would like to cooperate with you. You can send me a response whenever you can.

　そこで Valentina 先生と打ち合わせ、交流の日程と交流内容、学習者の状況（こちらの5年生は4月から外国語活動を始めたばかりであること等）を話し合いました。Mystery Skype（互いの国名を伏せて当て合う活動）をすることになりましたが、これまで Mystery Skype で見たことがあるのは高校生での実践でした。扱える語句や表現の量は、小学生とは異なります。こちらの5年生は、地理的な語句を扱いづらいどころか、そもそも疑問文を文レベルで表現するのも難しい（実践時は、外国語教科化の前）。どうすれば小学生にもできるのか。そこで、国旗の色や形を尋ねる質問を作ることを思いつきました。外国語活動で色や形の語句に親しんでいることから、国旗の色や形を尋ねる質問を中心に、3, 4語程度の Yes / No で答えられる問い（National flag, blue? Do you have circles?　等）にしたいということを Valentina 先生に話しました。また、こちらへの質問も、簡単なものがありがたいと伝えました。

4. 児童の日記（2018年11月13日　学級通信より）

　以下は、交流前日に児童が書いた日記です。

　「私は、ミステリースカイプが楽しみです。なぜかというと、外国の人たちとテレビ電話できるなんて、めったにないことだからです。どこの国かなあと思います。先生が難しいと言っていたから、私たちに、なじみがないと思います。私がミステリースカイプで思うことが2つあります。

　1つ目は、相手の国が私たちの国を早く当てないか心配です。日本は島国なので、『アイランド？』と聞かれたら、相手国はすぐにわかると思います。そう聞かれてしまわないことを願います。私は、日本語をしゃべらないようにします。クイズが好きなので楽しみです。2つ目は、ミステリースカイプを2回できることです。楽しみなので、2回もできるなんて、うれしいです。」

5. 「教室から世界へ飛び出そう！」(2018年11月14日　学級通信より)

交流の流れ

　11月13日、クロアチアの小学校と Mystery Skype（国当てゲーム）をしました。サマータイムが終わったので時差が8時間になり、クロアチアの5年生は、このために朝の7時から学校に出てくれました。活動は、以下のような流れで行われました。

① 互いの国名を伏せたまま、クロアチアの小学生の自己紹介を聞く（3分）
② 日本側が「ハナミズキ」のリコーダー奏を披露する（3分）
③ ミステリースカイプでお互いに質問をし合う（34分）

写真1　子どもたちが Yes / No で答える様子

クロアチアからの参加者は13人だったので個人で質問、こちらは42人なのでグループで質問。（クロアチアの小学校は、都道府県レベル（大阪）まで当てようと質問し、いくつかの質問の後、見事に正解してくれました）
④ 感謝の言葉として日本語の「ありがとう」とクロアチア語の"Hvala!"を互いに紹介（5分）

「さよなら」のあいさつの後、お別れが名残惜しくて、お互い手を振り続けました。

学級通信には全員の感想を載せましたが、ここでは表1として「国旗当てクイズ」「相手の様子」「言語文化」「児童の意欲」に関する感想の一部を紹介します。

表1　子どもたちの感想

国旗当てクイズ	・私は、「ナショナルフラッグ　ホワイト？」と聞いたけれど、クロアチアと思いませんでした。クロアチアの「ありがとう」は「ホワァラ」ということを初めて知りました。 ・私は、旗の色に赤白青があると言っていたので、フランスだと思いました。 ・日本語を出さないようにしたり、英語をたくさんしゃべったりして、相手の国を当てるのもたくさん考えたから、もっとやりたいと思った。
相手の様子	・クロアチアの人は、こんな朝早くに学校に来てくれてなおさら、一回一回親切に対応していたので、とても質問していて快かったです。 ・Croatia の子たちは、私たちの国も大阪も最後まで当ててくれて良かったです。 ・クロアチアの学校の子たちは、とても人数が少なく、時差が8時間もあるので、スカイプしたときが朝やった。 ・わざわざ早く来て質問してくれて、とてもうれしいです。私たちに比べてとても人数が少なくて少しびっくりしました。またやりたいと思いました。
言語文化	・日本語をしゃべりそうになりました。Croatia でありがとう＝コアラと聞こえました。早く来てくれてありがとう。コアラー！ ・日本の「ありがとう」を言ってくれた。

児童の意欲	・もともと、3人くらいの子がヒントをくれたのに、気づけなかったのがくやしかった。英語が苦手だけれど、相手がテレビにいたから話しやすかった。 ・ちがう国の人たちと、一緒にしゃべったり質問できたりして、とても楽しかったです。 ・ぼくは、とてもきんちょうしていたけれど、案外にかんたんにできたので良かったです。みんなで協力したらかんたんだったので、明日に生かしたいです。 ・知らない国の人とテレビ通話をするのは、とてもむずかしかったけれど、とってもおもしろかったです。 ・やる前は、きんちょうして、どうしようか迷ったけれど、実際はきんちょうせずに気軽にできて楽しかった。

写真2　クロアチアの子どもたちの様子

写真3　地図帳を手に、調べる子どもたち

6. 実践を振り返って

　子どもたちの感想では、国旗の色を尋ね合う課題を通じて英語を使う必然性があり、やり取りを楽しめたことがわかります。交流の初回だったので、始まる前に緊張したという記述が多くみられます。互いの言語で「ありがとう」を教え合ったことに触れた記述も多く、言語を通じ異文化と自然に交流できたことがわかります。

　クロアチアとの交流の翌日は、フィリピンの高校生とオンライン交流を行いました。以下は、フィリピンの高校生との交流の感想の一部です。「緊張した」という記述は減り、相手の様子や国の文化にも着目している感想が目立ちました。

・次は、高校生の人たちと一緒にしゃべったり質問したりできました。「（見た目が）アン先生と似てる」と思いました（アン先生は、フィリピン人ALT）。どんどん当てられそうな質問ばかりで「やばい」と思いながらYES / NOを答えていました。最後、はくせいを見せてくれて勉強になりました。
・フィリピン語とは言わずに、タガログ語で、日本でいう「ありがとう」は"Salamat."「サラーマテゥ」でいろいろ覚えられるのでSkypeはいいと思いました。
・楽しかった。二回目も成功してよかったです。サラーマ。もっとやりたいです。

> フィリピンは、私たちが（一学期の社会の国調べで）調べて発表したところでした。またしたいです。Skype サイコー。もっとしたい。

　2月には、アメリカの小学生とオンライン交流を行いました。感想では、「最初、質問してきた時、英語ペラペラだったから、『小さい時から英語やっていたのかな』と思った。アメリカとわかり、そういうことか！と思いました。」「向こうの教室にアメリカ中心の世界地図とアメリカだけの地図があったからアメリカだろうと思った」等、相手や教室の様子に着目する児童が増え、子どもたちが音声と視覚の両面から情報を得たことがわかりました。

　また、リアルタイムの交流で時差を体感することもできました。クロアチアとの交流では、サマータイムが終わって7時間の時差が8時間に広がったことを学びましたが、カリフォルニア州とは17時間もの時差があり、通常はリアルタイムでの交流ができません。しかし、相手の学校に各国との交流のための「お泊まり会」があったことで実現しました。子どもたちが "What time is it now?" と尋ねると、"It's 9:30 p.m." との返事。日本は2月15日の昼でしたが、アメリカでは2月14日の夜だとわかり、「まだバレンタインで何かもらえるチャンスがあってうらやましいと思った」という感想もみられました。

　もちろん小学生段階なので、まだ「うまく聞き取れない、伝えられない」など、もどかしさは感じます。先方との事前打ち合わせの際に、こちらの学習者の実態を伝え、使用可能な語句や表現を伝えると、こちらに合わせてもらえる場合が多くありました。学習の動機づけのためにも、いきなりもどかしさばかりを感じさせるのではなく、英語を聞き取れたときの喜びや相手と通じ合えた喜びをできるだけ多く積み重ねさせたいものです。

　教室から世界へ飛び出し、様々な人に出会うことは楽しく、もっと知りたいと思ってもらいたいと願っています。

3節
英語で問題解決力を養う授業
——立場や状況を設定した活動で人間形成を促す

稲葉　英彦

1. 生徒の日々の人間関係づくりを英語授業の土台に

　本実践は、生徒が人間関係における問題解決交渉を通じて、自分や相手のおかれた状況や立場を踏まえ、お互いの価値観を尊重しながら解決していくことの大切さについて考える授業です。ペアの活動において、相手と意見や考えが異なる際にも、単に我慢したり文句を言ったりするのではなく、相手と話し合い、交渉し、解決していく活動が中心となっています。本活動の魅力は、相手がどのような困り感をもち、どのような事情があるのか知らされていない状況で始め、その課題解決方法が各々の生徒の意志に委ねられていることです。相手に譲ったり、こだわったりすることも含めた解決の仕方に、一人ひとりの生徒らしさが表出され、生徒が人間関係のあり方やよりよいコミュニケーションについて問い直すことにつながります。

1.1　自分らしさを言葉にのせて

　生徒は、日頃から友達とアイディアを出し合い、交渉しながら、友達や教師とともに生活をしています。委員会を例に考えてみます。ある生徒が委員会の仕事と給食当番の片付けが重なった時に、友達に「今日の委員会の当番、給食当番の片付けと重なって遅れそう」と相談すると、その友達は「委員長に言っておくから遅れておいでよ」と言うかもしれませんし、別の生徒は、「私の番と交代しよう」と提案するかもしれません。その提案や解決方法にはその生徒らしい考え方や価値観が表れています。

　これまでの英語授業では、特定の言語材料や文法習得のための繰り返し練習や、本文の内容把握に主眼を置く活動が多く、他者と共有する問題を交渉しながら解決する活動はほとんど設けられていませんでした。本節では、自分らしい解決の仕方であるからこそ、「なんとかして伝えたい」「伝わってほしい」と工夫をしていく、生徒の思いを最大限に生かし、多様な価値観が重なり合う授業の授業展開、指導・支援する際の教師のあり方など、具体的な授業展開とともに紹介します。

2. You're My Roommate──2人で話し合って解決しよう

You're My Roommate. は、友達と行うペア活動です。ルームメイトとして生活をする設定で、その中で出会う様々な問題について、話し合って解決していくことが求められます。英語で思いを伝え合ったり、相手の真意を推測したりしながら、そのペアらしく工夫して解決することをねらいとしています。

2.1　授業構想の背景

対象は中学2年生、助動詞導入後を想定しました。この時期は、中学校生活に慣れ、友達との関係性に悩み、また社会や学校について批判的に捉えることが多くなります。そこで本実践では、生徒自身が紡ぎ出した英語により、不満を相手に伝えたり、不安なことについて相手からアドバイスをもらったりして、2人で解決していくことをテーマとしました。相手の謝罪を受けいれたり、自分の非を認めて、代案を伝えたりする場面など、人間関係の構築に向けた多様でリアルなやり取りを体験しながら、その重要性を実感することに期待します。2人でやり取りをする中で、共有した問題を最終的にどのように解決していくか、具体的な解決方法がペアに委ねられています。

2.2　授業実践の目標

ペアの生徒同士が、具体的な解決方法を見つけるために、英語を用いて即興でやり取りをしながら、以下のような目標を達成することを目指します。

【情意面における目標】

他者を理解・尊重しながら、他者への配慮の上で問題を解決することができる。

【言語面における目標】

助動詞（can, will, must, should, have to 等）を含めた、幅広い既習事項を活用することができる。

2.3　言語活動の概要

ペアの生徒A, Bは、ルームメイトで共同生活をしている設定です。A, Bの生徒に、立場や状況などが記されたカードが一枚ずつ渡されます。ただし、問題をどのように解決すればよいかについては、指示されていません。生徒は、ペアに質問し、自分の状況も伝えながら、ペアの実際の人となりを考えて、どのように対処すればよいかを自分の判断で考え、言葉にしていきます。

3節 英語で問題解決力を養う授業

カードの例　＊このカードをペアの人には見せないように伝えます。

生徒 A（赤）	生徒 B（黄）
あなたはルームメイトと住んでいます。大好きなプリン（pudding）を買って、冷蔵庫（fridge）に入れておきました。ところが、翌日食べようとすると、プリンがありません。楽しみにしていたのに！　ルームメイトが食べてしまったのかもしれません。**今後も仲良くしたいので、解決を！**	あなたはルームメイトと住んでいます。共有している冷蔵庫（fridge）に、おいしそうなプリン（pudding）が！　私のために買っておいてくれたものに違いない。ありがたくいただきました！　でも、ルームメイトの機嫌がよくないみたい。**今後も仲良くしたいので、解決を！**

　生徒に渡すカードには、置かれた立場や状況が示してあります。生徒の興味・関心や日頃の友達との関わり方などに応じて、難易度や想定される解決方法、使う表現などを工夫したものです。その際、以下の留意点が挙げられます。

　・ペアの相手がどういう状況にあるかわからないため、それを把握するために、
　　質問したり自分の置かれた状況を伝えたりして、確認し合う必要がある
　・どちらかが一方的に悪いわけではなく、誤解や考え方の違いが原因である
　・問題の解決策は単一ではなく、自由に考案できる

2.4　授業の流れと生徒のようす

	生徒（S）と教師（T）の活動	留意点・配慮点
準備 10 min	T：活動の概要を説明する S：ペアでAとB（役割）を決める T：立場や状況を示すカードを配布する	言語活動の概要を説明する際、英語での説明が望ましいが、簡潔に日本語で説明してもよい
	説明にあまり時間をかけず、タスクに取り組む時間を多くする	
相談 5 min	S：同じ役割のカードの生徒同士で、状況や自分の言い分をどう伝えるか作戦（見通し）を立てる	友達と確認する時間は、生徒の様子をみながら調整する
	即興性が損なわれないよう短時間で行うが、メモ等は強制しない	
ペア 活動① 時間は 生徒の 様子を 見て	T：「この活動は、ペアの二人が納得したら、それで達成です。解決したペアは座ってください」 S：（起立し、たとえば以下のようにペアで交渉する。お互いが納得して、解決することができたら、座ってよい）	
	残ってしまうペアに嫌な思いをさせない配慮をするために、全ペアが終わるまで待たず、複数のペアが残っているうちに終了する	

第4章

中学校

167

中間 指導 10 min	T：（以下の視点で、生徒がどのように解決していったのか、共有（板書）する。可能な限り、多様な表現や考え（実際の対話）を板書したい） ・どちらから話し始めましたか？　どのように話し始めましたか？ ・ペアにそう言われて、どう返答しましたか？ ・（「次の言葉が出なかった」という生徒に）みんなならどう返しますか？ ・（「英語にできなかった」という生徒に）みんなならどう表現しますか？ ・具体的にどのように解決しましたか？
ペア 活動②	同じカードの内容をペアの友達を替えて行う、あるいは、活動①とは異なる A, B のカードを再配布し、役割を交替して活動を行う。
振り 返り	やり取りした際の気持ちや、有用だった表現や言い回しなどを、各自書き留め ておき、自分らしいコミュニケーションを構築する手がかりとする。

　活動①と②で相手や役割等を替えることで、求められる応答が変わり、多様な考えや表現にふれることができます。中間指導で共有した表現や解決方法を生かしつつも、対話の相手が変わることで、新しい解決方法を見つけることが必要になります。あるペアは、プリンを許可なく食べたことについて、日頃から「食べてもいいかどうか」確認することが大切であると、解決策を見出したようです。以下に、実際の生徒のやり取りの様子を示します。（＿＿＿＿は、互いの状況を確認する部分。
＿＿＿＿は、交渉しながら提案・助言する部分）

A: Hi. Did you eat my pudding?

B: What? Eat pudding?

A: Yes. My pudding. Did you eat my pudding?

B: Yes. Oh, sorry. I think ... you bought it for me.

A: Oh, no. That was my pudding. Very very delicious pudding.

B: I'm sorry. But it was delicious. Thank you.

A: Oh no. I'm so sad and angry.

B: I'm sorry. You should write your name.

A: Oh, what? You have to ask ... before you eat "Is it Ok?"

B: You're right. Asking is important. I'll go to the store and buy good pudding for you.

A: Really? Only one?

2.5　言語活動を中心とした単元構想

　ペアの友達とルームメイトであるという設定を生かし、カードの内容を変えることで、様々な課題解決を目指す単元を構想しました。幅広い既習事項を活用しながら、相手の予測不可能な反応や言い分に合わせて、伝え方や内容を工夫していく姿

が見られました。慣れてくると、一方的に強く主張する友達に "Your words are too strong."（言い過ぎだ）と指摘したり、互いの反省を促したりする生徒も登場します。単元を通して、以下のように様々な状況や場面を設定し、相手と自分の関係性を尊重した、生徒の自由な解決を促しました。

活動	活動に設定された状況や場面など
1	カード① 「ルームメイトが勝手に冷蔵庫のものを食べてしまった」
2	カード② 「テストが近いのに、一緒に映画に行こうと誘ってくる」
3	カード③ 「バスルームを長時間、独り占めしてしまう」
4	カード④ 「夕食づくりの当番制をやめて、自由につくりたい」
5	生徒が選ぶ再挑戦してみたいカード、単元の振り返り

3. 本授業実践が、生徒の人間関係を「優しく」「強く」することを願って

この授業実践では、最終的な解決方法が生徒に委ねられています。先述の「プリンが勝手に食べられてしまった」カードの活動では、「どんな解決をしたか」という教師の質問に、"Don't worry about it. I said too much. Pudding can't break our friendship." とやり取りをしたペアが、クラスから拍手とともに賛同を得ていました。普段、友達に対して乱暴な言葉を使う生徒が、"Let's enjoy our pudding together." "Yeah, our pudding." と言っているのを聞いたときには、この生徒は、本当はみんなと仲良くしたいと思っているのに、無意識に言葉が強くなってしまうことに苦しんでいるのではないかと察したりもしましたし、クラスの友達もきっと同じように感じていたと思います。

本実践では、教師が「こうやって言いましょう」「これを英語にしましょう」という指示や解決方法を出さず、生徒自身がペアの口調や表情などを確認しながら臨機応変に交渉していきます。教師の仕事は、生徒の言葉に耳を傾け、その言葉にあらわれている生徒の内面と向き合い、大切に育てていくことです。相手との関係性や相手の状況を踏まえ、相手を思いながら自分の言葉を見つけていく価値を伝えることこそ、言語教育の使命であると信じています。

本実践において、友達と意見が噛み合わない時には、自分の価値観が大切にされていないといった印象をもつ生徒がいるかもしれません。また、解決に時間がかかる際には、発言の真意や意図がうまく伝わらず、もどかしい気持ちを伴うこともあるでしょう。だからこそ、相手を傷つけることなく、自分の思いを理解してほしい、という他者理解の心情が育成されていきます。生徒一人ひとりの言葉には、その生徒が心の中で大切にしていること、その生徒らしさが必ずあらわれています。改め

て「言葉を学ぶとはどういうことか」「よりよいコミュニケーションとはどうあるべきか」を生徒とともに考え、相互理解や人権意識の涵養につなげていきたいものです。"言葉を大切にすることは人を大切にすることである"という教師のメッセージが生徒に伝わるとともに、英語教育が、クラスメイトが相互にあたたかく強固につながり合うための言葉の教育として問い直されることを願っています。

4節

If You Were a Hero
──生徒が自分の可能性に気づく授業を目指して

鈴木　成美

1. なぜこの授業を行おうと思ったか

　私は、静岡県で公立中学校の教員をしており、今年で7年目となります。校内では少しずつ分掌を任されるようになり、特別活動主任としてもやりがいを感じる中、英語の授業でも特別活動でも生徒が主体的に、自立して学び、活動するためには何が大切かということを考え、日々授業研究や実践を行っています。今回、生徒と接していく中で感じたことをもとに、"If You Were a Hero" という課題を設定し、受験を目前にした中学3年生を対象に中学校生活最後の単元として行いました。生徒がペアになり、相手の特徴をもとに、その人らしいヒーロー像を想像し、世の中を救う物語を書いていく活動です。

　私の勤めている地域では、ほとんどの小学校は単学級でクラス替えなしに6年間を過ごし、中学になって初めてクラス替えを経験します。一クラス20人程度で過ごしてきた生徒が中学校で急に35人学級に在籍することになり、新しい環境に戸惑い、自分に自信がもてなかったり、新しい人間関係をつくることを怖がったりする様子が見られます。生徒たちは素朴で素直、周りの友達や大人に対して前向きな気持ちをもっており、学習全般に関しても一生懸命取り組むことができますが、自分と周りを比べて、相手をうらやんだり、自分にはできないと決めつけてしまったり、英語の授業ではなかなか自分を表現できない生徒もいます。一方、どの生徒も自分を表現したい、相手に自分のことを知ってほしいという前向きな思いがあると感じます。

　今回の活動では、自分のことではなく、ペアになった相手について「その人がヒーローだとしたら、どんなふうにみんなの役に立つことができるかを書きます。生徒はそれぞれの思い描くヒーロー像を想像しながら、ペアの生徒をヒーローに仕立てます。生徒たちは、アメリカンコミックや大人気のアニメのヒーロー、または少女戦士たちなど自分の経験を通して出会ってきたヒーローたちを思い浮かべたかもしれません。また、普段の生活で目立つ訳ではありませんが、常に友達思いの優しいクラスメイトを思い浮かべる生徒もいたことでしょう。それぞれの生徒がどのようなヒーロー像を思い浮かべたかクラス全体で共有するとともに、私たちが思い浮かべるヒーローは決して完璧でないことを確認し合います。

ある人気アニメの主人公は、必殺技を使って困っている仲間を助け、おなかのす
いた仲間にパンを与えます。彼は、強くて優しいのですが、顔が濡れると力が出な
くなってしまいます。また、別の主人公は、普段は勉強熱心な冴えない少年ですが、
事件が起こるとクモのコスチュームで変身をして敵を倒しに行きます。町の人気者
でヒーローですが、敵との戦闘中に冗談や皮肉を言うなど、調子のいい一面もあれ
ば、ヒーローとしての姿に迷いを感じる未熟な一面も見られます。そのような例か
ら、自分たちが幼少から触れてきた大人気のヒーローたちは必ずしも完璧ではなく、
人間らしさに溢れ、苦手なことも含めてその人らしさであることに気づいてほしい
という願いがあります。例えば、私の所属する学校の生徒Aは、学級委員を務める
リーダーで、学年一足が速く、勉強も得意、明るく誰に対しても優しい生徒です。
しかし、おっちょこちょいな一面があるなど、大変魅力的で周りの生徒から愛され
ていますが、完璧ではありません。また、生徒たちには、ペアの相手をヒーローと
して書くことを通して、相手のよさに気づき、苦手な部分も受け止めると同時に、
自分にもよさがあり、苦手なこともあってよいと感じてほしいと願っています。
　生徒たちは自分のよさを表現することに対しては消極的な部分がありますが、仲
間のよさを探すことに関してはとても積極的なため、このような活動でペアの相手
を通して自分を見つめ、自分のよさにも相手のよさにも気づくことで人間として成
長してほしいと望んでいます。また、全ての生徒が互いをヒーローにした物語を書
き終えたら、全体でプレゼンテーションを行い、一人ひとりのよさを共有します。
これらの活動を通して、生徒はクラス全体から自分は認められている、大切な存在
であると再確認します。生徒がそれぞれの物語を通して互いのよさに気づき、書い
た生徒も書かれた生徒も自己肯定感が高まり、前向きに人間関係を築けるようにと
願い、この活動を考えました。

2.　具体的な活動の手順

① 言語活動の目的について説明する

　ペアの相手をヒーローとして書くことを通して相手のよさに気づき、苦手な部分
も受け止めると同時に、自分にもよさがあり苦手なこともあってよいと感じること、
つまり「ありのままの自分」を受け入れることが活動の目的であると説明します。

② ヒーローのイメージを共有する

　生徒が思い描くヒーローのイメージや、そのヒーローのよさ、強さと弱さを共有
します。

4節 | If You Were a Hero

例：大人気アニメの主人公

【よさや強さ】空を飛び、困っている人のもとに駆け付ける。必殺技を使って
　困っている仲間を助ける。おなかのすいた仲間に自分の顔を食べさせてあ
　げる。強くて優しいのでみんなから愛されている。

【弱さ】顔が濡れると力が出なくなってしまう。仲間がいないと濡れた顔を交
　換できない。

③ 教師がモデル文を提示する

教師はALTや同僚の先生などをモデルにした文を生徒に提示します。

If Ms.K were a hero, she would sing songs for people who need help.
My friend, Ms.K, is a woman who likes Japan and *anime*. She is very shy,
but she is very kind and gentle. She always thinks she wants to help us.
When she finds someone who looks sad, she secretly transforms into a
"Fairy of Gentleness". Suddenly, she starts singing songs for the person.
Nobody knows that she is very good at singing both in English and
Japanese songs except me. People who listen to her songs cry because
her voice is very clear and beautiful. After crying, they become very
energetic. The power of her voice makes them happy. Finally, she smiles
at them and leaves the place. She is like an angel.

　学習指導要領では仮定法過去を扱うことになっているため、モデル文にはこれを
使用し、生徒も使用することが予想されます。しかし、文法や表現などの使用は必
ずしも要求せず、あくまでも内容を大切にしながら書いていけるように支援してい
きます。

④ 相手の生徒に対するヒーローイメージを膨らませる

　まずは日本語でペアの生徒の性格、得意なこと、好きなこと、チャームポイント
などを書き、そこからイメージを膨らませていきます。

例：学級委員を務めるリーダーの生徒Ａ：学年で一番足が速く、勉強も得意で
　明るく優しい。しかし、天然でおっちょこちょい、集中すると周りの話が
　聞こえなくなる。

⇒ （膨らませたイメージ）普段は普通の男の子、天然で時々おっちょこちょ
　いな生徒Ａ、お調子者な一面もあり、時々先生に叱られることもある。運
　動神経抜群、勉強も得意、みんなの人気者。そんな彼がヒーローだとした

第4章　中学校

ら、困っている人を見ると変身して、その人のもとに駆け付ける。しかし、彼は特に必殺技を繰り出すことはしない。彼がいるとそれだけで雰囲気がよくなる。そんな彼がみんな好きである、等。

⑤ **モデル文を参考にしながら、膨らませたイメージを英語で表現する**
例：生徒Ａをヒーローにした場合の想定例

If A were a hero, he would save us from our sadness.
 My friend A is our class leader. He always looks happy. He is good at playing baseball. He can run the fastest in our school. He is very smart. But our teacher sometimes gets angry with him because he is too funny and sometimes noisy. He is a clown! I know one of his secrets. He is a hero. Sometimes villains come to our school. The villains are fears, sadness, or loneliness. When they attack us, he changes his clothes into a "Green" costume and runs after the villains. (He was the "Dancho" of the Green Team.) But he doesn't do anything special. He just stays there. Then, the villains will become gentle and kind, just with him. Finally, they will disappear. He is our superhero. We like him very much.

---

⑥ **自分の相手ではない生徒と文章を読み合い、アドバイスし合う**
　内容は発表時まで相手に伝えないようにします。まず、3, 4人でグループを作り、グループ内で文章を読み合い、よい点やよりよいものになるように原稿にアドバイスを書き合います。他の生徒の書いた文章を読むことで、自分では表現できなかったことや発想等に気づき、英語での表現の仕方や内容などが広がったり、深まったりするように支援していきます。グループの組み方や人数は、学級の現状や人間関係を見て考えていきます。生徒同士でアドバイスし合えたら、教師は生徒の作品を一度集めて、文法や内容を確認し、個人あるいはクラス全体にフィードバックを与えていきます。

⑦ **生徒同士のアドバイスと教師のアドバイスをもとに原稿の書き直しや書き加えを行う**

⑧ **発表練習の後、全体発表を行う**

⑨ **振り返りを行う**
　振り返りでは、数値化できるものだけでなく、感想やメッセージから、生徒の気

持ちの変容なども読み取りたいと思います。(感想は日本語も可としています)

・ペアを組んだ相手の発表を聞いた自身の感想
・ペアを組んだ相手の生徒へのメッセージ
　ペアの生徒に対して、自分自身をヒーローとして書いてもらった思いを素直に表現してほしいと促します。互いに物語を書き合うことで終わらず、互いが書いた文章が相手にどのように受け取られたかを知ることで、書いた生徒と書かれた生徒の思いを繋ぎます。
・この活動への満足度とその理由
・この活動に関しての意見・感想

最後に、生徒の作品を紹介します(原文のまま)。

〈作品1〉　If Ms. B were a hero, she would sing and fight the enemy. She is a girl who is good at singing and sports. When she finds people who are sad, she transforms and fights the enemy. She has a nice button. If she pushes it, she uses a "special beam". The special beam is very powerful, so she can defeat the enemy. Why can she use the beam? Because she is very strong. If the enemy is used the beam, it can never stands up. She also starts to sing songs and makes people happy. She flies and goes to a lot of people who are sad.

〈作品2〉　If Mr. C were a hero ... He is called a computer doctor. He fights enemies of the internet. He is good at using computers. So, he knows how to knock down many kinds of computer viruses. He also fights cyberattacks. The internet safety of the world is protected by him. So, everyone can use the internet safety. But he sometimes looks un-motivated. He may not fight them. However, he has saved many computers.

---

3. 指導・支援上の留意点

指導・支援上の留意点は以下の通りです。
・普段の仲良し同士や隣同士でなく、「この子が自分のことをこんな風に見てくれているんだ」と嬉しくなるような意外と思えるペアを考えます。そのため、ペアは学級のリーダーや教科係と相談して意図的に決めます。

- モデル文では仮定法過去形を提示するが、使用は強制しません。生徒が表現したいと思うことを、既習事項を使い表現することを大切にします。
- タブレットによる語句検索は活用してもよいが、全体発表で初めて自分の物語を聞いた生徒が理解できるよう、聞き手を意識した語彙や表現を使用するよう促します。
- 文の長さは指定しません。ペアの生徒がヒーローとして活躍している様子が文章から伝わればよいことを伝えます。

4. さいごに

　進路選択を目前とした中学3年生を見ていて感じるのは、学ぶとは様々な自分と向き合うことだということです。自分の足りない部分を直視してがっかりしたり、できなかったことが努力したことによりできるようになったりと、一喜一憂しながら、生徒は着実に成長していると感じます。生徒たちがこの小さな中学校を卒業し、新しい環境に戸惑い、自信をなくしそうになった時、ぜひ "If You Were a Hero" の活動を思い出し、自分を鼓舞するきっかけになることを願っています。

参考文献

稲葉英彦・鈴木章能・亀山弘二郎・鈴木成美・加賀田哲也 (2023)「目的や場面，状況等を明確にした言語活動における学びの可能性：人間形成に寄与する言語活動のあり方」『ヒューマニスティック英語教育研究会紀要』第3号 , 21–24.

文部科学省 (2018)『中学校学習指導要領 (2017年告示) 解説　外国語編』開隆堂 .

5節
"What do you think?" に答えられる英語力を
──話す「中味」を育てる授業

中田　未来

1.　社会的な話題についても「話したい」と思う気持ちを育むには

　「留学先の授業では、平和や世界のさまざまな課題について話し合う機会がたくさんあったんです。そのときに "What do you think?" と質問されたのですが、英語が出てこないのではなく、そもそも自分の考えが明確ではなくて答えるのにとても苦労しました。」これは、英語を得意とする卒業生が留学を終え、私に会いに来た際に発した言葉です。私は、この言葉がずっと忘れられないでいました。確かに私の授業では、生徒は自分の好きな漫画やゲーム、普段の学校生活などについて積極的に話していましたが、社会的な課題について、考えを深めながら議論をする時間がほとんどなかったと気づきました。

　その日から、生徒が社会的な話題について「話したい」と思うにはどうすればいいのかを考えるようになりました。そんなある日、日本財団18歳意識調査「国や社会に対する意識（9カ国調査）」（2019）を目にしました。調査結果によると、「自分で国や社会を変えられると思う」という問いに対して肯定的回答をした割合は、インド83.4%、アメリカ65.7%、中国65.6%、韓国39.6%であるのに対して、日本はわずか18.3%でした。これは日本の若者が、自分の行動が社会に影響を及ぼすという体験が不足しているためではないかと考えました。この結果から、まずは英語の授業で社会的な課題を「自分ごと」として捉えられる機会を作ろうと決意しました。自分と社会とのつながりを感じることができれば、社会的な話題についても話したいという気持ちが生まれるのではないか、と考えたからです。

2.　社会とのつながりを感じられるパフォーマンス課題を設定する

　中学3年生の教科書（*New Crown 3*, 三省堂、令和4年度版）でキング牧師（Martin Luther King Jr.）について扱う単元があります。そこで、リーダーがどのように人々を導いたのかについて考察することを通して、生徒に「理想のリーダーに必要な資質」を考えるよう促しました。そしてその資質を伸ばすために誰でも始められる日々の行動や考えとは何かを探究し、英語でプレゼンすることを総括的な

課題としました。この過程で、生徒は「リーダーはすごい、特別な存在だ」という考えで終わるのではなく、自分たちにできることについて考えを深めるよう促しました。

単元の初めには、"Who do you believe is a great leader?" という問いに対して "In this class, student S is a great leader because he respects other's opinion. Also, he is flexible." など、身近なリーダーを想定して答える生徒が多くいました。一方で、歴史上の人物を挙げる生徒もいました。しかし、"I think Nobunaga Oda. He led people with a vision." などのような発話が多く、偉業を達成するための日々の小さな行動や考えについては意見が見られませんでした。

そこで "What are the characteristics of desirable leaders?" "How did leaders inspire people?" という問いを投げかけ、キング牧師がどのように人々を導いたのかが描かれている動画を視聴したり、当時の新聞の見出しを読み取ったり、ローザ・パークスがなぜ席を譲らなかったのかを述べた自叙伝などを読み取る活動を行うことで、生徒の考えに変化が出てきました。以下は生徒の振り返りです。

・人々を導くには、まず人々に信頼してもらうことが大切だと思った。人は、信頼していない人のいうことは素直に聞けないし、ついて行きたいとも思わない。信頼してもらうために、日頃から試実な態度で人と接することが大切だと思った。
・今回の学習では、様々な角度から物事を見ることが大切だと感じた。ローザ・パークスさんがなぜ席を譲らなかったのかを考える際にも、（中略）同じ出来事でも捉え方は大きく異なるということを改めて感じた。様々な視点で見ることの大切さを意識することは、より多くの考え方を知ったり、他の人を理解することにつながると考えた。
・キング牧師のとった「平和な行動で戦う」ということは争いが起きている現在にとってとても大切なことだと思う。（中略）平和な行動をとって自分達の意見が聞き入れられた前例があるのだから、今を生きる私たちも平和な行動をとるべきだと思った。

このような授業を通して、生徒は行動の背景にある信念を感じ取ったり、多角的な視点で事象を捉えることの大切さに気づいたり、キング牧師の行動と自分の生活とを結びつけたりできるようになっていきました。

次に、生徒はリーダーシップを伸ばすためにできることについて4人班でプレゼンテーション（以下プレゼン）をするという課題に取り組みました。この課題の設定は以下の通りです。

Goal: 聴衆を勇気づけるプレゼンをしよう

Role:	TED-talk のプレゼンター
Audience:	リーダーシップスキルを伸ばしたいと思っている様々な国の人
Situation:	観客がリーダーシップスキルを伸ばすために明日から行動できることを提案する。
Performance:	4人1班で4〜5分のプレゼンを行う。プレゼンの後、観客からの質問に即興で答える。また、観客として質問をする。
Standards:	Speaking

その後、聞き手にわかりやすいプレゼンをするための秘訣を分析するために、TED-ed の一つである *Write your story, change history*（Meltzer, 2011）を視聴し、"How many times did he ask questions to the audience?" "How many slides did he use?" "How many times did he make the audience laugh?" などの質問に答えました。生徒たちはこの活動を通して、「質問を投げかけることで、聴衆に内容について考えてもらう機会を作ること」「スライドには文字がなく、話の内容をわかりやすくするために写真が使われていること」「笑いやユーモアがあることによって聴衆を飽きさせないなど様々な工夫がされていること」などに気づき、それらのコツを自身のプレゼンに取り入れていました。生徒 A はこの授業後の振り返りに「人々の心を引き付けるには、オバマ元大統領の "Yes, we can." や、キング牧師の "I have a dream." のようなキャッチフレーズがあるといい。そのキャッチフレーズは誰が聞いても簡単な言葉にするといい。」と書いていました。

3.　生徒の意見を取り入れ、授業を作る

生徒 A のアイデアを授業に取り入れ、まず班員4人で一つのキャッチフレーズを考えることとしました。以下がキャッチフレーズの例です。

Don't stop. Just keep going. / Don't worry. You are not alone. /
No pain, no success. / We'll never lose！/ Take a chance, get a dream.

プレゼンは、Introduction, Body 1, Body 2, Conclusion の4つのパートに分け、班員4人が1パートずつ担当することとしました。**Body** で世界のリーダーの具体的な行動と、自分たちにできることを紹介することとしました。紹介するリーダーは、ネルソン・マンデラ、サッカー選手のメッシ、マザー・テレサ、カーネル・サンダースなど生徒自身が選びました。リーダーの例を選ぶ際は、その人に関する情報を知っている人が多いほど、内容が聞き手に伝わりやすいこと、そして聞き手は海外の人々であることを伝えました。ただし、教師は生徒のリーダーの選択には口を

はさむことはしませんでした。各生徒にリーダーを選ぶ決定権を持たせることが、話したい気持ちを伸ばす鍵であると考えたからです。「自己決定理論」（Self-determination theory: Deci & Ryan, 2002）によると、以下の3つの心理的欲求が満たされた場合、学習者が内発的に動機づけられるということです。

① 「自律性の欲求」（the need for autonomy）：自分の行動を自分で決定し、実行したいという欲求
② 「有能性の欲求」（the need for competence）：行動をやり遂げる自信を持ち、自分ができることを示したいという欲求
③ 「関係性の欲求」（the need for relatedness）：周囲の人や社会とつながりを持ち、他者と友好な関係を築きたいという欲求

　これらのことから、生徒が話したい内容を自身で決められるようにすることで、① 「自律性の欲求」を満たすこととしました。
　Tanaka & Hiromori（2007）は、② 「有能性の欲求」を満たすには、指導者が「学習者のつまずきに対して、タイミング良くヒントを与える、あるいはタスクの難易度を適切に調整するなどして、彼らが自らの学習成果に満足し、学習がうまく進んでいると感じることができるような介入を行う」（p. 63）ことが大切であると述べています。そこで、私は生徒の下書きに、2回フィードバックを行いました。フィードバックをする際には、翻訳サイトや辞書を使って書いた難解な表現（例：He was accused of the revolution.）には青色でアンダーラインをひき、文法的な間違いのうち班員の誰かが正しい答えがわかりそうなレベルの間違い（例：Don't be afraid of fail.）は赤色でアンダーラインをし、「of の後のは動詞？」とコメントを書きました。また、論理性に欠ける部分（例：But if you share your opinion, you can do anything.）については「なぜ？」とコメントを書きました。生徒だけでは修正しにくい、文章全体の流れやディスコースマーカーの効果的な使い方については、教師が修正したり、書き直しを提案したりしました。
　フィードバックを受けた生徒は、それぞれのアンダーラインの色の意味に従って、班員と相談しながら、下書きの校正を行いました。また、文法の細かい訂正は生成AIを使っても良いこととし、iPad の読み上げ機能を使って、生徒自身が英語の発音を聞きながら自分の原稿を読む練習ができるよう、ICT 機器の活用法も指導しました。このように、個別最適な学びができる環境を整え、最後は生徒自身の力でやり遂げられるような支援の工夫をしました。
　また、③ 「関係性の欲求」を満たすには、4人一組で取り組むという設定がとてもうまくいきました。以前アメリカに住んでいて、英語が流暢に話せる生徒 B は、同じ班の生徒 C が英語の表現に悩んだときに、文章構成のアドバイスをしていました。ま

た、人前で話すことが得意な生徒Cは、生徒Bの原稿がより聞き手を惹きつけるよう、ジェスチャーのアドバイスをしたり、内容がよりユーモアのあるものになるよう話し合ったりしていました。次の文章は、この単元学習後の生徒Dの振り返りです。

> 学習を通してコミュニケーションとは双方があってこそのもので、一方通行では成り立たないものだと分かった。プレゼンの中で、これまでは意識していなかった問いかけやジェスチャーを有効に使ったりすることを意識するようになり、これまでの一方向の発表から双方向の発表に近づいたと思う。

このようにプレゼン本番では、聞き手に伝わる簡単な英語で、自分の言葉として話そうとする姿勢が見られました。聞き手に伝わる表現や内容、伝え方を徹底的に追求したからこそ、自分の話したい思いが伝わったという達成感を得られた生徒が多くいました。以下が、生徒たちの最終的なプレゼンの原稿例です。（原文ママ）

> Keisuke Honda and Napoleon were both wonderful leaders. Why? Because they had "passion." Passion inspires people. To be passionate, we have to be confident in ourselves. To be confident we need some successful experiences. Don't make a big goal but make small goals. Also, don't be afraid of making mistakes and keep trying new things. （中略）Who can be a wonderful leader? Everyone can! If you have a passion.

本単元の取り組みでは、生徒が具体的に社会貢献的な行動をすることにまでは至っていません。しかし、世界を動かしたリーダーと自分たちにも共通点が複数あることや、「失敗を恐れない」「他者のために行動する」など、中学生の自分たちにもできることがたくさんあるということを学んだ生徒が多くいました。社会とのつながりを見つけること、またクラスメイトと協働的に学習することで、思いや考えを深め、自分の言葉で表現することができるという体験が、話したい、伝えたい思いを刺激するのだと強く思います。

引用文献

Deci, E. L., & Ryan, R. M. (2002). *Handbook of self-determination research.* University of Rochester Press.

Meltzer, B. (2013, January 16). Write your story, change history [Video]. YouTube. https://youtu.be/9LR7Vb6mqts

Tanaka, H., & Hiromori, T. (2007). The effects of educational intervention that enhances intrinsic motivation of L2 students. *JALT Journal, 29,* 59–80.

6節
異なる言語や文化をもつ人々が
わかりあうために
——意見交換を重んじる授業

稲葉　英彦

　筆者は公立中学、大学教育学部附属中学にて英語科教員として勤務したのち、教育行政を経験し、現在は大学教員として教職科目を担当しています。文科省若手英語教員米国派遣事業に参加し、現地の人々の多様な生き方にふれたことで、英語を学ぶ価値やコミュニケーションの意味を再考する授業に関心をもっています。

1.　温度のあるコミュニケーションを求めて

　「先生の英語の授業は、いつも温度感がある。」これは、筆者の授業を参観した教育実習生の感想です。温度のある授業とは、英語で伝え合う中で、生徒が嬉しくなったり驚いたりと、心が動いて温かいつながりが生まれるような授業のことを指しているのだと思います。筆者が目指す英語授業は、生徒がこの温かいつながりを意識し、互いの価値観や考えにふれることができるコミュニケーションが中心となる授業です。本来、生徒はユニークで多様な考えや価値観をもっています。この違いを尊重し、他者が自分とは異なる考えをもっていること、そして、そういった考えを受けとめようとする相互理解の精神を養うことが、温度感のあるコミュニケーションには欠かせません。

2.　多様な考え方や価値観を受けとめる授業づくり

　多くの生徒は、英語で自由に意見交換することに憧れをもっています。しかし、英語の知識が不十分なことや、テーマに対する背景知識などを持ち合わせていないことで、意見を伝え合うことに困難を伴うこともあります。これから紹介する実践では、「多様な考え方に対する理解を深めさせ、公正な判断力を養い豊かな心情を育てる」（学習指導要領）ために、異言語や異文化について世界の人々はどう考えているのか、生徒にとって身近な話題を段階的に取り上げながら、意見交換していくことを目指します。友達の真意や意図を推し測りながら伝え合うことは、相手の考えを理解しようと寄り添い、受けとめようとする相互理解につながります。

3. なぜ外国語を学ぶのか——英語で意見交換することを目指した授業実践例

　本実践は、中学3年生を対象とした、話すこと［やり取り］を重点的に扱った単元です。「生徒のもつ豊かな背景知識や価値観の違いが生きる、意見・考えを重視する授業」（大下, 2014）を実現するため、生徒一人ひとりが自分の興味・関心を生かし、自分らしい考えを表現できる具体的なトピックを設定しました。

3.1　単元の流れと授業構想

　本実践は、①身近で具体的なトピックについて自分らしい考えや気づきをもち、②その考えや気づきを英語で表現し合い、③友達の考えや気づきから自分の価値観を見つめ更新する、をねらいとして、3つの話題に関する意見交換を段階的に積み重ねたものです。以下に単元計画を示し、生徒の具体的な学びについて述べていきます。

時間	生徒の活動（学習内容）
展開1 (1-2)	・外国人観光客へのインタビュー動画（Ask Japanese, 2016）を視聴する。 ・What Japanese word is useful for visitors?（観光客にとって役に立つ日本語は？）を考え、ALTに学んでほしいと思う役に立つ日本語を薦めたり、その言葉について感想をもらったりする。
展開2 (3-4)	・アメリカのTV番組（What would you do?, 2020）を視聴し、意見交換を行う。 ・Do foreign people have to speak Japanese in Japan?（来日した外国人は日本語を話すべきか？）について英語で意見交換を行う。
展開3 (5-7)	・日本に留学している大学生の英語日記を読む。 ・What is the best way to communicate with people who have different cultures?（異文化をもつ人々とよいコミュニケーションができる方法は？）について考えをもち、意見交換を行う。 ・What is the most important thing to communicate with people who have different cultures?（異文化をもつ人々と関わるために大切なことは？）について、ディスカッションをする。

※時間の欄の（　）は時間数を表す。各動画URLは引用文献を参照。

3.2　展開1：観光客に覚えてほしい日本語を考える

　駅や街頭で外国人観光客を見かける場面が増えてきています。そこで、実践の冒頭では、「来日する観光客が覚えると役に立つと思う日本語は？」と問い、生徒が観光客に教えてあげたい日本語を思い浮かべる時間を設定しました。生徒から「ありがとう」「〜をください」などの言葉が聞こえたところで、日本在住のアメリカ

人レポーターが、観光客に「使ってみたい日本語」についてインタビューをする動画を視聴しました。この動画では「ありがとう」「かんぱい」「おいしい」などが紹介されています。そこで、生徒は旅行や日常生活などを想像し、外国人に覚えてほしい言葉を自由に挙げていきます。

　ある学級で実践した際には、生徒たちは「いただきます」：Japanese people say this to thank chefs and food.「それな！」：It means "I know" and it's a popular word among young people. など、日本文化に根付いたものや流行の言葉などを挙げ、多くの人とコミュニケーションを楽しめる言葉を選択していました。生徒が挙げる言葉は幅広く多様なものでしたが、外国人の立場になって考えると、あいさつだけでも共通の言葉でできれば温かい気持ちになること、言葉にはその国の文化が反映されていることなどに気づき、あいさつ言葉が互いのコミュニケーションを円滑にしていくことを感じたようでした。ある生徒が「私は英語が苦手で発音も下手だけど、やっぱりあいさつって大切だから、相手の言葉でしてあげたい」と話し、友達の共感を得ている姿が印象的でした。

3.3　展開2：TV 番組を視聴し、意見交換を行う

　外国語の有用性にふれた生徒とともに、「What would you do? - あなたならどうする」という YouTube の番組を視聴します。この番組は、アメリカのレストランでスペイン語を話す親子が、別の客から「英語を話せ」と、差別を受けてしまう場面から始まります。しかし、周囲の人々がこの親子を守り、言葉や相互理解についてそれぞれの立場で訴えていくという展開に、生徒は外国語を学ぶ価値、話せない辛さなどが混在する複雑な気持ちになると考えられます。ある学級では、「片言でも外国語を話す努力をしていることは称賛すべき」「日本でも同じことが起きていると思う」と発言する生徒の言葉を聞き、筆者は "Do foreign people have to speak Japanese in Japan?"（来日したら日本語を話した方がいいと思うか？）と問いかけました。生徒は簡単な語句や表現を使い、即興で友達と意見交換をしました。ある生徒は単語をなんとかつなげて話そうとし、別の生徒は何度も言い直しながら、考えを伝えようとしていました。大切なことは、自分の考えを表出しようとすることです。繰り返し伝えようとする中で、言いたいことも整理されていきます。特徴的だった生徒の意見を次のページの表で紹介します。

日本に来たら、日本語を話したほうがよい	· Japanese is beautiful. When they learn Japanese, they will learn how Japanese people think and see things. So, they can enjoy life in Japan. （日本語は美しいことば。学ぶことで日本人の考え方がわかるから、もっと日本を楽しんでもらえる）
日本に来ても、日本語にこだわらなくてよい	I think it's important to communicate with people, so when they can tell their thoughts, it doesn't matter what language they speak. （コミュニケーションが大切だから、思いを伝えられれば、何語を話しているのかなんて関係ない）

　生徒のもつ言葉への気づきや感覚に驚きました。生徒は英語学習の困難さを知りつつも、その価値を十分に体感していることがわかります。生徒がここまでの授業を振り返り、記述した感想を紹介します。（原文ママ）

· I like languages because it's a tool for communication. Communication is important. I think all languages are great. （言語はツール。どの言語も素晴らしい）

· To try to speak other languages is important. （他言語を話そうとすることに価値がある）

· It's difficult to learn languages. So, if the person who lives in other countries speaks Japanese, I'm very happy. （語学は難しいからこそ、海外に日本語話者がいると嬉しい）

· If they speak Japanese, they may like Japanese culture. I am happy that foreigners like Japanese culture. （日本語を話す外国人に会うと、日本や日本文化が好きになってくれたような気がして嬉しい）

　生徒にとって、これまでの外国語学習の印象が変わった瞬間でした。生徒の記述からは、「外国語が話せないから苦しい」ではなく、「外国語を話そうとすることには価値があり、異文化を理解したり、そこで生活する人々を愛することである」という思いがあふれているかのようでした。日頃、英語学習に難しさを感じる生徒ですが、その努力や伝わったときの達成感を知っているからこそ、外国語を学ぶ価値を強く感じたのだと考えられます。

3.4　展開3：異言語・異文化をもつ人々との関わり方について議論をする

　ある時、日本に留学した大学生の英語日記を生徒に紹介しました。ホストファミリーとの食事づくりや日本文化体験など、言葉だけに頼らない異文化交流の楽しさが綴られています。日記を読んだ生徒に "What is the best way to communicate with people who have different cultures?"（異文化をもつ人々とよいコミュニケーションができる方法は？）と、問いました。実際に自分ならどう関わることができるか、中学生らしい視点で考えることで、未来志向で議論ができると考えたからです。生徒は自分の興味・関心を生かし、スポーツや料理、音楽や映画など、異文化をもつ人々とコミュニケーションを図りながら時間を共有できるキーワードを挙げていきました。ある生徒のキーワードを紹介します。シンプルで欲張っていない内容ですが、それぞれの生徒らしい、言語やコミュニケーションの捉え方があふれでています。

'Soccer' is good. I play soccer and soccer teaches me a lot of things.
We don't have to speak languages, but we play it together with a smile.
（"サッカー"がいろいろなことを教えてくれる。言葉を話さなくても、笑顔で一緒に時間を過ごせる）

　一人ひとりの思いを確認して、最終テーマ "What is the most important to communicate with people who have different cultures?"（異文化をもつ人々と関わるために大切なことは？）について、意見交換をします。単元を通して、来日する外国人にとって役に立つ日本語や、外国語を学ぶ価値、あるいは異文化をもつ人々とどう関わるかについて話し合ったことなどを土台として、それぞれが考える「異文化理解」について、ペアで意見交換をします。当然、言いよどんだり、表現が思い浮かばず必死に別の表現で言おうとする生徒が多くみられましたが、互いの真意に丁寧に耳を傾けようとする生徒の姿がありました。本実践後に、生徒が「異文化や他者を理解すること」について記述した感想を紹介します。（原文ママ）

Knowing about each other is important. If we like each other's culture, we can talk about it. To know about each other is talking about what we love. Sports, games, …we don't need any language to enjoy them. But we can't break the language barrier by only them. So we should study English. If we can speak English, we can have enough communication.
（互いを知ることが大切で、相手の文化を好きになれば、それを話題に語り合える。スポーツでもゲームでも言葉は必須ではない。でも、それでは言葉の壁は破れない。だからこそ、英語を学んでいる。英語は豊かなコミュニケーションにつながる）

4. 本実践を通して伝えたいこと

　村野井（2006）は、「英語力の育成のみならず、生徒が他者と交流したいと思う気持ちを、性格や自信などを包括的に考慮しながら育てていく必要がある」と述べています。中学生にとって英語で意見交換をすることは困難を伴います。その困難の中で、筆者は生徒一人ひとりの言えること、表現できることを十分に生かして、言葉と心の成長を大切にする実践を心掛けています。目の前の生徒と同じように、世界中にいる多くの人が、他言語を学んでいます。言語の壁は時に大きく感じられることもありますが、言葉や文化を学ぶ意義にふれた生徒は、その壁をも打ち破る使命感をもつことでしょう。本実践が、生徒にとって、多様な人々と未来をつくる一歩になると確信しています。

引用文献

大下邦幸（監）（2014）『意見・考え重視の視点からの英語授業改革』東京書籍.

村野井仁（2006）『第二言語習得研究から見た効果的な英語学習法・指導法』大修館書店.

Ask Japanese（2016）「この日本語が役立った！　日本に来て使った日本語は？」YouTube. https://www.youtube.com/watch?v=Ki_XL2g3HqA

What would you do?（2020）Woman harassed for speaking Spanish. YouTube. https://www.youtube.com/watch?v=5o-UPTKYT1o

7節
平和の願いを込めた英語の歌を創作しよう
——教科横断型授業の実践

中田　未来

　筆者は、大学を卒業後、大阪府の公立中学校で16年、その後大阪教育大学附属池田中学校で5年間英語教員として勤務しています。これから紹介する実践は大阪教育大学附属池田中学校にて、2022年11月～3月に中学3年生を対象に社会科・英語科・音楽科・総合的な学習の時間で教科横断型の授業実践に取り組んだものです。生徒の英語運用能力は、約25％が英検2級以上レベル、約70％が英検準2級レベルです。単元の総括的課題は「平和の願いを込めた英語の歌の創作」としました。単元設定の理由は、中学生が平和への思いを授業で配布したプリントに綴るだけではなく発信することはできないか、また、一つの教科だけでは実現が難しいことも教科横断的に学ぶことによって成し遂げられると考えたからです。

1.　単元の概要

　社会科で平和とは何かについて考え、英語授業では歌のサビの歌詞を、音楽の授業では8小節分の旋律を、4人一班となって創作しました。その後有志の生徒を募り、一曲の歌に仕上げ、卒業の歌として卒業式で保護者や在校生に向けて合唱しました。下の表は単元のスケジュールです。（　　）内は授業数を表しています。

実施 時期	音楽科	社会科	英語科	総合的な学習
10月 30日				単元目標、総括的課題、今後の流れ、学習前アンケート（1）
11月 上旬	旋律分析 （2）	歴史的経緯や社会的背景、日本の難民受け入れ状況（2）		
11月 中旬		個人で平和を定義する（1）、班で平和を定義する（1）	平和に関する歌を味わう（3）、韻・音節について（1）	
11月 下旬			個人で作詞（3）、4人班で作詞（2）	
12月 上旬	創作の仕方（1）			個人で作曲（2）、班で作曲（2）

12月 中旬		平和の定義、旋律、歌 詞、工夫を書いたパン フレット作成（1）		
1月 上旬				歌練習（1）
1月 19日				クラス内発表（1）
1月 27日				学年発表（1）
1月 30日				振り返り（1）

2. 英語科の取り組み

2.1 歌詞に込められた思いを理解する（3時間）

　平和を願った歌に込められた思いを理解するため、生徒は *Imagine* の歌詞を読みました。*Imagine* が歌われた社会的背景については、社会科の時間に学習していましたが、英語の歌詞の意味を汲み取るのはこの時間が初めてでした。

　まず、歌詞の理解から入りました。この曲を聴く前に、歌詞 "No hell below us / Above us only （　　）." の （　　） に当てはまる語は you または sky のどちらか、という問いを投げかけました。「only you ってよく聞くから」という理由で you を選ぶ生徒や「No hell below us の対になる表現がくるのではないか」と考え、sky を選ぶ生徒がいました。次に、*Imagine* の曲を再生し、答え合わせをしました。また、この歌詞に見られる韻についても考えさせました。すると、try と sky が韻を踏んでいることに気づいた生徒がいました。韻を踏むことを英語で rhyming と呼び、これが歌詞の特徴の一つであることを伝えました。「do と too も韻を踏んでいる」「自分が歌詞を書くときにやってみたい」「自分で見つけるのが難しそう」という声が生徒から出ていました。

　その後、"Which line is catchy for you?" "What is the message of the song?" "Do you like this song? Why or why not?" など、自身が感じたことを表現する問いを投げかけました。その際、生徒 A は "I don't like the song because the lyrics sound 極端 to me. Did he want to なくす diversity?" と書きました。一部日本語で表現していましたが、クラス全体の考えを深める問いだと感じ、私が "Oh, you feel the lyrics sound extreme to you. Which line?" と聞き、生徒 A の考えを全体に共有しました。「There is no countries. なんてできるわけない。宗教がなくなったら心の拠り所がなくて困る人もいるはずだ」と彼は言いました。

"Do you like this song?" という問いには9割を超える生徒が肯定的に答えていたものの、生徒Aの考えを聞き、「国や宗教がなくなれば平和になるのか？」「それらがなくなることなんてあり得ない」「みんなが同じ考えになることは多様性をなくしてしまうのではないか」と考える生徒もいました。生徒たちはこの英語の授業の学びや気づきを踏まえ、社会科の時間で「国家、宗教の役割とは何か」を考え、そこから「平和とは何か」を定義づけしていきました。

その後2時間の授業では、同じく平和を歌った *We Are the World, Heal the World* を使い、歌詞の意味や作詞者の思いを理解するため、生徒は "What is the main message of the song?" という問いに答えたり、2つの歌詞に共通する表現を探したりしました。

2.2　音節（syllable）の数え方について学習する（1時間）

次に作詞をするにあたり、歌詞がどのように楽譜上の音の長さと対応しているのかを知るために、音節の数え方について学習しました。

2.3　個人で歌詞を作成する（3時間）

社会科の授業で班ごとに考えた平和の定義に合うよう、まずは、個人で作詞をしました。ここでは、韻を踏んでいる単語を検索できるサイト（Rhyme Zone）や音節を数えられるサイト（How Many Syllables）を活用してもよいこととしました。

生徒Bの班は平和を「平和とは一人ひとりが気持ちよく幸せに暮らすことができること、また、全ての人が気持ちよく過ごせる日常を作り出せること」であると定義しました。この定義をもとに、個々人で作詞の下書きを作り（資料1）、教師はその下書きにフィードバックをし（資料2）、生徒はそれをもとに個人の作詞を完成させました（次ページの資料3）。

Let's sow the seed called smile And let's water the seed called kindness Everyone can do it in their each style Then the flower will bloom to the world called happiness	Let's sow the seed*s* called smile 　　　　（抽象的な語に） And let's water the seed*s* called kindness Everyone can do it in their *own* style Then the flower*s* will bloom *in* the world called happiness
資料1　生徒Bの下書き1回目	**資料2　教師のフィードバック （イタリック部分）**

2.4 班で1つの歌詞を完成する（2時間）

　個人の歌詞を組み合わせ、班の歌詞を創作しました。下記のように、生徒B, C, Dの歌詞を組み合わせ、最後に班員全員で全体の流れを推敲し、歌詞を完成しました（資料6）。

Let's sow the seeds called gratitude And let's water the seeds called kindness Everyone can do it in their own style Then the flowers will bloom in the world called happiness

資料3　生徒Bの歌詞完成版

Don't be shy　We respect you Do not cry　　We support you And you do the same things as our helping

資料4　生徒Cの歌詞完成版

Hold hands with everyone. You're you. It's Okay to have traits. No need for hates. Because we are one.

資料5　生徒Dの歌詞完成版

We can bloom our own flowers called happiness Don't be shy, we respect you Do not cry, we support you It's OK cause we are one

資料6　班の歌詞完成版

3. 学年全体の歌へと高める

　この後、音楽の授業では8小節分の旋律を4人一班となって創作しました。その後、各班の楽曲を披露するクラス内発表会を行いました。パンフレットをクラス全員に配布し、各班が平和の定義、旋律、歌詞の工夫を紹介した後、実際に歌い、楽曲を披露しました。全班の発表後、平和の定義、旋律、歌詞について総合的に良いと思った3曲を生徒が選び、最も票が入った楽曲をクラスの代表曲としました。クラスの代表曲が決まると、総合的な学習の時間にクラスごとの歌を練習し、「附中平和コンサート」と称したクラスごとの楽曲披露コンサートを行いました。代表生徒が平和の定義、旋律、歌詞の工夫を紹介した後、クラス全員で歌い、楽曲を披露しました。学年の教員が歌いやすさ等を総合的に判断し、学年の代表曲を決定しました。その後有志の生徒を募り、一曲の歌に仕上げ、「卒業の歌」として卒業式で保護者や在校生に向けて合唱しました。

```
                              One

                 La-La-La-La   La-La-La-La
             明日を描こう　この広い空の下で
             未来を描こう　眩しい銀河の下で
        心に雨が降ったとき　いつも手を差し伸べてくれた
          君とだから笑えて　君だから涙を見せられる


       We can bloom our own flower called "Happiness"
                 Do not cry we support you
                 Don't be shy we respect you
                It's OK, cause we are "One"


      You can bloom your own flower called "Happiness"
                 Do not cry we support you
                 Don't be shy we respect you
                It's OK, cause we are "One"


                       It's OK
                 Cause we are "One"
```

資料7　完成した歌詞

4. おわりに

　最後に本単元の生徒の振り返りをいくつか紹介します。

> 教科を横断して学ぶことは単元ごとに学んだ知識をそれぞれの単元から組み合わ
> せたり、因果関係などを見つけ出すということである。その上で社会科、英語科
> から平和について考えた時、それぞれの教科でまず専門的な考え方をし、（社会
> 的に考える、英語的に考える）その後考えた項目について、関係性や関連性を見
> つけることで効果的な対策や措置をとることができるという気づきがあった。

　教科横断的に学ぶことによって、教科間のつながりを見つけ、知識を転移し多角
的に考えることができるようになりました。その過程で、生徒たちは平和への概念
を再構築し、問題を発見して解決策を見出そうとする姿勢を培っていきました。
　次の記述は、卒業式を終えた後、作詞作曲プロジェクトに所属していた生徒が書
いた振り返りです。

（前略）平等、自由、笑顔…など、自分とは違う言い方でみんなが平和を定義していても、その先にある願いはみんな一緒なんだと実感し、身近なものを身近に感じ、協力し合うという大切さを学んだ。（中略）誰か1人が平和を願ったり、平和の歌を創ったりするだけで世界は平和にならないけれど、平和について考え、共感する人が多くなることで平和に繋がるのだと感じた。そのきっかけとなるものの1つが歌であり、卒業式ではこの歌が私たちを1つにしてくれたのではないかと思う。

　この生徒は、平和を願う気持ちで、一つの目標に向けて学年の仲間たちと協働して楽曲を創作した経験が、世界を平和な状態にする行動のきっかけとなったのではないかと捉えていました。考えるだけでなく、思いを楽曲という形で表現したという経験を通して、自らの手で平和な社会を創造しようとする思いを強めている様子が窺えました。

引用文献

How Many Syllables. https://www.howmanysyllables.com/

Jackson, M.（1991）. *Heal the World.* [Song].

Jackson, M. & Richie, L. B., Jr.（1985）. *We Are the World.* [Song].

Lennon, J.（1972）. *Imagine.* [Song].

Rhyme Zone.（2016）. Data muse. https://www.rhymezone.com/

8節
海外の中学校との協働的な活動で
SDGs を考える

北野　梓

1. 小学校から中学校に転勤して

　小学校と中学校の外国語教育の違いの一つとして、小学校では、限られた語句や表現のなかではあるが、学びを丁寧に積み重ねる楽しさがあり、中学校の授業では、語句や表現の制限があるものの、内容を深められる楽しさがあることを感じています。ここでは、2022年に中学校外国語科と総合的な学習の時間の合科で行ったSDGs学習の実践を紹介します。

2. 世界共通の課題について、地球市民として何ができるか

　国連が提唱する SDGs（Sustainable Development Goals）には、17のゴールが設定されており、2030年までの達成をめざしています。しかし、日本が達成している目標は、たった3つのみと評価されました（Sustainable Development Goals Report, 2022）。さらに、課題が残っている目標のうち、6つは深刻である[1]と評価されました。

　中学1年生の生徒達は、総合的な学習の時間（グローバル学習）で SDGs の概要について学び、自分達が直面している課題は何か、その課題解決に向けてできることは何かを考えました。また、トルコ共和国（以下、トルコ）の中学校と1年生同士でウェブ会議システムやビデオレター、Padlet（デジタル掲示板）を通じて協働で取り組みました。なお、実践者の知人である Katya 先生が勤めるトルコの中学校（Ari Private School）は、SDGs 学習に継続して取り組んでいる実績があります。

3. 単元について

　本学習は、総合的な学習の時間と外国語科の合科で取り組みました。外国語科では、SDGs 学習の前に、互いの自己紹介や国紹介といった異文化理解の機会を設定しました。単元計画は次ページの表1に示しています。単元の目標は次の2点です。なお、外国語科では第8時を除き、英語で言語活動を行いました。
○ SDGs を意識した上で自分達の抱える課題と、課題に対する解決策を考え、既

習の語句や表現を使って書いたり、外国の中学生に伝えたりする。

○課題に対し自らがどのような貢献ができるか考え、地球市民の一員としての自覚を高める。

表1　単元計画

		総合的な学習の時間	外国語科
9月	第1時	United Nations（2015）や Sustainable Development Report（2022）を参照して日本の SDGs の達成状況に課題意識をもつ。	トルコについて知っていることを挙げる。Katya 先生が作成したトルコの紹介スライドを見る。
	第2時	日本が「深刻な課題が残っている」と評価された6項目の概要や課題をグループで調べる。NHK for School（2021）を視聴する。	トルコについて紹介してもらったお礼に、日本の紹介のスライドを作成し、送る。
	第3時	国連広報センター（2019）を参考に、自分ができることをレベル別に付箋に書く。	自己紹介や、トルコから送られてきた質問の答えを準備する。
	第4時	前時に書いたことから1つ選び、どの目標達成につながるのか明らかにし、PowerPoint にまとめる。	ウェブ会議システムを用いて、自己紹介をしたり、トルコから送られてきた質問に答えたりする。
10月	第5時	国際連合について概要を知る。	Katya 先生が作成した教材 "School Life in Turkey" を読み、"School Life in Japan" の紹介文を作成する。
	第6時	富田林高校卒業生、元国連広報事務次長赤阪清隆氏の講演を聞く。	SDGs 達成のために取り組んでいることをグループで動画撮影し、Padlet でトルコの中学生に発信する。
	第7時		Ari Private School（2022）の学校の敷地内で Biodiversity Scavenger Hunt（A～Zまでの生き物探し）をする活動に倣い、日本での生き物探しの様子を動画にまとめてトルコとポルトガルの中学生に発信する。
	第8時		自分達が投稿した動画を見て、どの目標達成につながるか考え、Mentimeter（アプリ）で投票をする。グラフ化された結果から、振り返りを行う。
11月	第9時		トルコの中学生に伝える内容をグループごとにまとめる。
	第10時		ウェブ会議システムを用いて、トルコの中学生と、互いの地域が抱える問題と解決策を伝え合う。

4. 生徒のアイデア

　外国語科第6時の動画撮影（表1参照）に向け、10月から4回の帯活動で "What do you do for sustainable life?" について自分なりの考えを伝える chat をペアで行いました。1年生の4月後半からほぼ毎時間、1分程度の chat を2回行っています。chat のテーマは、小学生の頃の Small Talk の延長で、"What food do you like?" や "Which do you like, summer or winter?" など自分の好きなことについて主に設定してきました。今回は、"What do you do for sustainable life?" という社会的なテーマで行いました。なお英語の授業では、より多くの友達とコミュニケーションを図るために、毎回ランダムに座席を替えています。生徒は、隣の席になった友達とペアを組み、困った時には互いに助け合って活動をしています。以下は生徒の chat の一例です。

A: What do you do for sustainable life?
B: I turn off the light.
A: Turn?
B: Turn off the light. （教室内の電気を指差しながら）
A: I see. Good idea!
B: Thank you. What do you do for sustainable life?
A: I don't use water.
B: You don't use water?
A: I save water.
B: Ah, I see. Good idea!

　このように、自分の意見を友達に英語で伝える機会を帯活動で繰り返した後、外国語科第6時に5人程度のグループで動画にまとめさせます。Padlet に投稿された動画のうち2つを以下に示します。
(1) グループ1の動画
　（プラスチックバッグを持ちながら生徒が現れる）
　I don't use the shopping bag. （バッグを手放す動作）
　I use eco bag. （エコバッグを手にする）
　How about you? （手を視聴者に向ける）
(2) グループ2の動画
　Hi! （手を振る）
　I don't buy the plastic bottle, but I have my water bottle. （水筒を手にする）
　How about you? （両手を広げる）

5. 成果と課題

　この取り組みの成果と課題を挙げます。成果の1つ目は、SDGs という世界共通の課題について、英語を使ってトルコに加え、ネパールや台湾の子ども達と意見交換できたことです。表1の第10時の交流では、トルコの中学生は校内の植樹、地域の清掃活動や議会参加を行い、さらに附属小学校の子ども達に学びを伝えたりしたことを教えてくれました。それを見聞きし、自分達の行動が十分でないと振り返る生徒が何人も見られました。外国の同い年の子ども達が積極的に行動を起こす姿を見て、目指したい姿が明確になりました。成果の2つ目は、生徒達が SDGs を身近なことだと捉えられたことです。第8時に行った「SDGs 学習で学んだこと」の振り返りでは、「日本は、まだ多くの課題を抱えていて、その問題に自分達は普段の生活で少し気をつけるだけで貢献できる」「意外と身近な簡単なことをすることで SDGs の対策になると知った」という意見が多く見られました。

　一方で、課題は3つあります。1つ目は、SDGs に関する英語の語句や表現の難しさです。普段の英語の授業で扱う語句や表現とは異なり、既習の語句や表現だけでは補いきれないことがありました。また、中学1年生当時は、when 節や if 節が未習だったため、「使っていない時に電気を消す」や「使っていない部屋のエアコンを止める」と伝えたかったものの、十分に伝えられませんでした。2つ目の課題は、このグローバル学習に至るまでに、英語で自分自身の考えを述べる機会が少なかったことです。中学1年生の chat では先述の通り主に自分自身の好きなことについて述べてきました。しかし、何らかの課題や経験に対して、自分の考えや感想を述べることに十分に慣れておらず、chat のテーマを今後レベルアップさせる必要があると気づくことができました。3つ目の課題は、SDGs に関する背景知識が十分でないことです。英語の時間だけで補うことが難しく、学校全体でカリキュラムを設定することが必要です。

6. 課題を乗り越える取り組み

　第1回目の実践から1年が経過した2023年、当時の1年生が2年生になっての取り組みです。課題の2つ目（語句や表現の難しさ）への対策として、毎回の授業始めには chat で自分自身の考えや感想を述べる機会を確保しています。例えば、ネパールの中学生とのオンライン交流を終えた次の時間には、chat で "How was the online session with Nepal?" と尋ねると、"Nepali students sang well in Japanese." "I think Nepali students are not shy." などの反応を聞くことができました。また、台湾の中学生とのオンライン交流の次の時間には "What did you learn about Taiwanese culture?"、そして探究学習のフィールドワーク後には、"Which company did you visit? Please tell me about it." と尋ね、ペアでやり取りをさせました。毎回の授業ではこのように生徒が自身の考えや感想を述べる必然性のある問いを設定しています。

2023年のグローバル学習は、「What do you do for sustainable life? 〜実際にアクションを起こす先輩に学ぶ〜」と題し、持続可能な社会の実現のために生徒達が自分達で行動を起こし、自分達にできることがあるという自己有用感を得ることをゴールと設定しました。合計8名のゲスト（JICA海外協力隊、高等学校教員、大学教員）の講演を聞く機会を設け、見習いたい考え方や取り組みたいことについて学びました。ゲストがアクションの手段として英語を使う姿を目の当たりにし、英語を学ぶ必然性が高まりました。

8つの講演後、「自分が取り組みたいことは何か」についてまとめ、学年の代表生徒が集約し、貧困問題を抱えるネパール支援のチャリティマラソンに参加することを決めました。そこで、代表生徒達がTondabayashi Global Organizationというグループを立ち上げ、保護者や生徒に募金を呼びかけた結果、たくさんのご協力をいだたきました。チャリティマラソンは、ゲストの勤務校で開催され、中学2年生から16名の有志が参加し、校内で集めた57,500円を届けました。昨年度協働したトルコのKatya先生は、今年の取り組みを交流で報告してほしいと楽しみにしてくれています。自分達の行動が誰かの役に立てることを体験させ、世界共通の課題SDGsに対して、自分ごととしてアクションを起こす生徒を引き続き育みたいです。

引用文献

Ari Private School. (2022). Biodiversity Scavenger Hunt in Ari Schools. https://www.ariokul-lari.k12.tr/haberler/ogrencilerimizden-biyocesitlilige-ornek-arastirma

NHK for School. (2021).「世界の人々とともに生きる」https://www2.nhk.or.jp/school/movie/bangumi.cgi?das_id=D0005120510_00000

Sustainable Development Report. (2022). https://dashboards.sdgindex.org/profiles/japan

United Nations. (2015). General Assembly. https://www.mofa.go.jp/mofaj/gaiko/oda/sdgs/pdf/000101401.pdf

---

1　2022年は「4. 質の高い教育をみんなに」「9. 産業と技術革新の基盤をつくろう」「16. 平和と公正をすべての人に」は達成したと評価され、「5.　ジェンダー平等を実現しよう」「12. つくる責任つかう責任」「13. 気候変動に具体的な対策を」「14. 海の豊かさを守ろう」「15. 陸の豊かさも守ろう」「17. パートナーシップで目標を達成しよう」の6つは、深刻な課題が残っていると評価されている。

9節

自分が親になったら我が子に
言ってあげたい言葉
——自己表現活動を通じて生徒の自己内省を促す授業

石井　博之

1.　英語の授業で人間形成を促すために

　高等学校の英語の授業を通じて生徒の人間形成を促す方法は様々考えられます。そのうち筆者がよく用いるのは、以下の手法です。

(1) 生徒に思考するに値する問いを投げかける。
(2) その問いに答える形で、英文で自己表現させる。
(3) 表現内容を生徒間で共有させる。

　自己表現活動を成功させる鍵は、(1) で生徒に投げかける「思考するに値する問い」にあります。この問いが、生徒にとって考える必然性のないものだったり、深く考えなくても答えられたりするようなものであれば、生徒の思考は深まりません。(2) の表現内容を思考する過程では自己内省を促し、(3) の共有を通じ、他者の考えを知ることで、更なる自己内省をするように促す、というのが一連の流れのねらいです。高校生の時点で、自分自身を、ましてや他者を深く理解できている生徒はそう多くはないでしょう。英語活用の過程で、自己理解と他者理解を深めることで、自分自身と他者、そしてその意見や考えを大切にできる生徒を育てたい、という思いが筆者の活動の根底にあります。

　本節では、2章9節「学習者の成長を促す自己表現」で、私が「問いを普段の授業に落とし込む3つの切り口」の一つとして挙げた、「②教科書の文法事項」を核とした問いに答える活動実践の具体を紹介します。

　想定する学年は高校1年生で、助動詞を扱う単元です。科目は、「英語コミュニケーションI」でも「論理・表現I」でも構いません。中学校までの学習内容だと、例えば助動詞 can であれば、その意味は「～できる、～してもいい、～してもらえますか」あたりですが、高校生ともなると can 一つに対しても、場面に応じてそれ以上の種類の意味があることを学びます。これらを学習後、「自分が親になったら我が子に言ってあげたい言葉は何か」を問いとして、生徒に助動詞を活用した自己表現活動に取り組ませます。具体的な実践を説明する前に、まずは筆者がこの実践

第4章

高等学校

の着想を得るきっかけとなった先行事例を紹介させてください。

2.　きっかけとなった先行事例

　個人的な印象ですが、中学校の英語の先生方は、例えば生徒に習熟させたい新出の文法事項があるとき、それを活用する必要がある状況を無理なく設定し、生徒が興味を持って取り組める活動を設計することに非常に長けておられます。筆者はアイデアを得るために時折書店や古本屋などで中学校英語教育に関する書籍を探して読むようにしていますが、本事例はそうしているうちに出会った活動です。

　立川（1991）は中学生への命令文の指導方法として、次の活動を紹介しています。

　まず、生徒に「お家の人が口癖のようにあなたに言う言葉を書いてください」とアンケートを取ります。ここであえて「命令する言葉を書きなさい」とは聞きません。家の人の言葉にどれくらい命令文があるか感じさせるため、というねらいがあるからです。続いて、その結果を生徒に提示します。アンケートでは、なんと1～5位まで、かつ全体の7割弱が命令文で占められていたそうです。具体的には、以下のような内容です。

　　1位　Study hard.「勉強しなさい」
　　2位　Bring your lunch box.「お弁当箱早く出しなさい」
　　3位　Get up early.「早く起きなさい」
　　4位　Don't forget anything.「忘れ物をするな」
　　5位　Go to bed early.「早く寝なさい」

　これをもって、子どもたちの身近でいかに命令文が使われているか、それが使われる場面はどのようなものか、具体的なイメージを伴って実感させられる、という素敵なアプローチです。

　この活動を読んだとき、「なんてすばらしい導入方法だろう。自分もこのように教わってみたかった」と思うと同時に、自分だったらこの後、続けて生徒に「じゃあ、自分が中学生の子どもの親だったら、我が子に命令文を使ってなんて言うかな？」と尋ねるかもしれない、とも思いました。こうすると、「命令ばっかりされてやんなっちゃうよね」で終わらずに済みます。大事な我が子に命令する内容、理由を考えたとき、親の口から発せられる言葉のほとんどが我が子のためを思って生まれたものであることを実感できるはずだからです。

　そこまで考えて、これは同様の内容を様々な助動詞を活用して取り組ませることができる、と気づきました。こうして生まれたのが、次にその具体的実践方法となる活動、「自分が親になったら我が子に言ってあげたい言葉」です。

3. 活動方法

　活動を行うタイミングとしては、高校で学ぶ助動詞の解説や演習が終わった後に、仕上げとして活用することを想定しています。

　まず、導入として、家に帰ってから親から言われるお小言を思い起こさせます。生徒に「おかえりなさい」以外で、家に帰るとすぐに親に言われる言葉としてどんなものがあるか問いかけ、「早く着替えなさい」「お弁当箱流しに出しておかなきゃダメでしょ」「もうすぐテストなんだから勉強しないと」「さ、早くお風呂入っちゃいなさい」「明日も朝練でしょ、もう部屋行って寝なさい」等々の表現を引き出します。

　次に、これらを、命令文を使わずに英文にしようとすると、授業で習った様々な助動詞やそれに関連する表現が大活躍することに気づかせます。上記の例なら、must, have to, should, ought to, had better あたりが使えるでしょう。

　「いつも色々言われて、うるさいなぁ、と思っているかもしれないけれど、自分が親だったらどんなことを自分の言葉で伝えるだろう。今回は親の目線を体験してみよう」と投げかけ、自分が親になったとして、子ども（性別、人数、年齢は自由）に何を言ってあげたいかを考え、理由と共に表現するよう伝えます。ここでは、高校生になって習った、多様な助動詞の意味を最大限活用し、言いたいことを英文にするように促します。

　また、これだけだと小言しか出てこない恐れがあるので、例として以下のような英文を紹介します。私が以前同じ活動を行った際に生徒が残してくれた作品です。英文の次にあるのは、生徒が補足として書いてくれたコメントです。これがあるだけで、短い英語の一文の背景がわかり、その深みが増すので、筆者は生徒が英文で自己表現する際には、英語か日本語で必ず一言付け加えるように奨励しています。

> You don't have to be a good girl, and you can say something selfish.
> 私は3人姉弟妹の長女だから、いつも我慢してました。そしたら、お父さんが「いつもいい子でいなくていい。わがまま言っていいんだよ」と言ってくれて、すごく嬉しかった。だから、自分の子にもそう言ってあげたいです。

　こうすると、小言ばかりでなく、子どもへの思いやりあふれるメッセージも作れるように、思考の幅を広げることができます。

　生徒の作品が完成したら、教えているクラスの状況に応じて、その場で即座に見せ合ったり、机上に置いたものを自由に歩いて見合ったり、あるいはいったん教師が回収して内容確認したうえで、口頭か英語通信などで紹介することで、他の生徒がどのようなことを考え、表現したのか考えさせる機会を設けます。

4. 生徒作品の具体例

以上の過程を経て、生徒が表現してくれた作品をいくつか紹介します。

You can choose the high school you want to go to at the time of examination.

私は受験期、高校がギリギリまで決まらずとても悩みました。でもそれは両親が「行きたいと思うところ、私立でも公立でもどこでも応援するから自由に決めていいよ」と言ってくれたからこその幸せな悩みだったんだと気付きました。私は今、高校生活を全力で楽しんで、両親に「応援してあげてよかった」と思ってもらえるようにしています。それを子供にも伝えてあげたいなと思います。

You shouldn't do part-time job when you are a high school student. It is because you must make money in the future. So, you should feel *seisyun* in high school life.

大人になってから嫌でも働いてお金を稼がなきゃいけなくなるから、高校生活でしか味わえない部活や恋愛の青春を送って欲しい。

You should do something that you want to do. But you must do the things that you have to do. You should be kind to people. I'm sure the happy things will return to you if you do that.

自分が母親から言われてきたことで、人に親切にすればきっといいことが返ってくると思うので、子供にも言ってあげたいです。

You ought to be a person who can think of others' feelings.

実際、お母さんに言われたことだけど、どちらも大切なことだから自分の子供にも言ってあげたい。

You mustn't compare yourself with other people.

他人と比べてもなにもならないから。

面白いことに入口がお小言でも、生徒作品の多くが出口の段階では我が子への愛情あふれるメッセージになっているケースが多いのが、この活動の特徴です。中には、自分が普段言われて不快に思っていることでも、自分の子のことを考えると、結局自分も言わねばならないことに気づき、「相変わらずうっとうしいのは変わらないけれど、少しだけ両親の気持ちがわかった」という生徒もいました。

5. 表現することによって深まる思考が生徒の人間的成長を促す

　生徒は「自分が親になったら我が子に言ってあげたい言葉」という問いへの答えを表現する過程で、「大切な我が子には幸せになってほしい、だから適切なアドバイスをしてあげたい」と考えたのではないでしょうか。そうして考えついた想いの数々は、多くの場合、言い方は違っても、実際に自分が親から投げかけられた言葉と重なっていたのかもしれません。それに気づくことで、「あれは自分のために言ってくれていたんだな」と自分の親の気持ちに考えが及ぶようになります。また、自分自身が表現する「我が子に言ってあげたい言葉」にも、自分の想いがより一層強く宿るようになります。こうして、この活動は「助動詞を定着させる」ための単なる短い作文から、「我が子に大切なメッセージを伝える」ための、意味のある活動へと昇華します。

　また、家庭は生徒の数だけ存在します。家庭によって、慈愛に満ちた包み込むような優しさを感じる言葉もあれば、厳しさの背後に確かな愛を感じる言葉もあることでしょう。それらに対する、クラスメイトの想いも知ることができます。普段、他人の家庭内の飾らない会話を垣間見る機会はまずありません。それを知ることは、様々な家族の形、様々な愛情の伝え方があることを理解することにつながります。これにより、生徒の中には自分の育った家庭環境で投げかけられた言葉を再生産するだけでなく、他者の考えを取り入れた新たな自分なりのメッセージを創出する者も現れるかもしれません。

　助動詞の活動ひとつとっても、問いの作り方や活動の運び方によって、生徒が表現や交流の過程で行う思考や学び、内省の質はこれだけ深めることができます。教師として、いい意味で生徒の心を揺さぶることのできる授業を、今後も探究し続けていきたいと思います。

引用文献

立川研一（1991）「6　目標文を身近に感じさせる」柳井智彦（編）『英語指導の腕をみがく（授業への挑戦；71）』（pp.58–61）. 明治図書出版.

10節
持続可能な社会の創り手を育む
──SDGs トピックの英語授業

山本　孝次

　筆者は大学の外国語学部を卒業してからずっと、愛知県立の高等学校に英語教員として勤務しています。2008年に JICA 中部主催の教師海外研修に参加して以来、国際理解教育を推進する活動も校内外で続けています。

1.　求められている持続可能な社会の創り手育成

　現代社会は変化が激しく、解決すべき課題に満ちた社会です。どのような地球規模課題があるのかを SDGs は人類に提示しています。そして、これらの地球規模課題の解決に取り組んでいく人を育んでいくことが世界中で教育に求められています。日本でも2018年告示の高校学習指導要領の前文に「持続可能な社会の創り手」育成が教育の重要課題であることが明記されています。

2.　若者に持続可能な社会の創り手である自覚はあるか

　日本財団（2022）が6カ国で17 〜 19歳の若者を対象に行った意識調査によると、「自分は責任がある社会の一員だと思う」と「自分の行動で、国や社会を変えられると思う」という項目において、それぞれ「はい」と答えた割合が48.4％と26.9％で他の5カ国と比べて随分と低いことがわかりました（表1参照）。つまり、日本の若者には自分が持続可能な社会づくりの創り手であるという自覚のある人が少ないことが推測できます。

　また、私自身も学校で気候変動などの地球規模課題を扱った授業の後で生徒に感

表 1　国や社会に対する意識（単位：％）

	日本	アメリカ	イギリス	中国	韓国	インド
自分は責任がある社会の一員だと思う	48.4 （6位）	77.1	79.9	77.1	65.7	82.8 （1位）
自分の行動で国や社会を変えられると思う	26.9 （6位）	58.5	50.6	70.9	61.5	78.9 （1位）

想を書いてもらうと、自分に社会を変えていく力があると考えている生徒は少ない
と実感しています。生徒の感想を読むと、「高校生の私たちに出来ることはあまり
ありませんが…」とか「…な社会になって欲しいと思う」というコメントに出会う
ことがよくあります。言葉の端々から、持続可能な社会は他の誰かが創ってくれる
ものという考えを見て取れます。

　持続可能な社会づくりのためには、まず生徒たちに自分たちがその担い手である
ことを自覚してもらうことが必要です。本節では、生徒に持続可能な社会の創り手
とは誰のことなのかを考えさせる実践を紹介します。

3. SDGsトピックの英語授業実践例

　本実践は、国際教養科2年生を対象に2020 〜 2023年の毎年、学校設定科目「国
際理解」の気候変動を扱った単元で、使用できる授業時間に応じて少しずつ内容を
変えながら実施したものです。

　グレタ・トゥーンベリ（Greta Thunberg）が国連気候行動サミットで2019年9
月に行い、"How dare you!" のフレーズで有名になったスピーチを用いて、生徒に
自分たちが持続可能な社会の創り手であるという自覚があるのかを問う授業です。

　主題となる問い、目標、および授業展開は次の通りです。

主題（問い）	Which do you belong to, "we" or "you," in Greta's speech?
目標	〔知識・理解〕 ・グレタ・トゥーンベリの国連気候行動サミット演説を理解する。 〔思考・判断・表現〕 ・自分の気候変動への取り組みを顧みて、グレタへのコメントを書く。

〈授業展開〉50分×2回

時間	活動内容
20分	1.「グレタ・トゥーンベリさんのスピーチ@国連気候行動サミット」を視聴する。 5分ほどのスピーチ動画を英語字幕で2回見て、内容理解に努める。
30分	2. グレタのスピーチのスクリプトを読む。 スクリプトを読むことを通して、さらに深い内容理解に取り組む。代名詞の "we" や "you" がそれぞれどんな人を指しているのかを考える。
25分	3. 問い：Which do you belong to, "we" or "you," in Greta's speech? に答える。 参考にセヴァン・スズキによる国連環境開発会議におけるスピーチを見てから答え る。自分が "we" 側なのか "you" 側なのかを割合（%）で示し、その理由を答える。
25分	4. グレタへのコメントを書く。 グレタのスピーチの中から印象に残った箇所に触れながら、グレタへ向けた手 紙の形式でコメントを書く。

ここからは、上記の活動内容1から順に詳しく述べていきます。

3.1　グレタのスピーチを視聴する（20分間）

「グレタ・トゥーンベリさんのスピーチ@国連気候行動サミット」（新英語教育研究会非公式, 2019）を視聴することによって、私たちが気候危機に直面していることを知ります。この動画を視聴する前に、「最近、これは気候変動の影響だなと感じる出来事といえば、どんなことがありますか」という問いを投げかけ、気候変動の影響を世界中の人々が大きく受けていることを確認させておきます。例えば、東アフリカの干ばつ、カリフォルニアの山火事、パキスタンでの洪水などに触れておくことができます。そうすると、スピーチ中の "People are suffering. People are dying. Entire ecosystems are collapsing. We are in the beginning of a mass extinction." という部分を実感をもって聞くことができるでしょう。

できるだけ英語で理解していくように、英語字幕で2回視聴します。1回目はノンストップで通して、2回目は注目したい英語表現のところで止めて意味を尋ねたり解説を加えたりしながら視聴します。

3.2　グレタのスピーチスクリプトを読む（30分間）

グレタのスピーチスクリプト（NPR, 2019）を読んで、さらに深い内容理解に取り組みます。それとともに代名詞の "we" や "you" がどんな人を指しているのかも考えます。具体的な活動内容を紹介するために、スピーチの最初と最後の一部分を取り上げてみます。

"My message is that we'll be watching **you**.

"This is all wrong. I shouldn't be up here. I should be back in school on the other side of the ocean. Yet **you** all come to us young people for hope. How dare **you**!

"<u>**You** have stolen my dreams and my childhood with **your** empty words.</u> And yet I'm one of the lucky ones. People are suffering. People are dying. Entire ecosystems are collapsing. We are in the beginning of a mass extinction, and <u>all **you** can talk about is money and fairy tales of eternal economic growth.</u> How dare **you**!"

—中略—

"You are failing **us**. But the young people are starting to understand your betrayal. The eyes of all future generations are upon you. And if you choose to fail **us**, I say: <u>**We**</u> will never forgive you.

"<u>**We**</u> will not let you get away with this. Right here, right now is where **we** draw the line. The world is waking up. And change is coming, whether you like it or not."

（※下線と太字は筆者による）

　内容を、表面的ではなく、さらに深く理解するためのタスクとしては、次のものが考えられます。

① 前半で下線が引かれた2文はそれぞれ "you" がどんなことを言い、どんなことをしてきたのか、"empty words" や "fairy tales" の具体例を挙げて説明しなさい。
② 後半の部分では、二重下線部の英文により世界が具体的にどう変わってきているのか説明しなさい。

　上記のタスク①、②に取り組むことによって、"we" と "you" がそれぞれどのような人物を指しているのかがより明確になってきます。
　また、上記のスクリプトで中略した部分については、"For more than 30 years, the science has been crystal clear." とあるように、科学的根拠をもとに気候変動対策に取り組む緊急性が述べられています。生徒にも、気候変動に関する基礎知識を獲得させるために、産業革命前からの気温上昇を1.5度に抑えることを決定したパリ協定や気候変動に関する政府間パネル（IPCC）の最新報告書について調べる課題を用意します。

3.3　問い：Which do you belong to, "we" or "you," in Greta's speech? に答える（25分間）

　問いの中にある "we" と "you" の各代名詞を、"we" はグレタを代表とする若者、"you" は当時のトランプ大統領を代表とする大人と単純に考えれば、すべての高校生の答えは "we" となるはずです。しかし、それぞれの人物の行動を考えた場合、日本の高校生は一体どちらと言えるのでしょうか。
　この問いに答える前に、セヴァン・スズキ（Severn Suzuki）が1992年にリオデジャネイロで行った国連環境開発会議でのスピーチ（We Canada, 2012）を視聴してもらいます。彼女のスピーチは次のような言葉で締めくくられています。

Parents should be able to comfort their children by saying "everything's going to be alright," "it's not the end of the world" and
"we're doing the best we can."
But I don't think you can say that to us anymore.

Are we even on your list of priorities?
My dad always says "You are what you do, not what you say."
Well, what you do makes me cry at night.
You grown-ups say you love us.
I challenge you, please make your actions reflect your words.

セヴァンの方が、トーンが柔らかく、お願いするという形をとっていますが、空虚な言葉ばかりを並べて具体的な対策を取らない大人を非難する構図は同じです。同じことが、1992年から2019年へと27年の時を経て起きているわけです。1992年当時に大人を非難していた若者たちが、2019年には十分な気候変動対策を取っていないと非難される側となっているのです。このままでいくと、2019年のグレタのスピーチを聞いた高校生たちも、2030年（SDGsの最終年）には社会人となり、2050年（脱炭素社会実現予定）には働き盛りの大人となっているでしょう。このことを筆者は、次のような表を使って示しました（2021年、高校2年生対象の授業にて）。

表2 スピーチの実施年と年齢

	Rio Earth Summit 1992	Climate Action Summit 2019	2030	2050	(Year)
Severn	**12**	39	50	70	(Age)
Greta		**16**	27	47	
Students		15 **17**	26	46	

2021

「自分は高校生だから社会を変える力なんてない」と言って行動を起こさないでいると、2050年には若者から「どうして気候変動対策を怠っていたのか」と糾弾される大人となってしまう可能性が高いのです。

Which do you belong to, "we" or "you," in Greta's speech? という問いで、"we" か "you" のどちらかと尋ねられても、日本の高校生には明確にどちら側なのかを答える

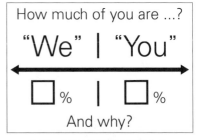

図1 問いに割合で答える

のは難しいと思われます。そこで、"we" か "you" かの2択ではなく、どちらに近いのか、割合（％）で答える形式で尋ねることにしました。その結果は回答者数41人で、次ページの表3の通りでした。

10節 持続可能な社会の創り手を育む

また、"we" か "you" かで平均を求めると、"we" が42.2％、"you" が57.8％となりました。今まで十分な気候変動対策を講じてきていないと非難されている "you" 側の割合が多いという結果となっています。その理由としては、概ね次のようなコメントが書かれていました。

表3　自分はグレタの言う "we" か "you" かの割合

どちらかと言うと "we"	11人（26.8％）
"we" と "you" が半々	7人（17.1％）
どちらかと言うと "you"	23人（56.1％）

> 私たちはこうして学校でこのようなことを学んでいるが、実際に何か行動はしていないから。きっとみんなそうだ。ただインプットしているだけ。しかし、それをアウトプットしていかなければインプットした意味がない。少なからず、以前よりは私も行動している。エアコンはあまり使わないとか、車より自転車や電車を使うとか。まだまだできることを模索中なので、40：60だ。

　生徒たちは、「持続可能な社会の創り手」として自分たちに足りないものは、課題解決へ向けた行動であると自覚しているようです。

3.4　グレタへのコメントを書く（25分間）

　この授業の最終タスクとして、グレタのスピーチを視聴し、そのスクリプトを読んで得た感想を、グレタへの手紙という形式で書くことにします。スピーチの中から印象に残ったところを取り上げ、その内容に対する感想や意見を書くことを条件としました。生徒作品例を1つ紹介します。

> Dear Greta,
>
> 　Bleaching sea corals, soil erosion, strong typhoons, I knew all of these were happening. However, if I were questioned if I was taking action, that would be a "No."
>
> 　You have said if you knew what's happening but did not take action in order to fix it, that would be "evil." Now, I know how evil I have been. To be honest, I did not take action because I prioritized my lifestyle that I am having, when I should have prioritized our future.
>
> 　When you stated how irresponsible adults are, I questioned myself. I believe it is not only the adults who should be responsible. Unlike you, I think teenagers are also responsible for the situation we are having. Many teenagers know the situation but do not act. We have the power to

第4章

高等学校

209

change the situation but we are too lazy to do so.

In the end, thank you so much for making me realize how irresponsible and evil I am. There are not many people who say things in an honest way. I will do my best to become "good."

Sincerely,

H.N.

この生徒は、実は自分たち10代の高校生も、何も有効な対策を講じてこなかった大人たちと同じなのかもしれないと答えています。自分も気候変動対策の担い手の一人であるという自覚を持ち始めたのです。

4. まとめ

2022年度から採用されている「英語コミュニケーション」の教科書にはSDGsを扱う課が増えています。SDGsが示す地球規模課題がトピックの課を扱う英語授業は、持続可能な社会の創り手育成に取り組む絶好の機会となります。

英語授業で、持続可能な社会の創り手を育成するためには、持続を不可能にしている地球規模課題について「知る」、「考える」、そしてその解決へ向けて「行動する」ことを促す活動を用意していくことが必要です（山本他，2023）。そして、それらの活動を自分事として捉える、つまり生徒が、自分たちがより良い持続可能な社会づくりの担い手であると認識することが、すべての活動を有意義なものとするための前提です。一旦広い世界的視野の中でSDGsの達成に貢献する方法を考えられるようになれば、自己の価値を世界の中で発見できるようになり、生きる意味と可能性が見えてくるのです。

引用文献

新英語教育研究会非公式（2019）「SUB: 英CC: 日　グレタ・トゥーンベリさんのスピーチ@国連気候行動サミット　Greta Thunberg's speech, Sep 23, 2019」https://youtu.be/pdVbxX2bQJk

日本財団（2022）「第46回　国や社会に対する意識（6カ国調査）」報告書. 2022年3月24日. https://www.nippon-foundation.or.jp/app/uploads/2022/03/new_pr_20220323_03.pdf

文部科学省（2018）『高等学校学習指導要領（2018年告示）』.

山本孝次・竹内愛子・柴田直哉・溝口夏歩（2023）「「英語コミュニケーションⅠ」の教科書分析―持続可能な社会の創り手育成における有用性」『ヒューマニスティック英語教育研究会紀要』第3号, 46–112.

NPR.（2019）."Transcript: Greta Thunberg's Speech At The U.N. Climate Action Summit" https://www.npr.org/2019/09/23/763452863/transcript-greta-thunbergs-speech-at-the-u-n-climate-action-summit

We Canada.（2012）. "Severn Cullis-Suzuki at Rio Summit 1992" https://youtu.be/oJJGuIZVfLM

11節
自分探しの英語学習
——「論理・表現Ⅰ」の授業で

森田　琢也

　本節では、「論理・表現Ⅰ」での取り組みを通じて、生徒が自身と向き合い、主体的かつ深く思考する授業の試みをご紹介します。

1.　教育的支援を要する児童生徒の割合

　「通常の学級に在籍する特別な教育的支援を必要とする児童生徒に関する調査」（文部科学省 , 2022）によれば、「学習面又は行動面で著しい困難を示す」とされた児童生徒数は、小・中学校で8.8％、高校では2.2％にのぼります。対象地域や質問項目は一部異なるため、単純に比較することは難しいですが、2012年に実施した前回調査の小・中学校6.5％から、2.3ポイント増加しています。

2.　人間形成的な英語教育の大切さ

　上記1. にあるように、各学校には教育的支援を要する児童生徒が在籍しています。文科省の言う「著しい困難」とまではいかずとも、自分に対し否定的な感情を抱く生徒は大勢いると推測できることから、生徒の心のサポートは、豊かな教育、学習環境をつくる上で欠かすことができません。
　したがって私の授業では、英語を用いたグループ・エンカウンターを行うなど、学習者の自己理解や他者理解を深める人間形成的な英語教育に取り組んでいます。Vasile（2013）によれば、自己受容ができる人は、精神的に安定し、幸福感が高いことがわかっています。Rogers（1995）は、前述の本質を次の言葉で鮮やかに捉えています。「興味深いパラドックスがある。それは、自分の現在のありのままを受け入れるとき、自分が変わるということだ」。つまり、ネガティブな自分も、ポジティブな自分もありのままに受け入れ、自分自身を受容できたとき、自分を変える準備が整う、と考えられます。ここでは、英語を通じた自己受容から、教育的支援を要する生徒の自己肯定感を高めることを主な目的とした授業実践をご紹介します。

第4章

高等学校

3. 授業実践例

　本実践は、国立大学附属高等学校に在籍する1年生「論理・表現Ⅰ」4クラスを対象に実施しました。1年生の英語力には幅があり、主にCEFR A2からB2の生徒が一つのクラスに混在しています。「論理・表現Ⅰ」の一部の単元は、本校の学校設定科目である「グローバル探究Ⅰ」（総合的な探究の時間）と連携し、英語での思考を重視する内容言語統合型の学習となっています。「グローバル探究Ⅰ」では、自分の価値観について考え、自己から他者、他者から地域へ、地域から社会へとつなげ、学びを深めるため、今年は「自分とは何か？」を考察する内容を全2時間で取り扱っています。同時期に「論理・表現Ⅰ」では、「Who am Ⅰ プロジェクト」を実施し、学習者の自己理解や他者理解を深める人間形成的な授業に取り組みました。

3.1　導入（6分）

＊各生徒の幼少期の画像または写真を持参してもらい、机に並べます。生徒同士で、各生徒が持参した幼少期の画像または写真を見て、誰であるかを当てるゲームをします。

T：（自身の幼少期の写真または画像をスクリーンに投影させながら）Look at this picture（or image）. Who is this person? Do you know?

S：He / She is so cute, but I don't know. Who is he / she? Please give me a hint.

T：It's someone you know very well.

S：Oh, that's Morita Sensei!

T：That's right. I was three years old. Now, everyone, it's your turn. Please place a baby picture of yourself on your desk. Go around the classroom and look at the pictures closely. Guess whose picture it is. Are you ready? Then, please begin.

　＊生徒の家庭事情に配慮し、幼少期の写真や画像の提示は任意とします。

T：（ゲーム終了後）Thanks for playing. Here is a question for everyone. You are a high school student now. Compared to when you were a child, is there any difference? Share your opinion with your partner. （生徒同士による意見交換後）Thanks for sharing your views. Please tell me your opinion, ○○ -san.

S：My appearance has changed. But I don't think my personality has changed.

T：Thanks for sharing your opinion, ○○ -san, You are right. It is difficult to feel change. Why is it so difficult? Today, we have discussed the question, "Who am I?" Facing yourself is not easy. What is 'I?' Is it your body? Your thoughts or actions?

3.2　展開1（新出語彙確認・リスニング活動）（6分）

T：Let's check the new words.（Athens, sail, defeat, rot, eventually, remain 等の語彙をスライドに投影、または板書するなどして、生徒と新出語彙の発音と意味を確認する）

T：Please have a notebook or loose-leaf notebook ready on your desk. I will tell you a story. It is called "the Ship of Theseus." As much as possible, please write down what you hear, and share it with your partner after listening. Are you ready?

S：Yes.

＊以下では、ギリシャの歴史家プルタルコスによって投げかけられたとされるギリシャ神話の一つで、テセウスの船というエピソードを紹介しました。このギリシャ神話は、個としてのアイデンティティとは、どこで判断されるべきものなのか、同じであるとはどういうことかという、同一性の哲学的問題を提起しています。

T：（生徒の理解を補助するため、教員によるジェスチャーやリスニング内容を絵で示したスライドを投影しながら行う）

Theseus was a king of Athens. He sailed on a ship to defeat a bad monster and came back as a hero. People in Athens celebrated Theseus by remaking his journey each year and keeping his ship for 1,000 years. As the months passed, the rotting wood of the ship was replaced one by one, and eventually all the parts were replaced with new ones.

Can we say that this ship is the same as the original one? If it is different, when did it stop being Theseus' ship?（髙坂（2020）をもとに筆者英文作成）

Share what you heard with your partner and work together to organize the information.（生徒のペア活動後、生徒と対話しながらリスニングの情報を聞き出し、クラス全体で内容を確認する）

3.3　展開2（ライティング活動）（15分）

既習文法項目である時制を活用しながら、自己と向き合い、その内容を英語で具

体的に書くことにフォーカスした活動です。技能としては、リスニング → ライティング → スピーキングへと展開し、技能統合型の活動となっています。

(1) 以下の①〜⑥の内容を記述したハンドアウトを生徒へ配付する。
　　① 小学校のときの自分　　② 中学校のときの自分
　　③ 高校のときの自分　　　④ 今も続けていること
　　⑤ 以前は続けていたこと　⑥ 今後取り組みたいことや目標、進路

(2) 生徒に①〜⑥の項目を選択させ、ペアで共有させる。

(3) 15分のライティング活動に取り組ませる。なお、ライティングに取り組む時間は生徒の実態に応じ、時間を調整する。

(4) 下表の評価規準を生徒へ提示し、スピーキング活動（プレゼン動画提出）へつなげる。その際、可能なかぎり情意面の表出を促す。

＊記述時間を15分としていますが、生徒の実態に応じて、時間調整します。

＊生徒の記述時間中、教員は机間支援を行い、必要に応じて教育的支援を要する生徒をフォローします。

3.4　展開3（スピーキング活動）（18分）

T：(15分後、以下の評価規準を提示する)

知識・技能	思考・判断・表現	主体的に学習に取り組む態度
時制に関する学習内容をふまえ、情報や考え、気持ちなどを伝えるために必要となる表現を理解している。 時制に関する学習内容をふまえ、情報や考え、気持ちなどを話して伝える技能を身に付けている。	「自分とは何か」を考え、情報や考え、気持ちなどを話して伝えている。	聞き手として話者と向き合い、適度に反応を示しながら話を聞いている。 他者からの情報や考え、気持ちなどを聞き、その類似点や相違点を参考にしながら、「自分とは何か」を再考しようとしている。

（モデルとしての教員の自己開示）I was very quiet and timid in elementary school. When I was in the fifth grade, I was often absent from school. In junior high school, I was shy and lacked confidence. In high school, I enjoyed myself very much and expanded my friendships. I have been learning to play the piano since I was a child. One thing I still continue to do is practice the *sanshin*. What I want to do in the future is to make a good performance with students at the cultural festival. Thank you. Now, please start practicing your presentation.

＊事前リハーサルを希望する生徒は、教員からフィードバックを得ることができます。

＊個人で自撮りしプレゼンをするのか、ペアで相互に撮影しプレゼンをするのか、

発表形態を選択するよう指示します。撮影した動画はオンラインで提出するよう指示をします。

3.5 リフレクション（5分）

本時で、生徒が学んだことや気づきを描き出し、ペアで共有します。その後、クラス全体で学んだことや気づきを確認します。以下に、生徒A, Bの作品とリフレクションを挙げてみます。

〈生徒A〉（原文ママ）

> In elementary school I was very energetic and bright. In junior high school, I was embarrassed to be cheerful. In high school, I want to ask questions in class, but I cannot.
>
> 過去の自分、今の自分、なんだかタイムトラベルしているようでおもしろかったし、過去にできなかったことが、今の自分にはできるようになっていることもあれば、昔はできていたのに、できなくなってることもあると気づきました。成長してる＝多くのことができる、と思ったけど、できなくなっていることもあるって不思議だなと感じました。身体は大きくなっているのに、なぜできなくなったのか、考えてみたいです。

〈生徒B〉（原文ママ）

> When I was in elementary school, I was fine. I continued to attend swimming lessons for six years. In the third year of junior high school, I studied hard to pass the high school entrance exams. I entered high school, but studying was difficult. I sometimes do differently than I really want to do. Because I am concerned about my friend's eyes. In the future, I will discover my true self.
>
> 心では嫌だなって思っても、周囲の顔色をうかがい、心とは別の行動をしてしまう私は何なのか、と考えた。こうなりたい私になれない自分への焦り、怒り、劣等感のようなものを感じながら、どれだけ考えても、自分は何であるか、わからない。最終的には、自分のことなんて、わからないと、私は結論づけた。これは、考えることをあきらめたのではなくて、授業を通じて深く考えたからこそ気づけた。変な感覚ですが、意外とスッキリしています。生きるうえで大切な何かにふれた感じがした。

4. まとめ

　中学生や高校生という年代は、自分の心のありようがとても気になることがあります。たとえ難しい問いであっても、生徒は学ぼうとしていますし、学ぶ力を持っています。自分を見つめ、自分の生き方を深く考えることは、生徒にとって非常に大切な時間です。「ほんとうの自分」を探すことは、容易なことではありません。しかし、苦悩しながらも自身と向き合い、自分とは何者であるか、自分は何を成せるのかを考えようとしている生徒を温かく見守り支えることも、英語教員として大切なことであると思います。

引用文献

髙坂庵行（2020）『よくわかる思考実験』イースト・プレス.

文部科学省（2022）「通常の学級に在籍する特別な教育的支援を必要とする児童生徒に関する調査」 https://www.mext.go.jp/b_menu/houdou/2022/1421569_00005.htm

Rogers, C. R.（1961）. *On becoming a person: A therapist's view of psychotherapy.* Houghton Mifflin.

Vasile, C.（2013）. An evaluation of self-acceptance in adults. *Procedia-Social and Behavioral Sciences, 78,* 605–609.

12節
自分を見つめ表現できる英語授業を
——ESS部の活動を通して学んだこと

五十嵐　光緒

　筆者は高校の英語教員として24年間勤めてきました。特に最近は生徒が授業中に発したり書いたりした言葉から、自分自身の学びを深め、授業改善のヒントを得ることを意識して、以前より仕事にやりがいを感じられるようになりました。本節では、筆者が生徒から学んだ授業づくりの指針について紹介します。

　ここに紹介する実例は、筆者が顧問を務めるESS部の探究活動から取りました。ESS部はアメリカの高校と、オンラインでのミーティングや、ビデオやコメントの交換などの交流活動を行っています。また、生徒が探究活動の中で日米を比較して考察したいときには、アメリカの生徒にアンケートを取ったり、質問したりしています。筆者の生徒たちがそのような探究活動を通して言語化した、自分たちの望む学びの有りようを表した言葉があります。それは、「Find-Choose-Act」と「Let's React」です。この言葉はいつも私の頭にあり、授業づくりの指針となっています。

　本節のセクション1では、2022年度の活動を実例とし、生徒が達成感を感じ、自己肯定感を高めるために必要な要素について述べます。セクション2では、2023年度の活動を実例とし、生徒がもっと自己開示できるようになるために必要な要素について述べます。そして、セクション3では、筆者が生徒の言葉から学んだ授業づくりの指針について述べます。

1.　Find-Choose-Act

　2022年度に本校のESS部の生徒（高校2年生3名）は高校生のウェルビーイングについて探究しました。生徒はウェルビーイングとは何かを考えるにあたり、内閣府調査「今を生きる若者の意識～国際比較から見えてくるもの」（2014）に注目しました。その調査によれば諸外国では「自分自身に満足している」と答えた割合が7割を超え、アメリカでは86.0％であるのに対し、日本だけが45.8％でした。そこで、実際に普段から交流しているアメリカの高校生がどのようにウェルビーイングを感じているのかという点について質問してみることにしました。そして、以下の12の質問に対してGoogleドキュメントを共有して13人のアメリカの高校生から返事をもらいました。

"Who is your role model?", "What is your favorite motto?", "What are your strengths?", "Do you challenge yourself?", "Are you happy with yourself", "When do you feel happy?", "Do you like yourself?", "If you were to reborn, would you be yourself or someone else?", "What do you think it takes to be happy?", "When did you feel the happiest in life?", "Have you ever experienced a break-down?", "Do you know the word 'Well-being'?"

その答えを読んでいく中で、"What do you think it takes to be happy?"（幸せになるには何が必要だと思いますか）という質問に対する答えの内容に生徒たちは注目しました。自分たちの答えは、「友達や家族、自由な時間」などでしたが、アメリカの生徒の答えには、「ゴールを達成すること」「達成感を感じること」というものが複数見られました。そこで、生徒は「アメリカの若者が日本の若者に比べて、自分に満足している割合が高いのは、達成感をより多く感じているからではないか」という仮説を立てました。その仮説を検証するために、日米の学校生活の違いについて、(1) 学校で課される課題、(2) 授業に占める選択教科の割合、(3) 大学入試の制度に焦点を当てて比較・考察を行いました。

1.1　Find: 学校で課される課題

　日本の高校では、問題集など答えが一つである課題が主に与えられています。一方で、アメリカの交流校ではテーマを与えられてレポートを作成したり、友達と共同でビデオ作品を作ったり、プレゼンテーションを行うなどクリエイティブな課題が多いということがわかりました。このことから生徒たちは、アメリカの高校生は、クリエイティブな課題に取り組むことを通じて、自分が何が好きなのかを見つけることができるのではないかと考え、こうした特徴を Find と名づけました。

1.2　Choose: 授業に占める選択科目の割合

　日本の大部分の高校の普通科では、生徒が受講科目を選ぶ選択肢は、文系か理系かの選択と、それ以降は地理・歴史科目と理科の科目や芸術などだけで、選択の機会は限られています。一方、アメリカの交流校では、専門的な自動車整備技術やファッション、ジャーナリズムなどの選択肢があり、卒業に必要な単位の30％以上は、自分で選択できるということを知りました。このことから、アメリカの高校生は日本の高校生に比べて、自分の好きなことを自分で選択するチャンスが多くあると考え、生徒たちはこの特徴を Choose と名づけました。

1.3　Act: 大学入試の制度

　地域によって差はありますが、日本の地方のいわゆる進学校では、国公立大学へ入学することを教師も保護者も理想的であると考え、その入試に対応できる力をつ

けることを大きな目標としています。そして日本の大学では、学力試験を課す入試が一般的です。殊に、国公立大学では、大学入学共通テストと大学個別入学試験の点数で入学の可否が決まります。生徒が、アメリカの生徒にどのようにして大学へ入学するのかを聞いたところ、もちろん学力テストもありますが、それと同等かそれ以上に、高校時代のボランティア活動、アルバイトなど自分が経験してきたことを記す書類も重視されることがわかりました。このことから、アメリカの高校生は、高校時代に様々な活動に積極的に参加していると感じ、生徒たちはこの特徴をActと名づけました。

1.4 Find-Choose-Act → Achievement

以上の日米の比較と考察から、生徒たちは、FindしChooseし、Actすることが Achievement（達成感）につながり、それによって自己肯定感が高められると結論づけました。そして、日本の現在の学校生活の中で、そのFind-Choose-Act → Achievement のサイクルが実現できる活動を探したところ、自分たちが探究したことをプレゼンテーションでアウトプットする活動がまさしくそれであると考えに至りました。

図1　Find-Choose-Act → Achievement の概念図

ここに、筆者は生徒が欲している学びのスタイルがあると感じました。つまり生徒は学習活動の中で、
(1) 自分が何に関心があるのか、自分のものの見方は他者とはどう違うのかという問いと向き合い、
(2) 自分の好みや志向性に従って、学習課題や内容を自分で選択し、
(3) それをまとめてアウトプットすることで、他者の承認やフィードバックを得る。
そのような活動を繰り返し設定することにより、生徒は自己や他者を理解し、集団の中で、自分を表現する経験を積み重ねることができるのではないでしょうか。

2. Let's React

2023年度のESS部の生徒（2年生3名）も、海外の協力校とのやり取りを通して自分たちの自己開示のあり方について疑問を持ち、探究活動を行いました。きっかけとなったのは、その生徒たちが所属するクラスとアメリカのクラスとの間で、Googleドキュメントを共有し自己紹介を書き込む活動です。アメリカの生徒53名

（日本語を学習している生徒）とESS部員のクラス40名の生徒が、それぞれ自己紹介をすることになっていました。アメリカの生徒は全員自分の写真付きで、自分の好きなことなどを記入していた一方で、日本の生徒は、文章は書き込んでも写真はほとんど載せておらず、載せたとしても、あえて顔の部分が見えないようにしていたのです。

　この写真の掲載に関する日米の違いに興味を持った生徒たちは、「なぜ自分たちはコミュニケーションの第一歩である自己紹介においても、自分を明らかにすることを躊躇うのか」という疑問を持ちました。まず自分たち自身が自己紹介に写真を載せなかった理由を考えてみたところ、「最初に写真を載せると、（顔に）自信があると思われるかもしれない」「やる気満々だと思われる」「自分が最初に載せたくない」などが理由として挙がりました。その後、交流に参加している両校の生徒にアンケートを実施し、"Are you reluctant to include your photo in your google document? and Why?"（写真を載せることに抵抗がありましたか。そしてその理由は？）と尋ねたところ、結果は以下のとおりでした。

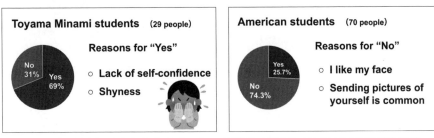

図2　自己紹介に写真を含めることへの躊躇の有無に関する日米高校生比較

　そこで生徒たちは、どうしたらもっと自信を持って、自分の考えを言ったり、写真を載せたりするなど自分を発信できるかという疑問を持ちました。生徒たちは、授業中のグループワークなどで自分が思うことを言えない理由は、「他の人と違う意見を言いにくい」「自分の言ったことにどう反応されるか怖い」と感じているからだと話し、「もし自分の言ったことにもっとポジティブに反応してもらったり、興味を持ってもらったら、もっと自分の考えを言えるかもしれない」と考えました。そのために自分たちがいますぐできる具体的な対策として提案されたのが、「うなずこう」「質問しよう」「相手の考えを受け入れて、自分の考えも話そう」という結論です。

　生徒たちはここまでの探究内容をLet's Reactと題して、富山県の英語プレゼンテーションコンテストで発表しました。このLet's Reactという題名も、生徒がもっと自分を表現したいという願いから生まれた言葉です。Let's Reactという提案は、生徒にとって自己発信しづらい空気を変えるには、アクティブリスニングが大切で

あることを語っていると思われます。

　言語社会学者の鈴木（2017）は、日本人の自我の構造について「私たち日本人は、絶えず自分の本当の気持、意のあるところを誰か適当な他人に分って貰うことを求めているらしい。他の人に賛成して貰いたい、同意して欲しい、共感を味わいたいという願望は私たちの他人との関係の中で、手を替え品を替えて各種の行動に現われてくる」(p. 193) と述べ、日本人の人間関係の把握の様式について、「日本人は自分がなんであるかという自己同一性の確認を他者を基準にして行う傾向が強いからである」（同）と述べています。生徒たちが感じている自己発信のしづらさは、上掲鈴木が分析する日本人像とも一致しており、目標とする言語活動を行いたければ、意図を持って積極的に相手を受け止め、興味を持っていることを示すような教室の空気を醸成していく必要があるということを再認識させられました。

3. 生徒の言葉を授業に生かす

　以上の ESS 部での生徒との探究は、教師である自分にとって実感を伴った授業づくりの指針となっています。そして、これらの Find-Choose-Act と Let's React を授業で実現するには、英語授業は最適であると考えています。「英語コミュニケーション」の授業では教科書本文の読中・読後の活動として、生徒にアウトプットを求めることが多くあります。自分の考えをペアやグループ、クラスで共有する際に、聴き手が積極的にリアクションすること等によって好ましい教室環境を作ることができます。そして、そうした環境で互いの考えを共有することで、自分と他者の見方・考え方の違いに気づき、自己の Find につなげることができます。さらに、Choose を意識した活動として、教科書のパートごとの読後に自分の一番印象に残った文を一文選択し、その理由を共有し合う活動も行っています。そのように考えると、「英語コミュニケーション」の教科書の英文一文一文が、生徒が自分の見方・考え方に照らして自身の考えを広げたり深めたりするものとなると考えられます。

　「論理・表現」の授業でのスピーチでは、Find-Choose-Act を意識して、何でもいいから自分の好きなことについてスピーチする課題を設けてみました。はじめは、本当に好きなことを話してくれるかと心配しましたが、発表時には、生徒はそれぞれ好きなゲーム、虫、偉人、アーティスト、地域、新幹線、曲などなど、十人十色の話題を選び、生徒同士もお互いについて新しい発見ができました。中には、無難な話題を選んで乗り切ろうとする生徒もいましたが、自分が本当に好きなことを堂々と話している生徒の姿を見ることは、教師冥利に尽きるものでありました。「論理・表現」ではまさに Find-Choose-Act のチャンスがゴロゴロ転がっています。

　以上のように考えると、英語という科目の教師であることが非常に尊いものに思

われてきました。英語の授業には幸い「書くこと」「話すこと（やり取り）（発表）」の領域があり、生徒から発せられた、「もっと自己と向き合いたい、もっと発信したい」という気持ちを大切にできる授業づくりが可能です。今後も、この生徒たちから学んだ Find-Choose-Act → Achievement と Let's React をいつも頭に置いて、生徒が他者との関わりの中で、「自分らしさ」を見つけられるような授業を目指していきたいと思っています。また、そうした授業を通して、さらに生徒との学びを楽しんでいきたいと考えています。

引用文献

鈴木孝夫（2017）『閉された言語・日本語の世界【増補新版】』新潮社.
内閣府（2014）『平成26年版子ども・若者白書』日経印刷.

13節
批判的思考力を育てる実践
——対置テキストと頂上タスクを用いて

今井　理恵

1. 実践の背景——高校教師として

　私は、前職は高校教員で県立高校に20年間勤めました。勤務した学校はどこも、英語を苦手とする生徒が多く、どの教室でも、英検3級程度（またはそれ以下）の簡単な単語と基礎的な英文法を指導し、繰り返し練習をさせる授業が展開されていました。しかし、私は生徒の思考を介さないドリル学習中心の授業や、単語の意味を拾って1文レベルの英文を日本語に置き換える基礎訓練だけに留まるような授業に疑問を抱くようになりました。

　本節で紹介する実践例は、高校教員としての次のような問題意識に端を発しています。すなわち、生徒にどのような働きかけをすれば、彼らの思考を活性化して批判的思考力を育成し、その内面世界を充実させることができるだろうか、ということです。

　そこでいろいろ考えた末、スティーブ・ジョブズ（Steve Jobs）のスタンフォード大学での卒業式のスピーチを題材に用いて、生徒自身の考えや意見を引き出すために、「評価型発問」を重視し、対置テキスト（元のテキストと対比することによって相互の違いが明確になるようなテキスト）を足場かけとして用いることにしました（峯島, 2011, 2012）。ジョブズのスピーチ（原稿）を聴き（読み）、その偉大さに圧倒され感動して終わるのでは、既存の評価を拝借するだけで安易なように思われます。ジョブズの主張を鵜呑みにするのではなく、生徒がそれを自己と関連づけて批判的に検討するならば、彼らにとって、今後の人生をより良く生きる力になり得るだろうと考えました。

　本実践の主な拠り所である峯島（2011）は、批判的思考（critical thinking, CTと略記）を「ある状況におけるある対象に対して、最も整合性・妥当性の高い判断や意思決定をするために、その対象に対して必要な様々な検討を加える思考およびその心的態度」と定義していますので、本実践でもこの概念を採用しました。

2. 授業で追及した目標

　今回の実践において批判的思考力を育成するための目標として、5つのCTスキル（次ページの表1）を定めました（3. にて詳述）。

表1　批判的思考力育成のためのCTスキル

CT ①	自己関連づけや解釈により、テキストの内容をより正確に、より深く理解できる
CT ②	テキストを批判的に分析・検討することができる
CT ③	与えられた課題に対して、整合性・妥当性の高い判断を下すことができる
CT ④	自らの考えを日本語または英語で論理的に（＝「主張＋根拠」で）表現できる
CT ⑤	他者（級友）の視点を知り、考えを共有することで、相互の学びを深めることができる

3. 授業の設計

3.1 使用教材

・Steve Jobs' 2005 Stanford Commencement Address：
https://news.stanford.edu/stories/2005/06/youve-got-find-love-jobs-says
スティーブ・ジョブズ2005年スタンフォード大学卒業式スピーチ（スクリプト）
・内田樹（2009）「人生はミスマッチ」『構造主義的日本論　こんな日本でよかったね』（pp.154–157），文藝春秋．
・内田樹（2009）「第三章：労働からの逃走——青い鳥症候群」『下流志向——学ばない子どもたち　働かない若者たち』（pp.151–154），講談社．

3.2 指導の方策

本実践ではジョブズのスピーチ（原稿）を読んだ後で取り組む課題を、練習課題、小タスク、頂上タスクの3つの構成要素で組み立てました（図1）。

図1　実践の3つの構成要素

　練習課題とは、主にテキストの内容理解のための設問です。ただし、それに続く小タスクへの橋渡しとして、生徒自身の考えや意見を問う問題も含みます。小タスクとは、テキストの内容を自己の経験を含む既有知識に関連づけるなどして、理解をさらに深めるための課題を指します。そして頂上タスクは、このテキスト全体を通して生徒に熟考させたい中核的な問いのことです。図1は、練習課題が小タスク

を支え、小タスクが頂上タスクを支える関係性を表した概念図です。練習課題が小タスクに向けての準備に、小タスクは頂上タスクに向けての準備になります。さらに、これら3種類の練習課題は、程度の差こそあれ、どれも生徒にテキストの批判的な検討を促し（CT②）、CTの力を繰り返し活用するように意図されています。

練習課題・小タスク・頂上タスクによるテキストの批判的検討に加え、本実践にはもう一つの特徴があります。それは意見交換活動の重視です（CT⑤）。これは、生徒が級友とお互いの考えを聴き合い、様々な考えを共有することで、新たな気づきや深い理解に至ることをねらいとしています。答えの正誤を個人でチェックして終わるような事実確認型発問による内容理解活動の対極に位置するものと言えます。

上記指導の特徴は、三浦（2014）の提案するこれからの新しいコミュニケーション教育のありかたの一つに挙げられている、「情報を無批判に受け取るのではなく、批判的に情報を吟味する聴解・読解・伝達の教育」の方向性とも一致しています。

3.3　実践の時期と授業計画

実践は2期にわたって行いました。第1期は2012年度高校3年生9名のクラス、第2期は2014年度高校3年生15名のクラスを対象としました。第1期、第2期ともに、「選択英語」（全15回）の授業で行い、あらかじめ生徒に授業計画を示しました。第5回で練習課題と小タスク⑧、第10回で練習課題と小タスク⑥、第13回で練習課題、第15回で頂上タスクを行いました。以下に、練習課題・小タスク⑧を例示し、頂上タスクの生徒作品（回答）例とその分析も加えます。

3.4　練習課題

Jobs says, "*Don't let the noise of others' opinions drown out your inner voice.*" But are your parents', teachers', or friends' opinions or advice "noises?" Should you ignore them? Do you agree with Jobs?

この練習課題は、テキスト読解後の小タスクや頂上タスクへの足場かけになる問いです。内容理解活動に含まれる設問では、従来、テキスト内容を正確に理解しているか否かを確かめるためのものがほとんどだと思われますが、本実践では、生徒が自分の考えや意見を持つための練習を行う open-ended な問いも含めました。

3.5　小タスク

Jobs の第1話の核となる話題は Connecting the dots でした。あなたは彼の主張に賛成ですか、反対ですか。なぜそのように考えたのか、本文で述べられていることやあなた自身の経験を引き合いに出しながら、自分の考えを書きなさい。（日本語で考えをまとめ英語で書こう）

この小タスクでは、ジョブズの放った強烈なメッセージのうちの一つを取り上げました。それが "connecting the dots" です。これは、ジョブズが彼の人生を振り返り、点と点がつながる経験を経て今があると語った内容を指します。これを、自分とは関係のない偉大な人物のサクセスストーリーとして思考停止したまま読み進めるのでは、批判的思考力は育ちません。そこで、この教材を通して、いかに学習者の内面世界を充実させ、よりよく生きるための力にできるかという問題意識に照らして、高校生の心を揺さぶる課題、等身大の高校生が自分のことに関連づけられる課題設定をしました（CT①、CT③）。

3.6　頂上タスク

> 内田樹氏の「人生はミスマッチ」と「青い鳥症候群」を読んでください。さて、この2つの文章からは内田氏の人生観や職業観がうかがえます。これはジョブズの考え方と大きく異なります。
> 問1）「人生はミスマッチ」に表れる内田氏の考えで、ジョブズの考え方と対極をなすものを抜き出しなさい。
> 問2）両者の考え方を知った今、あなたの人生観・職業観はどう変化しましたか、あるいは変化しませんでしたか。理由とともにあなたの考えを述べなさい。

　頂上タスクは、これまで練習課題、小タスク②、⑥を通して育成してきたCTスキルを用いて挑戦する難度の高いものとしました。前段階の練習課題や小タスクは、「あなたはどうか」「自分の身近なことに引き寄せて考えよ」という形で、いわば生徒の内側からその思考に揺さぶりをかけることで生徒のCTスキルが発動するような問いをしてきましたが、頂上タスクでは、この内側からの揺さぶり（CT①）に加えて、外側からの揺さぶり（CT⑤）も問いに含めています。それが対置テキスト（内田樹氏の小論2編）です。この対置テキストの仕掛けは、最後の頂上タスクの段階で、これまでの各課題・小タスクで構築されてきた自身の考えや意見について生徒に再考を求め、あらためて整合性や妥当性の高い判断を下す（CT③）ことを促すものになっています。生徒がどのように考えたのか、頂上タスクの回答例を記します。

> 1)　私はジョブズと内田氏の考え方を知って、私の人生観・職業観は変わった気がする。私は今までやりたいことのために頑張ってみても、途中であきらめて、やりたいことができないことがあった。私はそこでずっととどまっているだけだった。しかし私は新たに映像という仕事に就くために専門学校に進もうとしている。この業界で大きくなるには、「とどまらずに探し続けなさい」というジョブズの言葉に従う必要があるかもしれない。たとえそれが終わりのない長い放浪の

旅になっても、とどまるよりはマシだと思うからだ。目標が大きすぎて夢物語で終わることもあるが、内田氏のように現実的な考えも大事にすれば、また新たに探し続けることができると思う。

2) 理想はジョブズだが、現実的に考えが近いのは、内田氏の考え方だ。ジョブズのように、いろんな経験や仕事をする。つまり、転職などで新たな発見はしてみたい。しかし、これはアメリカ社会だからできることだと思う。しかし、日本は年功序列制度、終身雇用制度をとっている企業が多い。そうなれば、なかなか仕事はやめられないし、やめてしまったら、再び会社に就職するのは難しい。日本人みんなが転職し易い文化ならいい。しかし、日本はそういう国ではない。内田氏の言うように「みんなが転職すると社会に弊害がでる」日本は、そういう国なのである。だから、日本で働くなら、内田氏の考え。海外で働くなら、ジョブズの考え方で働きたい。

3) 自分は両者の考えを知った今思ったことがあります。それは社会において理想と現実は交わらないということです。理想をジョブズ、現実を内田氏として話を読んでいくと分かり易いです。人生観、職業観ともにですが、私はジョブズのような人生観・職業観ではなく、内田氏のそれでもない、中間的なものになったと思います。満足する「人生」「職業」はただの自己利益しか生み出さない。それに引き換え、「雪かき仕事」は周りの不利益を抑止するだけで、本人の利益はない。しかし、私は人生という短い限られた時間の中で、自分が納得できる人生を送りたい、社会よりも自分のために働きたいと思う。これは否定することのできない事実です。

　生徒は、頂上タスクに至るまでに、複数の練習課題、小タスクに回答するためにテキストを繰り返し読んできました。また、自分が回答して終わりにせず、ペアやグループでの話し合いの場面でお互いの作品（課題の回答）を読み合ったり、クラス全体で共有したりしてきました。さらに、先輩（2012年度実施クラス）や大学生（峯島実践クラス）の作品を読む機会も持ちました。このように生徒は、自分とは異なる複数の考え方や見方に出会うことで、テキストをより正確に理解し、自身の人生観、職業観についての考えを徐々に深めていきました。

　このような経験を経た後で、頂上タスクの対置テキストによって揺さぶられたことで、生徒たちの考えは小タスク@の時点よりも深まりを見せていました。これは、ジョブズへの賛成、反対の別に関係なく見受けられました。

　上記の回答例1）は「妥当性の高い判断（CT③）」によって、もっともな理由づけをしているか、というCTスキルの目標の達成にはやや届かず説得力を欠くとこ

ろもありますが、自分なりの具体例を挙げて自身の考えを述べています。これは「主張＋根拠」で表現するという CT ④が身についた結果だと言えます。また、上記の回答2）と3）は、それぞれ独特な考えを示しています。両者とも独自の視点からジョブズの主張を捉え直し、さらに対置テキストと合わせて自分の最終的な考えを説得力のある根拠とともに堂々と述べています（CT ③、④）。このような回答は小タスク@の段階ではおそらく出てこなかったと思われます。

4. 実践の総括

　授業の最終回で、質問紙調査をしました。これまでの授業について生徒がどのように感じていたのかを知るためです。以下はその自由記述からいくつかを抜粋したものです。

・周りの人と話す機会が多くてとても楽しかった。
・自分なりの答を見つけられることができる授業で良かった。
・討論会のようなものがあっても良いのではないかと思う。［…］学年を通しての討論をしてみたいと思った。
・自分の考えを書く科目は「選択英語」くらいだったのでとても楽しかった。もう少し他の人の意見を聞きたかった。

　これらの記述から、生徒はジョブズのスピーチに興味を持って臨み、仲間の考えに関心を持って耳を傾け、対話によって理解を深め、英語で自己表現することの難しさを実感しつつも今回の活動に本気で取り組んだ様子がうかがえます。また「良かった」「楽しかった」という記述が多く、これは自分事として本気で取り組めたからこそ、楽しむことができたのだろうと思います。

　従来の文法訳読式指導では、英文を日本語に置き換えたり、内容理解のための事実発問に答えたり、あるいは目標とする文法項目の習熟のために練習問題を解いたりすることが主な目的でした。しかし、本実践では、日本語訳を終着点とせず、練習課題、小タスク、頂上タスクの重層的課題や対置テキストの足場かけにより、生徒にはさらにテキストの内容を批判的に検討し、自分事として向き合い、「あなた自身は本当はどう思うの？」との問いに根拠を持って答えることを求めました。同時に、自分の考えを仲間と共有し、意見交換することで、さらに考えを深めることも求めました。

　回答例からもうかがえるように、生徒たちはそのような要求に十分応えてくれたと思います。人生のあらゆる場面において正解は一つではない、ということに気づいてくれただけでも、今回の実践は意味があったと思えます。本実践を振り返って、

単にテキストを学ぶ英語授業を超えて、テキストを契機に自らの生き方や価値観と真剣に向き合う英語授業に近づけたのではないかと考えています。英語は苦手で大嫌いだという多くの生徒たちとともに、試行錯誤しながら英語授業を作ってきた高校教師としては、「本当によくやったね」と生徒たちを誇りに思うと同時に、「多くのことを学ばせてくれてありがとう」という感謝の気持ちでいっぱいです。

引用文献

三浦孝（2014）『英語授業への人間形成的アプローチ——結び育てるコミュニケーションを教室に』研究社 .

峯島道夫（2011）「リーディング指導における読みの深化と批判的思考力伸長のための『評価型発問』の活用」『リメディアル教育研究』第6巻第2号 , 125–140.

峯島道夫（2012）「Steve Jobs 2005 Commencement Address at Stanford Univ. を使った授業プラン」亘理陽一（研究代表者）（編集）『「知的・創造的英語コミュニケーション能力を伸ばす進学高校英語授業改善モデルの開発」2012年度研究成果報告書（授業プラン集・改訂版）』, 163–179.

14節
高校英語教材を深く咀嚼する授業の実践

柴田　直哉

　筆者は、現在大学にて一般的な英語科目だけではなく、第二言語習得研究や中等教科教育法といった英語科教員志望の学生向けの講義を担当しています。大学で教鞭を執るまでの約6年間は、私立の高等学校で毎年「コミュニケーション英語」（現：「英語コミュニケーション」）の科目を担当していました。本節では英語コミュニケーション科目の教材を深く咀嚼する授業実践を紹介します。

1.　教科書内容を深く咀嚼することの重要性

　「英語コミュニケーション」の教科書には様々なトピックが扱われており、人間形成的な英語教育を効果的に行うことができる科目であると感じています。しかし、与えられたトピックに関して生徒たちに深く理解・考察をさせ、社会問題等を自分事として受け止める意識を育ませるための活動は限られています。そこで筆者は、単に英語という言語を道具的に扱うのではなく、与えられたテーマに関して生徒が自分の考えや感情を話し合う活動を取り入れた授業を開発する必要を感じます。本節では、*Revised LANDMARK: English Communication I*（啓林館, 平成29年度版）の Lesson 3, School Uniforms を用いて、2017年9月11日に高校1年生26人を対象に行った、テーマ型内容中心教授法の実例を紹介します。

2.　テーマ型内容中心教授法を用いての授業実践例

　テーマ型内容中心教授法は、言語能力向上を目的とした指導法の一つです（Lyster, 2018）。本実践で扱った単元 Lesson 3, School Uniforms は Part 1から Part 4に分かれており、各 Part を2回の授業（50分×2回）に分けて行いました。本節では Part 1の授業展開を紹介し、Part が進むにつれてどのように発展させていったのかを説明します。次ページの表1が主題となる問い、学習目標及び授業展開例です。この授業展開例は全ての Part に共通します。

　授業内では Vocabulary Input & Output といった新出単語と英語定義を照らし合わせる単熟語指導や、Skimming や内容理解の問題など一般的なリーディング活動に加えて、より深く教科書内容を咀嚼するために、Pre-Reading 活動として Brainstorming / Mind-Mapping を、While-Reading 活動として本文内容に関連した Discussion を、そして Post-Reading 活動としてメイン・テーマに関して

「自分はどのように考え、行動したらよいか」を話し合う Timed-Conversation を重視しました。本節では表1中の太字部分の活動に関して詳しく述べていきます。

表1　主題、本課の目標及び授業展開

本課		Lesson 3, School Uniforms
本課の目標		学校制服制度というテーマについて、制服が持つ社会的・文化的・服飾的意味を考慮した上で、賛否両論を批判的に検討し、自分なりの意見を形成してそれを英語で表現できるようにする。
主題（問い）		Are you for or against the school uniform system?
授業展開（Part 1）		
Stages	時間（分）	活動内容
Pre-Reading	10	**Brainstorming/Mind-Mapping**
	10	**Small Talk**
	5	教科書本文の Skimming
	5	Vocabulary Input
While-Reading	10	Comprehension Questions
	10	**Discussion about the reading passage**
Post-Reading	5	Vocabulary Output
	15	教科書内容の Retelling
	25	**学校制服制度に関する Timed-Conversation**
	5	Learning Reflection

2.1　本課全体の Pre-Reading 活動としての Brainstorming / Mind-Mapping

　本課全体の Pre-Reading 活動として、"Are you for or against the school uniform system?" と "What advantages and disadvantages of the school uniform system have you come up with?" という質問を与え、ペアで意見・考えを共有させ、新しい考えや意見を書き出させました（2分×3回）。さらに、これらの質問は後述する Post-Reading 活動の Timed-Conversation とスピーキング・テストにも直結することを伝えました。そのため、生徒によっては常にこのセクションに戻り、アイデアやキーワードを書き足していました。

2.2 Pre-Reading 活動としての Small Talk

本課全体に関する Brainstorming/Mind-Mapping を終えた後、Part 1に関連する Small Talk を行いました。本文を読む前に以下の2つの質問について生徒間で話し合いをさせました（3分×3回）。

(1) Did you like your school uniforms in your junior high school? Why or why not?
(2) Was the design of school uniform an important factor for you to decide on your high school? Why or why not?

以下は、ある男子生徒 A と女子生徒 B の会話です。

A: Was the design of school uniform an important factor for you to decide a high school?
B: School uniforms in this high school are so cute!! Don't you think so?
A: Maybe, cute. I didn't really care about the design of school uniforms. School uniforms can be…status? Many people know this school uniform is this high school. Some people decide? judge? this boy or girl is clever or not. 学歴の基準みたいな… I don't really like it, but I cared about it when I decided a high school.
B: Ah, I understand that! When I come to school, I see many high school students. We can know they go to a famous high school because their school uniforms.（以下略）

上記の会話で特に興味深い点は、「制服が学校の世評を表す」から「高校を決める時の選択要因にしていた」という男子生徒の発言です。Pre-Reading 活動でまだ教科書本文を読んでいない段階ですが、自分の経験や考えを基に会話をさせたことで、制服制度は学歴社会を表す可能性があるという問題点が浮かび上がってきました。

2.3 While-Reading 活動としての Discussion

本文内容理解確認の質問（例：What percentage of Japanese people wore school uniforms during their school days?）を行った後、本文内容をより深く考察するためにディスカッション・クエスチョンを与えました（3分×3回）。Part 1では、菅公学生服株式会社（2014）による学生服に関するアンケート調査の結果を利用し、以下の2つの問いについて話し合わせました。

（1）Do you believe these results are true?

（2）Why do you think more girls seem to have cared about school uniforms than boys when they chose their high school?

以下が男子生徒 A と女子生徒 B の会話のやり取りです。

A: Why do you think more girls seem to have cared about school uniforms than boys when they chose their high school? You think because girls have many choices?

B: Yes!! セーラー服 , ブレザー , ボレロ , ワンピース… In some high schools, their school uniforms are so cute and,　えっと…good fashion?

A: I see. I also think girls care about school uniforms than boys.

B: Yeah, me too! Some high schools often change their school uniform!!

A: Ah, this school too. Why do you think they change school uniforms?

B: Maybe…they want more students? I don't know about 公立 , but I think some 私立 high schools often change their school uniforms. (以下略)

　ここで重要なことは、お互いにペアの考えに対して質問をすることでより深い議論へと繋げていることです。このように、単に教科書本文の内容理解の質問をするだけではなく、本文に書かれている内容に関するディスカッションを行うことで、教科書内容をより深く咀嚼することができます。

2.4　Post-Reading 活動としての Timed-Conversation

　Post-Reading 活動の一つとして、主題である制服制度の是非について生徒たちに話し合いをさせました。その際には、以後に実施するスピーキング・テストにも関係することを伝えました。また、テーマに関して少しでも深く考えて欲しかったため、一度に多くの質問を与えるのではなく、Part 2、Part 3 と進むにつれて1つずつ質問を増やしました。Part 1 では以下の2つの質問を与えました。

（1）Are you for or against the school uniform system? Why?

（2）What advantages of the school uniform system have you come up with?

　その後、Part 2 ではより深い議論に結びつくように（3）の質問を、Part 3 では（4）の質問を加えました。

(3) How about the disadvantages of school uniform?

(4) Without school uniforms, what do you think would happen to the society?

スピーキング・テストでは、メモ等の持ち込みなしの状態で、(1) の質問文のみが与えられることから、スピーキング・テスト本番の練習も兼ねて、Part 4では (1) のみを与えました。つまり、Part 1 〜 3で準備として (1) 〜 (4) の質問を話し合った上で、Part 4で再び (1) の質問に戻りました。このようにしたことで、相手の発言をしっかり聞き、自分でFollow-up Questions を考えて尋ねたり、リアクションをする必要がある環境を作ることができました。そしてどの Part でも、1回目の会話は2分間、2回目は2分半、3回目は3分間というように会話時間に段階を設けました。

2.5　生徒たちのコメント

テーマ型内容中心教授法に対する生徒たちのコメントを紹介します。以下は本節で紹介した制服制度をテーマとした際に多く見られたコメントです。

> ・本文を読む前にクラスメイトと一緒にテーマに関して意見を出し合うことで自分の知識や経験を照らし合わせながら本文を読むことができた
> ・内容確認の問題だけではなく、書かれている内容に対してディスカッションをすることでより批判的に読めるようになったと思うし違う視点から内容を理解することができたと思う

全ての活動を英語で行ったため、生徒たちの中には制服制度というテーマ自体は自身の生活に関連はしているけれども、質問によっては英語で考えを表現することが難しかったという意見もありました。しかし、生徒間で話し合う機会があったことで教科書の内容をより深く理解し考えることができたというコメントが多くありました。このことから、生徒がクラスメイトと一緒に一つのテーマに関して自身の経験を共有し合うことは、英語教材を深く咀嚼するためには必要な活動であるといえます。

3.　まとめ──テーマ型内容中心教授法の可能性

テーマ型内容中心教授法は生徒たちの内容理解度を深めるだけはなく、その内容に関連する社会問題（例：貧困問題や人種差別問題）に対する意識付けを促進させ

ることができるという有効性を持っています。本節では、制服制度に関して学び、考察することで、経済格差や学歴社会の問題に対して意識を高めることができました。また、与えられたテーマに関して自分の考えや感情を話し合う活動は、単に英語という言語を道具的に扱うのではなく、自分の経験や知識を反芻し、他者とわかり合う機会にもなり、学習者のさらなる自他理解へとつながります。

引用文献

菅公学生服株式会社（2014）カンコーホームルームVol.105「高校生の制服に関する意識調査」.
　https://kanko-gakuseifuku.co.jp/media/homeroom/141028
Lyster, R.（2018）. *Content-based language teaching*. Routledge.

15節
批判的思考力を高める授業
── 「読む」から「書く」へと深読みする

伊佐地　恒久

1.　はじめに

　批判的思考力に対する関心が日本の教育界で高まっています。批判的思考とは、「何事も無批判に信じこんでしまうのではなく、問題点を探し出して批評し、判断すること」（道田・宮元, 1999, p. 10）を意味します。批判的思考を育む教育が求められている背景の一つは「社会の変化」で、ソーシャルメディアの発達など社会の変化が著しい現代においては、世の中に溢れている情報は玉石混交なので、情報を鵜呑みにするのではなく、自分なりに吟味して受け取り、適切に活用できることが必要となるからです（道田, 2012）。学習指導要領においても、批判的思考力は思考力の重要な構成要素とみなされています。

　本節では、大学の教養英語授業で、テキスト英文を読み、記述された情報を批判的に吟味し、それをもとに賛成または反対の意見をまとめ、ペアワークにより考えを深めた後、自分の意見を表明する段階的な指導実践について報告します。

2.　授業実践

　授業の目標は「英語力に加えて、情報を適切に判断し意見を構築できる批判的思考力を育成すること」とします。学習者の英語力は英検準2級から2級程度であれば望ましいのですが、難易度を調整すれば中学生でも十分に実施可能だと思います。

2.1　英文の内容質問プリント

　最初にテキスト英文の内容理解活動を行います。読みの4つの段階ごとに英文の内容質問を記したプリントを用意します。段階を追って質問に取り組ませることで、学習者の深く批判的な読みを促します。

段階1. 読解前（pre-reading）：英文のトピックについて興味・関心を喚起したり、読み手の背景知識を活性化したりするための質問（読解前質問）。
段階2. 一巡目の読解（first-reading）：テキストの事実情報の理解と概要把握のための質問（事実質問）。

段階3. 二巡目の読解（second-reading）：テキストに明示された情報をもとに推測したり、複数の情報を統合して理解を深めたりするための質問（推論質問）。

段階4. 三巡目の読解（third-reading）：テキストの記述に疑問を投げかけたり、別の観点から考えたりして、英文のトピックについて考えをまとめるための質問（クリティカル・リーディング質問）。

2.2　意見文記入用紙と例

　ここまでのテキスト英文の深く批判的な理解に基づいて、意見文の作成へ進みます。

段階5. 意見の構築：トピックについて意見の概要をまとめます。

段階6. 意見文作成：ペアでの意見交換のあと、意見文を作成し提出します。

　トピックに対する意見と根拠を検討し、意見文を記入するための用紙を用意します。表面には日本語または英語で意見の概要を箇条書きで記入させ、裏面には英語で意見文を書かせます。

　意見文は、①意見「私は～と考える。」、②理由「理由としては、第1に～。第2に～。」、③自分とは反対の立場とそれへの対応「確かに～という意見もあるが、しかし～。」、④まとめ「以上より、～。」から構成される「型」に従って記述させます。

　このように意見を述べる「型」を与えることで、論理的で一貫性のある意見を構築しやすくなることが期待できます（清道, 2010）。

2.3　授業の進め方

　私の場合、半期15回の大学の授業用テキストを使用し、各単元を2回の授業（90分間×2回）で進めています。質問は英語で与えますが、学習者が英語で答えることが困難な場合は日本語の使用を認めます。ここでは英語で答えることよりも、学習者が考えた内容を表現することを重視し、下記の6段階を踏んで授業を行います。

【1回目の授業】　段階1 → 段階2 → 語句・文法等の解説
【2回目の授業】　段階3 → 段階4 → 段階5 → 意見交換 → 段階6

＊テキストの例
タイトル："Study abroad experience should be a requirement for university graduation."（内容：日本の高校生と大学生の留学者数は増加しているが、十分とは言えない。一方で、大企業は社員の採用を国外に向け始めている。特に大学生の留学を増やすために留学を卒業要件とすることを提案した英文）

【段階1】読解前（pre-reading）

　英文のトピックに関する参加者の興味・関心を喚起したり、背景知識を活性化したりします。

> ＊段階1の質問例　【読解前質問】
> Have you ever studied abroad? Yes. → How long? No. → Would you like to study abroad? Why?

【段階2】一巡目の読解（first-reading）

　テキストに明示された情報から英文の概要を把握させます。何となくではなく、テキストの記述に基づいた内容理解を促すため、学習者が発言する際には、その根拠となる情報が記述された英文も答えさせます。

> ＊段階2の質問例　【事実質問】
> For the past ten years, has the number of high school and university students who study abroad increased?

語句・文法等の解説

　内容理解に必要な語句・文法等の解説を行います。英文の正確な理解のためには、語句と文法の理解が必要だからです。

【段階3】二巡目の読解（second-reading）

　テキストに明示された情報をもとに推測させたり、複数の情報を統合させたりして深い理解を促します。根拠とした英文及びその英文をもとにどのように推論し、解答を導き出したのかを述べさせます。解答に至った推論のプロセスを確認するためです。

> ＊段階3の質問例　【推論質問】
> Why are large companies looking outside of Japan to find employees?

【段階4】三巡目の読解（third-reading）

　テキストの記述に疑問を投げかけたり、別の観点から考えたりするよう促し、英文のトピックについて多面的に検討したうえで意見を構築するよう導きます。ここまでで意見をまとめる準備が整ったと言えます。

> ＊段階4の質問例　【クリティカル・リーディング質問】
> Do you think studying abroad is essential to live in a globalized world?

【段階5】意見の構築

　意見文作成用紙の表面に、論題について賛成・反対の両方の立場から、「型」の項目ごとに表の該当欄に記入させます。批判的思考には多面的に検討することが必要なので、賛成・反対の両方の立場から考えたうえで、自分の意見を構築できるよう導くためです。

＊意見文の概要記入の例：反対の意見

【理由1】留学はお金がかかる。
〈理由1の説明・具体例〉下宿をしている人は生活が大変。
【理由2】海外へ行かなくても英語は学べる。
〈理由2の説明・具体例〉ネットで海外とつながることができる。
【考えられる反論】その国に実際に住んでみないとわからないことがある。
【再反論】ネットでもやり方次第でうまくできる。

ペアでの意見交換

　ペアまたはグループで、意見文記入用紙の表面の記述に基づき意見交換をさせます。意見を構築する際、他者の考えた根拠等、多くの意見に触れることで学習者のアイデア生成が促進されることが期待できる（Dugosh & Paulus, 2005; 西森・三宮, 2018）ためです。

【段階6】意見文作成

　意見文記入用紙の裏面に、ペアでの意見交換を踏まえた意見文を記述し、提出させます。授業内で書き終わらない場合は、宿題として次回の授業で提出させます。提出された意見文は、主張と根拠の内容と英文の論理性を中心に評価して返却します。英語力の評価に偏らないように注意します。学習者の意識を意見文の内容に向けるためです。下記は、提出された学生の意見文の例です。

＊学生による意見文の例　（原文のまま）

I don't think studying abroad should be a requirement for university graduation. I have two reasons. First, we need much money to study abroad. Many students do part-time job to have money for university life. Studying abroad need too much money. Secondly, we can use online without going to foreign country. We can study English on the internet. We can talk with other country's students online. Indeed, some people say living in a foreign country is important. But on the internet, we can learn many things. In conclusion, I disagree the idea.

〈より良い意見文を作成するためのアドバイス〉

批判的思考を働かせた論理的で一貫性のある意見文の書き方について、次のような内容を指導します。

1. 理由1と理由2が主張を支えているか。
2. 理由1と理由2は事実や具体例に基づいて述べてあり、説得力があるか。
3. 理由1と理由2は内容の重なりはないか。
4. 理由は個人的な体験ではなく、一般的な内容を客観的に述べてあるか。
5. 考えられる反論と再反論は、どちらも実質的で明確に述べてあるか。
6. 理由とその説明・具体例に一貫性はあるか。
7. 結論は主張の再確認であり、新しい内容（理由）を含まない。
8. 書き始める前にアウトラインをしっかりと作る。

3. 実践の振り返り

以上のような授業を、2021年度に大学2年生と3年生、合計34名を対象に実践しました。学習者の英語力は英検準2級から2級程度でした。

3.1　学習者の変容

筆者の授業メモから、学習者の変容について述べます。第1回授業で学生に問いかけたところ、ほぼ全員が、「これまで批判的に考察し、意見を述べる指導を受けた経験がない」「論理的に考えると言っても、何が論理的かわからない」といった状態でした。全15回の授業の後半のメモには、「意見の書き方が少しわかってきた」「テーマによって知識がないと意見を書くのが難しい」「しっかりと自分の意見を持つことが大事だとわかってきた」等、学習の成果と受け取れる声が出てきました。最終回の授業後、「意見のまとめ方がわかってきた」「きちっと考えて、しっかり判断していきたい」という声が聞かれました。批判的思考の方法だけでなく、何事に対しても、熟考し判断することの大切さを理解した声を聞き、うれしく思いました。

3.2　授業アンケート結果

最終回の授業で33名の学生に対して授業アンケートを実施し、授業について良かった点と難しかった点を自由記述式で回答してもらいました。

「良かった点」として、「意見文の作成」（回答数17）、「意見交換の活動」（回答数12）について多くの回答がありました。本実践では、読解から意見文の記述へ段階的に指導を進めました。学習者はこのように段階的に批判的思考を働かせて意見を

まとめ記述する指導を受けた経験が乏しく、多くの学びがあったようです。

　また、学習者がペアワークに楽しそうに取り組む姿が印象的でした。当初のねらい通り、他の参加者の自分とは異なった意見に触れることで、多様な観点に触れたり、偏らない考えを持ったりすることが可能となり、より幅広く深い視野から自分の意見を形成することができたようです。

　一方で、「難しかった点」としては、「意見文の作成」（回答数15）という回答が最も多く見られました。「意見文の作成」では、「意見文の構成」（回答数8）や「英語での表現」（回答数3）等、自分の意見を型に沿って根拠を示しながら英語で論理的に記述することに困難を感じたようです。

4. まとめ

　本節は、内容質問によるテキスト英文の深い理解と批判的な検討の後、ペアワークを通して意見を深め、それをもとに論題に関する意見文を作成するといった段階的な指導により、英語力に加えて批判的思考力の育成を目指した授業を実践したものです。批判的思考は、議論において相手方の論述を理解し、検討し、それに基づいて広く自分の考えをまとめるのに有効です。批判的思考を働かせながら、仲間と忌憚ないディスカッションをしながら協力して課題に取り組んでいくことは、不確実な時代を生きていくために不可欠です。このような取り組みは、より深いコミュニケーション、ひいては深い相互理解につながることから、人間形成にも良い影響があると考えられます。今後、学習者が批判的思考力を身につけるためのさらなる授業改善に努めていきたいと思います。

引用文献

清道亜都子（2010）「高校生の意見文作成における『型』の効果」『教育心理学研究』第58号，361-371.

西森章子・三宮真智子（2018）「根拠産出トレーニングが高校生の意見文生成に及ぼす影響」『大阪大学教育学年報』第23号，3-15.

道田泰司（2012）『最強のクリティカルシンキング・マップ』日本経済新聞出版社.

道田泰司・宮元博章（1999）『クリティカル進化論――「OL進化論」で学ぶ思考の技法』北大路書房.

Dugosh, K. L. & Paulus, B. P. (2005). Cognitive and social comparison processes in brainstorming. *Journal of Experimental Social Psychology*, *41*, 313-320.

16節
Graded Readers の読書を通じた「読書コミュニティ」創り

水野　邦太郎

筆者は1999年から大学の一般教養で「英語」の授業を担当し、ICT を活用して教室と教室の外（国内の他大学、海外の高校・大学）を繋いできました。また2022年からは教育学科で「英語科教育法」をはじめ教職課程の科目を担当しています。

1.　本論の背景と目的

大学生の多くは、大学入試に合格するために、入試の過去問集や問題集で「読解問題」を解く練習をして入学してきます。大学入試の英文は著者もタイトルも不明なものがほとんどで、受験生が自らの意思で選択したものではなく、天から降ってくるかのごとく「読め」とつきつけられます。自分にとって読むことの意義が見えない文章を読まされることは極めて虚しく、苦痛なことです。さらに、受験生はそのような英文を「空欄補充」「多肢選択」「内容一致」といった形式の「設問」に従って読まされ、「問題文を読み設問に答える」ことを繰り返すだけの自閉的な読みに終止させられます。このような状況のなかに、現実の日常生活で行われる「読む」という営みと同じあり方を見出すことができるでしょうか。

学習者にとって、内容的に読む必要性が感じられない文章を、ただ入試に出るからという理由で読まされ続ければ英文を読むことが嫌いになり、大学入学後も点数（単位）を取ること以外、英語を学ぶことの意味を見出せなくなってしまいます。このような学生に対して、一般教養の英語担当者はどのように向き合えばよいでしょうか。

本節は、このような問題意識の下、約25年間にわたり一般教養の英語の授業を担当してきた筆者が、その方策として取り組んできた Graded Readers（GR）の読書を通じた「読書コミュニティ」創り — Interactive Reading Community（IRC）Project — の教育理念と具体的な授業方法を紹介します。そして、IRC Project に学生が参加することを通して、受験生のときの個人主義的・認知主義的な勉強からどのように脱却し、主体的・対話的で深い学びを実践するに至ったか、本節では水野他（2013）で分析したアンケート結果をもとに述べたいと思います[1]。

2.「自己決定理論」からデザインした Reading Marathon の授業

　Deci & Ryan（2017）の「自己決定理論」は、人は次の3つの心理的欲求が満たされるとき内発的動機づけが高まり、外発的動機づけの内在化が促され、「意欲をもって学ぶ」と提唱しています。すなわち、①自律性への欲求（自己決定したい）、②有能性への欲求（「できる」という感覚をもちたい）、③関係性への欲求（他者とつながりをもちたい）という3つの心理的欲求です。なお、本節で用いる数字（①②③）は、常に、ここで述べている心理的欲求を意味します。
　そこで Deci & Ryan（2017）が提唱する「自己決定理論」を参考に、①②③の3つの観点から、一般教養の「リーディング」の授業を図1が示すようにデザインしました。

図1　自己決定理論（Deci & Ryan, 2017）の観点からデザインされた IRC Project

2.1　①自律性への欲求――自己決定したい

　従来の一般教養のリーディング授業では、多くの場合、担当教員が決めた一冊の教科書を受講生全員が読みます。しかしながら、「①自律性への欲求（自己決定したい）」に応えるには、学生一人ひとりが自分の興味・関心にしたがって「自分のニーズに合った本を賢く選択できる能力を育てる」ことが大切になります。与えられたものを強いられて読むのでは、楽しんで物語を読み進めていくこと（reading for pleasure）を経験できません。読み手である私たち一人ひとりが自分の意思で本を選択した時、「読む」という行為が「喜び」となります。このような理由から、筆者は自校の図書館と研究室に約1800冊の洋書を揃えました。その内訳は、Graded Readers すなわち英語力のレベルごとに使用する単語と文法をコントロールして書かれた読み物を中心にして、Ungraded Readers（ペーパーバックや絵本）を加えたものになります。

2.2　②有能性への欲求――「できる」という感覚

　Hu & Nation（2000）は、私たちが読んだり聞いたりして意味を理解する、すなわち楽しむには、使用されている語彙の98％が既知語である必要があるという研究結果を示しています。このことを踏まえ、学生には本を選ぶとき、100語につき未知語が1語か2語である本を選ぶようにアドバイスする必要があります。そのような英文であれば、辞書を引く必要もなく物語の世界を頭の中に構築していくことができます。自分のレベルに合う GR の読書は「次々とページをめくり読み進めていける」という有能感を学生に与えることができます。やさしい英語をたくさん読むなかで経験できるスラスラ感は、個々の学生に「できる」という感覚を与えます。

　授業では、この GR の読書を Reading Marathon として実施します（薬袋, 1993）。ただし、読書そのものは授業外で行い、原則として1週間に1冊のペースで読んでいきます。各本には400語/km で換算した Reading Distance のシールを貼りました。400語を1km として読破距離数を計算したのは、英語のペーパーバックの一ページあたりの単語数が約400語だからです。学期始めに、10冊 or 100km 以上を単位取得の目標とし、好成績を取得するには13冊以上 or 130km 以上を目標に据えます。このように数字でゴールを示すため、Reading Marathon を途中でリタイアする学生はめったにおらず、毎学期7割以上の学生が好成績を取っています。

　Reading Marathon をさらに盛り上げるため、オンライン上に Interactive Reading Community Website（IRC）というサイトを立ち上げました。そのサイトに各学生が自分の読破距離数を確認できる Reading Marathon というページをつくり、学生は一冊読んだらその本の Reaction Report を日本語で書いて投稿します。投稿後、その本の読破距離数が My Page に追加されます。読書量を可視化することで、学生の「自分は、これだけの英文を読むことができた」という達成感（有能感）を生み出すことができます。

2.3　③関係性への欲求――帰属意識・連帯感

　本を読む営みを「一人で読んで終わり」という自己完結的なものに終わらせるのではなく、本を媒介とした「読書コミュニティ」を教室とオンライン上（IRC）に創り上げていくことが IRC Project の目的です。この目的を実現するために、授業は次のようにデザインされています[2]。

　「教室」という場所を「A という人が a という本を読み、それを読んだ際の感想（reaction）が B という人に伝わり、B が a を読むきっかけになる」といった刺激に満ちた学びの場にしていくために、毎週メンバーを変えて4人グループを作り、今週読んできた本について日本語で紹介し合います。紹介に日本語を使用するのは、物語が放つメッセージを「自分はどう受け止めたか（reaction）」を余すところなく他者と語り合うことで、さらにその本への理解を深めるためです。このように、

「教室」という場所に自分の言葉に慎み深く耳を傾け反応を返してくれる「応答的環境」が存在することによって「やる気」が作られ、一人ひとりが Reading Marathon を続けていくことができます。

　IRC Project にはオンライン上の IRC というサイトを媒介に他大学の学生も参加することができます。そのため、洋書の読書をめぐる「内からの欲求」と「外からの刺激」という知の循環が、ダイナミックに展開されます。学生が投稿する Reaction Report（RR）は、本のあらすじを書くのではなく、本から自分のお気に入りの英文を引用し、その引用に対する Reaction を添えて本を紹介したものです。そのような RR を、他大学で IRC Project に参加する学生と読み合い、コメントし合い本について語り合います。このような関係性により個人的な読書が「社会的実践」となり、本を媒介にして他者と対話をする「読書コミュニティ（IRC）」を創出することができます。IRC Project に参加することを通して、互いに影響を与え学び合っているという実感を得る機会を創出できます。このように、学生一人ひとりが IRC Project に参加し、Project の一員としての帰属意識や連帯感を育みながら有能感と自律性を育んでいけるように、授業全体がデザインされています。

3. 「他者」と関わる読書コミュニティ創りが一人ひとりの読書活動に与える影響

　このようにデザインされた IRC Project について、先述の「自己決定理論」の3つの心理的欲求がどの程度充足されているかを調べるため、2011年度に5大学から参加した434名の学生に対してアンケート調査を行いました。本項では、心理的欲求の③「関係性への欲求」に焦点を当てて、アンケート結果（水野他, 2013）に基づき結果の要旨を述べます。

　アンケートでは「教室や IRC を通じて様々な人たちと関わりながら洋書を読んだことの効果」に関して、以下の6項目（Q5 ～ 10）の質問を設けました。各設問に対して学生は、次の4つの選択肢から選んで答えました：「そのとおりである」「ややそのとおりである」「あまりそうではない」「まったくそうではない」。

Q5. 「個人の頭の中」で閉じた読書をしているのではなく、多くの人たちと共同で読書を行いながら、洋書を紹介し合うコミュニティをつくっている、という感覚があった。

Q6. クラス、IRC というコミュニティの一員として授業に「参加」している、という感覚があった。

Q7. 教室と IRC で本を紹介するので、読んだことがない人にわかりやすく説明できるよう、ストーリーの流れやポイントを意識しながら洋書を読むようにな

った。

Q8. 本の内容を自分なりに膨らませて紹介できるように、本に書かれていない他の知識や情報、自分の経験と関連づけながら洋書を読むようになった。

Q9. どの場面や英文（引用）に「スポットライト」を当てればその本の魅力が他者に伝わるか意識しながら、洋書を読むようになった。

Q10. 自分の心に強く残った場面や英文を意識しながら洋書を読むようになった。

　結果は、すべての質問に対し「そのとおりである」か「ややそのとおりである」と答えた者が半数を超え、多くの学生が IRC という道具や他者との関わりの中で「洋書を読む」行為を実践したことがわかりました。特に Q7 については、肯定意見（「そのとおりである」「ややそのとおりである」）が84.7%であり、Q10についても82.4%が肯定意見でした。

　このことから、教室と IRC という場で「他者に本を紹介する」という「他者と関わる状況」に学生たちを誘い込むことにより、一人ひとりを本と真剣に向き合わせ、英文を丁寧に読む姿勢を促進することができたと言えます。そして、Q6に対して「そのとおりである」「ややそのとおりである」と答えた者が82.9%であったことは、読書を「個人の頭の中」で自己完結的に閉じるのではなく、多くの学生が「読書コミュニティへの参加」として授業を捉えたことを意味します。

　また、IRC というオンライン上での読書コミュニティ創りの影響や効果については、特に「Q33：一冊の本に投稿されているいろいろな RR を読むと、読み方は十人十色であることを実感した」に対して、95.3%が肯定的に答えています。このことは、本に対する理解や解釈の仕方は「個人の頭の中」だけではなく、これまで IRC に投稿された他者の様々な RR がコンピュータ・ネットワークを介して分かち持たれたことを意味します。

　例として、*Tuesdays with Morrie* という本を読んだある学生による RR の一部を紹介します。この本は難病の ALS（筋委縮性側索硬化症）を患っていた Morrie 先生が主人公の本でした。

ALS に冒された Morrie 先生の生き様と言葉から、人は『死』を覚悟したときにはじめて『生きるとはどういうことか』が見えてくる、そのことを強く実感させられました。この本の中で、私は確実に Morrie 先生の生徒の一人になり、先生の言葉を真剣に受け止め、自分なりに解釈しようとしていました。"Death ends a life, not a relationship." 私はこの本をいつでも手元に置いておきたいと思います。どんなときでもページをめくれば、Morrie 先生は素晴らしいメッセージを私たちに与えてくれるに違いないからです。

これに対して他の学生から多くのコメントが寄せられ、このようなコメントのやり取りを通して、読みを深め、豊かな人間性を培っていくことができました。アンケート結果の紹介の締めくくりとして、次の学生の言葉を引用し、IRC Project の文化的・教育的価値を示したいと思います。

私はこの IRC Project への参加を通して本から学びとったものを、RR を書くことによっていろいろな人と共有できたと思います。また RR を書いた人が学びとったことや感じたことも、私がその RR を読むことで私の中に還元されてきたと思います。それによって、皆それぞれ違った考えを持ち、違った考えの在り方があることを知り、自分の考えの在り方にも多くの影響を与えました。本と自分との関係性を、もっと開けた関係性として他の者にも紹介し、異なる国、異なる世代、異なる言語を持った人たちが IRC で一堂に会し、最終的にはそういった関係の円環性によって、本と人、人と人とがつながればいいな、と思いました。

---

4. 一人ひとりの「読み」を育てるリーディングの授業の改革へ

IRC Project では、「個人の頭の中」でどこまで読んだり、書いたりできるかが問われるのではなく、読む、書く、話す、聞くという行為の背後に多くの仲間がいることが想定されています。換言すれば、学生一人ひとりが IRC という「読書コミュニティ」の一構成員として、IRC Project に主体的に参加していくかたちで「読む」ことが営まれます。そして、一人ひとりが自らの「読み（理解と解釈）」を語り、共同体の相互理解と自己認識（アイデンティティ）が深められていく「主体的・対話的で深い読み（学び）」を実践します。

一方教師は、そのような学生一人ひとりの「読み」が促進される「互恵的な読書環境」をデザインし、一人ひとりの「読み」が創り出されていくのを「支援」する側にまわります。

IRC Project における教師の役割については、Buscaglia（1982）が言及するカール・ロジャーズの次の言葉がぴたりと当てはまります。

You know that I don't believe that anyone has ever taught anything to anyone. I question the efficacy of teaching. The only thing that I know is that anyone who wants to learn will learn. Maybe a teacher is a facilitator, a person who puts things down and shows people how exciting and wonderful it is and asks them to eat. That's all you can do － you can't force anybody to eat, no matter what. No teacher has taught anything to anyone.

People learn themselves.   (Buscaglia, 1982, p. 6)

　すなわち、IRC Project における教師の支援において一番大切なことは、学生た
ちの身近な場所に（教室や図書館、オンライン上に）、文化的・教育的に価値ある
洋書をできるだけ多く揃え、魅力的な洋書に囲まれた読書環境を創出することです。
洋書を読むか読まないかは学生自身が決めることで、教師が無理やり読ませること
はできないのです。"You can take a horse to the water, but you can't make him
drink." という格言が示す通りです。
　このような教師と学生の新しい教育的な関係に立脚しつつ、いかにして「読み手
を育てるインタラクティブな読書環境」を充実させていくことができるかが、筆者
にとってのさらなる課題となります。

参考文献

水野邦太郎（2020）『英語教育における Graded Readers の文化的・教育的価値の考察』くろしお
　出版 .

水野邦太郎・東矢光代・川北直子・西納春雄（2013）「プロジェクト IRC：多読授業における社会
　文化的アプローチの効果」『外国語教育メディア学会九州・沖縄支部紀要』133, 41–69.

薬袋洋子（1993）『リーディングの指導　英語教師の四十八手 英語授業のアイデア集　第5巻』研
　究社出版 .

Albom, M.（2002）. *Tuesdays with Morrie : An old man, a young man, and life's greatest lesson.*
　Broadway.

Buscaglia, L.（1982）. *Living, loving and learning.* SLACK Incorporated.

Hu, M., & Nation, P.（2000）Unknown vocabulary density and reading comprehension. *Read-
　ing in a Foreign Language, 13*（1）, 403–430.

Ryan, R. M., & Deci, E. L.（2017）. *Self-determination theory: Basic psychological needs in motiva-
　tion, development, and wellness.* Guilford Publications.

---

[1]　水野他（2013）には、5大学から延べ434名の学生が IRC を媒介に洋書を紹介し合い語り合う協同的な読
書空間をオンライン上に創り上げることに成功した事例が考察されています。

[2]　90分全体の授業は、以下の3部構成（各30分）からなります。(1) CD による絵本の読み聞かせや、洋
楽の「ディクテーション」をグループで行う。(2) 今週読んできた本を紹介し合う。(3) 連読用の教材で
Timed Reading を行い、True / False のクイズに答える。

17節
人種差別をテーマにした大学英語授業

関　静乃

1.　はじめに

　新型コロナウイルス感染症が世界に脅威を与え始めた2020年の3月末に、アメリカの友人達と安否を E メールで確認し合いました。彼らは私がニューヨーク州立大学ニューパルツ校の大学院で TESOL を学んだ時のクラスメイト達です。その1人（Stirling）が、彼のお兄さん（Avery）のプレゼンテーションを私の授業に使ってはどうかと勧めてくれました。それは TED x JNJ Titusville（ニュージャージー）で行った Racism - Your Story Matters という発表で、YouTube にアップロードされていました。内容は Avery が幼少期から黒人であるがゆえにどのような差別を受けてきたか、についてです。私は、ぜひ授業で用いたいと思い、そのプレゼンテーションを基にしたワークシートを作成し Stirling に送りました。すると、彼は「僕がゲストスピーカーとしてクラスに出ようか。学生の質問に喜んで何でも答えるよ」と言ってくれました。

　ちょうどその頃、無実の一般市民の黒人が、白人警官に膝で首を押さえつけられ死亡するという事件がアメリカのミネアポリスで起こったのをきっかけに、Black Lives Matter（BLM）movement と言われる抗議運動が、テレビ等で大きく報じられていました。こうして、絶好のタイミングで黒人に対する差別についてクラスで学ぶこととなったのです。

2.　学生が主体的に取り組み自己実現を達成できる授業へ

　前期の「英語コミュニケーション」のクラスを履修している1年生を対象に、人種差別をテーマとして、3回の授業をすべてオンラインで行いました。1日目に、YouTube の Avery のプレゼンテーションを見て、彼が体験した差別の実態を理解しました。この授業で、Avery が投げかけられた屈辱的な英語表現が、いかに酷いかなどを話し合うことができました。全員で考えを共有し知識を備えることでクラスがまとまり、安心した雰囲気の中でゲストスピーカーを迎えることに繋がりました。

　残りの2回の授業は、Stirling がゲストスピーカーとしてアメリカからオンライン会議システムでクラスに参加し、学生が一人ずつ Stirling に質問し、彼が答え、理解しにくそうなところは私が通訳する形式で行いました。英語でコミュニケーシ

第4章

大学

ョンできた成功体験が自信に繋がり、その後の英語での発表や議論などでも肯定的に取り組めるようになることを意図していました。質問は事前に各自で作成し、チャットを用いて学生と私が話し合い、一人ずつ質問内容を決めました。そのやり取りの中で、私は学生の意見を尊重する一方、英文の修正が必要な場合は、彼らの貴重な意見がゲストスピーカーに的確に伝わるようにサポートをしました。そして、学生が当日自信を持って質問できることを期待しながら、私は学生の能力が十分発揮できるようにファシリテーターの役に徹しました。

2.1 差別に対する関心の変化

下記のグラフは、授業後のアンケート調査の結果です。授業前と授業後で人種差別に対する関心の深さの変化と、日本国内の差別に対する関心の深さを示しています。

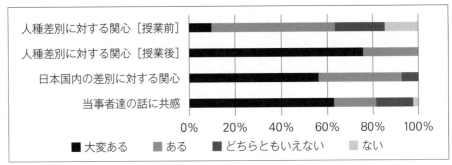

図1 差別に対する学生の意識の変化（授業前と授業後の比較）

授業前にすでに人種差別問題に関心があった主な理由としては、ネットやテレビなどのニュースで、黒人に対する人種差別を認識していたことなどがあげられます。授業前には「関心がない」、あるいは「どちらともいえない」と回答している学生がいましたが、授業後には全員が関心を深めていることがわかりました。関心が深まった理由としてあがった、「日本では人種差別はあまり現実味がないために、Stirlingの体験談とエピソードが多いことを知ってとても衝撃だった」「報道されないような日常に存在している差別の実態を知ることで、関心が深まった。アメリカ国民、黒人の立場からの意見を聞き、人種差別や偏見の実態について知ることが出来た」「実際の経験談を本人から聞き、さらに自分で質問することもできたので、理解が深まり、授業を受ける前よりも関心が出てきました」等のコメントから、人種差別を受けた当事者から様々な体験を聞くことで、学生が現実を理解したことがわかります。

また、学生は授業外のグループディスカッションで日本国内にどのような差別があるかについても話し合い、男女差別や年齢による差別、部落問題、在日外国人に

対する偏見、障がい者に対する差別、容姿に対する差別、いじめの問題など様々な社会問題に気づきました。また、クラスメイトとの意見交換により、学生は知的に刺激し合い、高め合うといった相乗効果を享受することができました。

2.2　人間性の向上——共感力を養い自己の価値観を明確化

「この授業を受けて Avery や Stirling の話に共感しましたか？」という質問に対する回答は、「大変そう思う」と「そう思う」を合わせて80％以上にのぼったことから、共感力を養えたことがわかりました。理由は、「私は体験したことのないことばかりだったけど、Avery や Stirling が経験している苦しさや辛さが伝わってきた」「日々行われている人種差別について知ったことで、Avery や Stirling の話に共感した。また、人種差別を受けることの辛さは計り知れないと思った」「幼少期に差別を受けたがその経験を他の人に説明したり出来るくらい強く生きていることがすごいと思いました」「この授業を受けて、人種差別について正しく知ることは、人種差別を減らすことにもつながることを学んだ。そのため、黒人差別についてもそうだが、様々な人種差別について正しく知識を身につけたいと思った」「お二人の話を聴いて、多様性が認め合える社会の実現が重要だと感じた」等がありました。下記の授業後の感想からも、学生達の共感が深いことがわかります。

> It seemed that he had become accustomed to racism, so I was sad and worried. I was shocked to know that even a high school teacher discriminated against black students. I was a little relieved to hear that his white colleagues didn't discriminate against him.

Stirling が黒人差別に慣れてきてしまっているという話を聞いた学生が悲しみ、また白人の先生までもが黒人の生徒に対して差別をしたという事実に衝撃を受けながらも、現在 Stirling が職場で差別されていないことに安心しているという、学生の感情がよく表れています。

> I will pay attention to discrimination because his experience made me sad and angry.

Stirling の経験を聞いて悲しみや怒りを感じ、今後人種差別に対して目を向けようという、自分の未来の行動に対する考えが表れています。

さらに次ページのコメントは、差別を受けた Stirling や Avery の気持ちを深く理解できたからこそ、自分達に何ができるかを表現しています。

> - I think it's important to tell others exactly what we learned about black discrimination.
> - I agree with Stirling's thought that we should be active to communicate with the people who live in different culture or speak other language. If we can do these actions, I think that we can broad our feeling of value or viewpoint.

2.3　内発的動機づけによるライティング能力の向上

　私は、これらの感想文を読み、学生のライティング能力が飛躍的に伸びたことに気づきました。学生38人に、4月に課題として書かせた「名前の意味」についての英文では、平均語数は39.7語でしたが、7月末の人種差別についての授業後の平均語数は79.4語と約2倍の語数になりました。さらに使用語彙も変化しており、授業開始当初より難しい語彙が用いられ、文の種類も単文、重文、複文が上手に使用されていました。1例をあげます。

> While there are white people who discriminate against black people, there are many people who treat black people equally like those around Mr. Stirling. Through the activities of BLM (Black Lives Matter), I hope to improve our conscious of human rights and to eliminate racism against various races, and to get along everyone. I think it's so hard to do so but we can realize. First, I'm going to have high conscious of human right.

　多くの学生が、このように英文で自分の気持ちを豊かに表現しており、あふれる思いを書き出した情熱をも感じさせる感想が多く見られました。
　下記のグラフは、最終回の授業後に実施したアンケートの結果を表したものです。

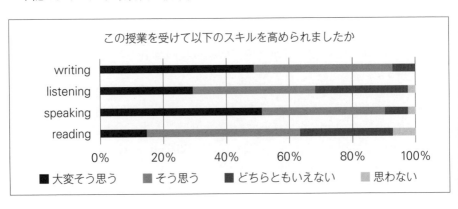

このグラフを見ると、約93％の学生がライティングのスキルが高まったと答えています。理由として「自分が質問したいこと、伝えたいことをネイティブの人にどの表現を使えば伝わるのかよく考えることができた」「多くの表現について知り、自分の伝えたいことをはっきり伝えられるようになりたいと思った」などとあることからも、英語話者に伝わるように、よく考え工夫して書いたことでスキルの向上を得られたと感じていることがわかりました。

2.4 クラスのコミュニケーションレベル

「この授業を受けてよかったことは何ですか？」という質問の回答から、クラスのコミュニケーションの様子を理解することができました。「英語で意見を交わしあう機会が持てて、とても楽しく勉強になった」「ネイティブのかたと英語で会話でき、またクラス単位で行うことで、自分では考えつかなかった質問とその答えも知ることができ、よい経験になりました」「Stirling の授業で1人1人が質問を考え、それに Stirling が答えてくださったことで、クラスで一体感が生まれ英語を学ぶことを楽しいと思えた」「何回も考え直し練習した作文などを、先生に良かったよと言ってもらえて、次も頑張ろうという気持ちになり、自信に繋がった」とあるように、オンライン授業でも教員と学生、学生同士が学び合うたくさんの有意義な相互作用があり、互いの人間性に触れる深いコミュニケーションをすることができました。

3. まとめ

幼少期から人種差別を受け、現在もその問題に直面している友人の Stirling は、学生の質問に自身の経験談を数多く紹介しながら、一つひとつ丁寧に答えてくれました。「アメリカでもこのような議論が必要だと思う」と本人も語ったように、非常に実りある授業となりました。学生は差別の事実を包み隠さず伝えた彼の態度に、深く感銘を受け多くを学び取りました。クラスメイトと協力しながら、自発的な取り組みが促される授業形態の中で、視野を広め共感力を養うなど、人間性が涵養されただけでなく、短期間でライティング能力を高めることができました。Stirling 自身が経験したすべてをありのままに伝えたいという熱意にあふれていたことで、学生は大きく心を揺さぶられたのでしょう。それを物語るような感想が日本文と英文に表れていました。学生はスピーキング、リスニング、リーディングのスキルも向上した実感を得ています。多大な時間を割いて日本の学生達に事実を教えてくれた Stirling と、真摯に課題に取り組んでくれた、豊かな感性と知性にあふれた学生に感謝の気持ちでいっぱいです。

18節
学ぶプロセスに意味を持たせる
専門学校での取り組み

清水　真弓

1. はじめに

　筆者は2023年度に、客室乗務員を目指す専門学校生でTOEIC 600点を目指すクラスを担当しました。このクラスは習熟度別編成ではないため、学生のTOEICの点数は300点台から900点台までばらつきがありました。学生はこのクラスに加え、習熟度別で編成された他のTOEICクラスや英語検定試験対策クラスも受講していました。こうした習熟度別の他クラスは、元客室乗務員の教員が担当することが多く、学生たちのまさにRole Modelとなっていました。

　学生たちは、流ちょうな英語を駆使して海外へのフライトを数多くこなし、様々な外国の方々とふれあう経験をしてきた教員に憧れて日々の授業に真剣に取り組んでいます。将来、客室乗務員になるというしっかりとした目標があるため、TOEICの点数が低い学生も学習意欲にあふれ毎回楽しく学んでいます。専門学校では、目標とするスコアを達成し就職に繋げることが重視されます。スコア目標を達成することはもちろん大切ですが、筆者は学ぶプロセスにも意味がある授業にしたいと考え、「自ら学ぶ姿勢」を育むことをねらいとする授業外オンライン復習課題と、授業内でのペアワークを重視しました。

2. オンライン復習課題

　毎回授業の最後には、教科書付属のオンライン学習アプリであるCheckLinkを使い、次回の課題を出しました。オンライン課題の内容は、主として授業で学んだ文法の復習とリスニング、TOEICのPart 1からPart 7形式のリスニング、文法、リーディング問題です。

　筆者が授業でオンライン復習課題を取り入れたのは、学生が「自ら学ぶ」姿勢を養うことを目指したためでした。これから航空業界に入る学生たちは、卒業後も英語を使う必要があります。学生時代には教員から常に英語を教えてもらうことができますが、卒業後は自らの力で自身の英語力に磨きをかけていかなければなりません。幸い現在では、様々な種類のオンライン学習アプリがあり、スマートフォンでも学習でき、いつでもどこでも繰り返し学べます。学生時代からアプリを使って英

語を自主的に学び続ける習慣を身につけておけば、将来、自立した時でも主体的に英語学習に向き合っていけると期待しています。

　実際、ほとんどの学生がこのオンライン課題に真摯に取り組み、「自ら考えて問題を解く」という姿勢は育っているように感じました。ただし、アプリで問題を解いて解答した場合、正解のみが表示され解説は表示されません。そのため誤答の場合には、なぜ間違ったのかが自分では理解できない学生も数名いました。しかし、授業前の休み時間の様子を観察していると、学生同士で質問し合い、わからないところを教え合う光景をたびたび目にすることができました。

3.　ペアワーク

　授業では、ペアで単語を口頭練習する活動と、教科書にある会話や文章を多少変更しオリジナルの英文をペアで作成し、クラス全体に発表する活動を行いました。何もないところから文章を考えるのは難しくても、教科書の文章を多少変えるだけであれば、英語力があまり高くない学生でも楽しむことができます。また発表後には、クラスメイトが発表者に対し肯定的なフィードバックを与えることを奨励し、発表者が達成感を得られるようにしました。

　筆者が担当する授業（1回90分）は、毎回以下のように組み立てました。

(1) 前回の Unit の Review Test の実施
(2) Vocabulary Sheet を使い、ペアで単語を「英→日、日→英」と口頭で練習
(3) TOEIC のリスニングとリーディングの問題に学生が各自解答し、教員が正解を示して解説
(4) 教科書の文章をペアでアレンジし、その後、全ペアがクラス全体に発表
(5) 授業外のオンライン課題や次回の Review テストについて連絡

　ペアワークの時間は、授業の90分中、(2) の単語練習が5分程度、(4) の教科書の英文アレンジが20分ほどしかとれませんでしたが、短い時間でもペアワークを取り入れたことは意味がありました。単語の練習では、教員は発音指導を中心に机間支援を行いましたが、学生たちはお互いに「英語から日本語、日本語から英語」へ訳す問題を出し合いながら、「あー、間違った」「そっかあ〜」などと、和やかに、かついきいきと練習していました。教科書の英文をアレンジする際には、とりわけ場面設定について考えるのが楽しいようでした。「それいいね」などの言葉が聞こえ、笑い声や満面の笑顔も見られました。教員からの「それ、いいアイデアだね」「よく考えたね」というコメントに、恥じらいながら自慢げに微笑む学生たちの姿が特に印象的でした。

以下、教科書（早川，2019）の英文と、それをもとに身近なテーマや人物に置き換えた学生の英文例を挙げてみます。この英文を作成した学生は英語力が高い方ではなく、単複の間違いなども文中に見受けられますが、教科書のテキストをよく理解して自分に引き付けて考えている様子が窺えます。

〈教科書の英文〉

Dear Clare White,

We would like to invite you to our annual lecture series on August 10. It will take place at the Memorial Center. This year, some of the lectures will focus on technology in our daily life, and the robotics specialist Gregg Peterson will talk about future technology. Please take a look at the back of the invitation card for more information. If you are interested in this event, please e-mail us at invitation @ odontech.com.

　上記の英文について「講義の種類、実施場所、実施日、メールアドレス」等をオリジナルのものに変えてペアで文を作成します。その際、自分たちが考えたオリジナルな英文を1つ入れるように指示しました。

〈学生の作文（原文ママ）〉

Dear（ある学生の実名）,
We would like to invite you to our manner's lecture tomorrow. It will take place at Ecopa Arena. This year, some of the lectures will focus on manner in our daily life, and the manner specialist Ms.（ある教員の実名）will talk about future manner. Please take a look at the back of this invitation card for more information. Please wear suit. If you are interested in this event, please e-mail us at invitation@（ある教員の実名）.com

　上記の英文は、将来、客室乗務員を目指す学生たちにとっては、日々なじみのある「マナー講習会」についてです。この英文では、学生たちにとって身近な場所の名前である Ecopa Arena や、実際の学生や教員の実名を入れています。また、オリジナルな文（波線部）として、**Please wear suit.** が見られます。この活動では、自分で考えた英文を1文追加するように指示しましたが、今後は自身で考え表現したい英文の数を少しずつ増やしていく必要があることを実感しています。

4. おわりに

　授業外のオンライン課題では、各々の学生が課題への向き合い方を自ら考えて実行し、集中して取り組んでいました。スマートフォンとパソコンの両方を用意し、スマートフォンの音声をパソコンに入力することを考え出した学生もいました。毎日課題に取り組む時間を決めて学習していた学生もいました。通学時間を活用して学習していた学生もいれば、放課後に学校に残って学習していた学生もいました。今後は学生自ら、どのような時に、どのような場所で、どのようにして学ぶか考え、自分にとって最適な学習方法を編み出す自律的な学習者に育っていくことを期待したいものです。

　授業内のペアワークに関しては、ほぼ全員が肯定的に捉えており、学期末の振り返りアンケートでは、「一人のときより英語について深く考えることができる」という意見が多くありました。また、「ペアの相手から新知識を学ぶことができる」「自分では考えもしなかったアイデアや言葉が出てくる」「話すことで友達をもっとよく知ることができる」という意見が見られました。英語という言語のみではなく、人間としてお互いから学び合おうという姿勢が強く感じられ、頼もしく思いました。一方でクラスの中でも比較的英語力が高い学生からは「ペアワークは楽しかったが、あまり英語が身につくとは思えなかった」という回答も得られたことから、ペアワークの活動内容や進め方について再考の余地もあると感じています。

　専門学校の学生たちは目標がしっかりしているため、学習意欲にあふれ、授業外でも進んで英語学習に取り組みます。一方で、TOEIC 等の資格取得を目指す英語授業においては、短期間で点数を目標値まで伸ばさなければならないという大きなプレッシャーも感じています。また、英語以外に学ばなければならない科目や取得しなければならない資格も多く、「時間がない」という発言がよく聞かれました。そのような中で、隙間時間を活用してアプリで英語を学ぶ習慣を身につけたり、ペアワークでリラックスした雰囲気のもと、クラスメイトから学び合ったりすることは貴重な経験だったのではないでしょうか。英語習得への道のりは長く続くものです。「しなければ」という気持ちだけでは、長期にわたり努力を継続することはできません。いつ、どこで、どのように学ぶか、自分なりに最適な取り組み方を考え出すこと、そして「学ぶことが楽しい」と思うことが今後も英語を学び続ける原動力になると確信しています。学生たちがこの授業を一つのきっかけとして、デジタルネイティブとして、オンライン環境を様々に使えるアドバンテージを活かし、自律的に学んで行くことを願っています。

引用文献

早川幸治（2019）『Score Booster For the TOEIC® L&R Test Beginner』金星堂 .

19節
世代を超えて学び合う市井の英語教室の展開

関　静乃

1.　様々な年齢の生徒さんが共に学ぶクラス

　これは私が経営する静岡県藤枝市にある民間の英語教室のお話です。その教室の名前は「ニューヨークアカデミー」といいます。この教室では、小学生クラス（初級、中級、上級）、英検3級〜1級クラス、TOEICクラス、大人の英会話クラス、ビジネス英語クラス等が開講されています。生徒は年齢に関わらず、目的や習熟度に合ったクラスを受講しています。

　英語教室というと、学校の勉強の補充や英検の準備といった、傾向と対策的な内容を想像されるかもしれませんが、実はそうではありません。その大きな特徴は、異なる世代同士の学びあいです。小学校低学年から中高生だけでなく社会人も20代から60代までが、それぞれの目的に応じたクラスで学んでいます。年齢の近いクラスメイトと学ぶクラスもありますが、様々な年齢の生徒が一緒に学ぶクラスも多くあります。例えば、「英検3級、準2級、2級クラス」で、小学生の英語上級者が中高生や社会人と一緒に学ぶことがあります。また、「英検2級、準1級、1級」のクラス等でも社会人が中高生と学ぶ光景は日常のことです。

　小学生は普段一緒に学ぶことがない上級生達と学ぶことで、自己肯定感が高まり喜びを感じ、中高生達も年齢の離れた下級生のクラスメイト達から刺激を受け、同時に社会人の熱意ある姿勢を見て、学ぶ意欲を高めています。同様に社会人の生徒も、自分の子供ほどの年齢のクラスメイトの柔軟な発想や優れた理解力に刺激を受けながら楽しく勉強しています。それぞれの生徒の作成する英文には、その年代だからこそ生まれる個性があふれています。ここでは、生徒の声や英文を紹介しながら、世代を超えて共に学びあう利点を述べたいと思います。

2.　生徒の個性を引き出す語彙指導

　年齢が異なるクラスメイトと6カ月以上学んだ経験のある生徒31人に、当校の特徴の一つである「様々な年代のクラスメイトと学ぶことについて」のアンケート調査を2023年9月に行いました。その結果、多くの生徒達が異年齢集団で英文の発表活動を行うことによって、英語の理解が深まったと感じていることがわかりました。

当校の特徴の一つは語彙指導で、私がオリジナルの語彙演習シートを作成しています。それを用いて、語彙の意味や使用される背景について例文をあげながら英語や日本語で説明します。その後、生徒達がその語句を用いて英文を作成し発表します。例えば、英検準1級クラスでは私が下記の例文を用いて、eligible（適任で、適格で、資格のある）という語を説明しました。

　　・People who are 18 years old and over are eligible to vote in Japan.
　　（日本では18歳以上の人々が投票する資格がある）
　　・She is eligible for a scholarship.
　　（彼女は奨学金をもらう資格がある）

その後、Are you eligible to do anything? Is your friend or family member eligible to do anything? と問いかけ、生徒達がこの語を用いた英文を作成し発表しました。

高3の生徒 A
・My parents are eligible to drive.（私の両親は運転する資格があります）
高3の生徒 R
・I'm eligible to make credit cards.
（私はクレジットカードを作る資格があります）
30代社会人の生徒 T
・I am eligible to teach at elementary, junior high and high schools.
（私は小学校から高校まで教える資格があります）
50代社会人の生徒 U
・I'm eligible for getting a driver's license.
（私は運転免許を取得する資格があります）

　英文を発表する際に、その背景について生徒達は話してくれます。高3の生徒 R は、18歳以上の人がクレジットカードを作成するにあたって注意する点を、ちょうど学校で聞いたと話し、生徒 T は30代の高校の物理の先生で、高校以外でも教えられることがわかり、クラスメイトが尊敬の念を抱きます。50代の生徒 U は社会人ならではの文章です。このような英文発表活動から生徒同士のコミュニケーションが深まります。Humanistic Language Teaching（HLT）の method の特徴の、クラスメイトを理解し、人間関係を作る価値のある高いレベルのコミュニケーションが出来ていると思います。

　もう一つ例をあげます。英検2級クラスで benefit from ～を用いた英文を紹介し、

学校の生活等で生徒達がどのような恩恵を受けているか、私が問いかけました。皆が各自の学校生活を頭に浮かべ、英文を作成しました。

高3の生徒T
・I benefit from the school bus service.
　（僕は学校のスクールバスの恩恵を受けています）
中1の生徒R
・I benefit from good teachers at my school.
　（私は学校の良い先生達から恩恵を受けています）
中2の生徒Y
・Our students benefit from buying juice cheaply at school.
　（私達の学校の生徒は、学校でジュースを安く買えるのでメリットがあります）
中2の生徒I
・Our students benefit from the religion class.
　（私達の学校の生徒は宗教の授業から恩恵を受けています）
小6の生徒K
・My school students benefit from delicious school lunch.
　（私の学校の生徒達は、美味しい給食の恩恵を受けています）

　英文作成中に、生徒Tは「通学するのに学校のバスを使えるから助かる」、生徒Rは「学校の授業が先生達のおかげで充実している」、生徒Yは「学校の自販機のジュースが市販より安いからお得で部活の後いつも利用している」、生徒Iは「キリスト教の授業が毎週ある」、生徒Kは「引っ越しをしてきて、今の小学校の給食がとてもおいしくて嬉しい」など学校生活の良い点を、関連情報を付け足して語り合っていました。

　私は生徒達の声を聞きながら、彼ら彼女らが英文作成で困った時は、文法や語彙をさらに教え、各自が英文を発表できるようにサポートをしています。生徒達が自分自身の性格や、職業、学校や会社の特徴、経験、家族や友達のことを表現し、笑いが起こることも多く、知的で楽しく感じます。生徒達は自分やクラスメイトの長所や短所に気づき、自分や家族や友達、学校に誇りを持つこともあります。語彙力を向上させる活動が、学習者の自尊感情や自己効力感を高めることに繋がっていると思います。教師も一人ひとりの生徒の発言に関心を払い、耳を傾けるようにしています。

3. 様々な年代のクラスメイトと学ぶことの利点

　前述のアンケート調査により、年齢の異なるクラスメイトがいることが、良い学習集団を形成する要因となっていることがわかりました。「年上の人と受ける時は他の人においつけるように頑張ろうと思える」（小6）、「上級生は自分よりも単語や文法の知識があるという点で、刺激になる。下級生は自分にはないユニークな発想があって新しい物の見方ができる」（中2）、「学校では経験できない教え合いの輪が広がる。コミュニケーション能力が上がる」（中2）、「先生からだけでなく年下がいると頑張ろう、年上から知識を吸収しようと思える雰囲気がある」（高2）、「自分にはない視点がたくさんあり、そのたびにその視点と英単語を結び付けて覚えることが出来るし、自分では作らない文法で英文を書いてあったりしてたくさんの学びや気づきがある」（高3）、「世代の違いはあるが、若い方々と共に勉強できる機会はなかなかなく、様々な考えを聞ける機会でもあるのでとても楽しい」（50代社会人）。これらのコメントから、生徒達は他者との関係性を意識する中で、自分の価値観を明確にしていることがわかり、HLTの言語教育の目標にかなっていることがわかります。

4. まとめ

　生徒達のコメントから、異なる年齢のクラスメイトと学ぶことにより、クラスが英語だけでなく、それぞれの知識や考え方を学ぶ場ともなっていることがわかりました。これは、この教室の、一人ひとりの個性を尊重し、リラックスした雰囲気の中でそれぞれがその個性を発揮でき、生徒同士が互いの長所を認め合うという方針によるものだと思います。英検に合格することが目標のクラスでも、学習内容に自己関与性を持たせ、生徒が学習集団の主人公であれば、有意味な言語活動になります。難しい語彙も自分の生活と結びつけ表現することで定着が図れます。

　私自身も様々な年齢や職業の生徒達に授業をすることで、英語指導のスキルを向上させ、英語の知識だけでなく社会的知識を得ることができています。日々英語教師として、そして一般市民として、まさに生徒達に鍛えてもらっています。

　これまで充実し感謝にあふれる教員生活を送ることができたのも、個性豊かな生徒達と英語学習に関われるおかげです。今後も、様々な年代で構成されるクラスの特徴を英語教育に活かして行きたいと思います。

（コラム）卒業生からの寄稿

一番伝えたいこと
——稲葉先生の授業を振り返って

池ノ谷　叙威

　私は現在、航空宇宙工学を学ぶ学部に所属する4年生です。この度、私が中学校で英語を教わった先生から、「実際に学んできた教え子の言葉として、中学校で受けた英語の授業について、振り返りを書いてみませんか」とお誘いを受けて、この文章を書いています。

　この文章を書き始めた約1週間前、私は外国の方に英語で自分のサークル活動の思い出を話さなくてはなりませんでした。私が所属するサークルでは、鳥人間コンテストといって学生だけで飛行機を作り上げ、琵琶湖で飛ばすという全国競技大会に出場しています。それについて英語で話す際に、当然「鳥人間」という言葉に対応する英単語は存在せず、競技ルールや飛行機の細かい部品の英語名も難しいため、英語にするのは困難が伴いました。しかし、中学校で学んだ「伝えることが一番大事」ということを思い出し、一番伝えたいことを、知っている語彙や文法を整理して、必死に伝えました。例えば、「翼のほぼ全部を手作りしたこと」を伝えたくて、handmade という言葉を使ってみました。適切だったかは分かりませんが、伝えることはできたと考えます！

伝えようと努力すること

　私が通った中学校は、教育方針が大変ユニークな学校でした。とりわけ、英語の授業は、「精一杯工夫をして、自分の思いを伝えよう」ということに力点を置いていました。中学校に入学して間もなく、上級生のスピーチを見せて頂くことがありました。その後に実際に自分たちでもスピーチを作ってみるという授業が始まりました。今まで何かを人前で紹介することが少なかったのに、それを英語でというのは極めて難しい課題だと思いました。入学して間もない頃の経験ですから、出来は正直立派とは言えないものでしたが、不思議と面白みを感じたのを覚えています。なぜなら、一から自分で考えた内容であったので、自分が思ったことを英語という外国語で表現できたという成功感や、逆に難しさを感じられたからだと思います。

　同じようなことを中学2年生の時にも経験しました（先述の先生には、2年次から英語を教わりました）。特に印象に残っているのは、Communication test の体験と、先生から私が任された50分間英語発表でした。Communication test とは、

コラム｜一番伝えたいこと

先生、若しくはALTと、数分間英語だけで話すというものでした。これも最初は難易度が高いとしか思えませんでしたし、今振り返ると中学で一番衝撃を覚えた英語授業のコンテンツであったと思います。そう感じた理由は簡単で、当時慣れてきたスピーチとは異なり、Communication testでは即興で、しかも英語で反応をしなければならないからです。スピーチでは事前に原稿を作り準備ができるため、前準備さえ入念にしておけばよかったのですが、Communication testではその場で思いついたり、言いたかったりすることを即、英語に訳して、相手に応答しなくてはなりません。自身の真の英語の能力を試されている気がして、最初は不安しか覚えず、難しく、同じ英語でも全く異なるものに感じていました（今でもスピーチや発表と対面型コミュニケーションは別物という感覚は残っていますが…）。実際のCommunication testでは、全てが即興のコミュニケーションではなく、テーマや最初に聞かれることは決まっていたので、ある程度準備はできましたが、メインはそのあとの質問に答えたり、相手に質問をする部分でした。ここで大事にされていた「精一杯工夫をして、自分の思いを伝えようとする」姿勢は、自分にとって大きな気づきを与えてくれたと考えています。

　振り返って興味深いのは、このテストを通じて間違いなくALTと本当に仲良くなり、ALTの部屋に通っては、コミュニケーションを取るようになりました。当時の私の英語は誤りだらけだったのに、不思議と意思疎通は図れていた（図ってくれていた？）と感じています。英語学習を通して、英語が単に外国語である以上に、一番大事なことは「伝えること」、文法や単語の正確性は少なくとも最優先事項ではない、という気付きが得られました。この気付きは英語を楽しめるようになったきっかけにもなり、結果として英語能力の向上にもつながったと考えます。

50分間英語で教壇に立った体験

　もう一つ印象深い体験は、生徒の立場でありながら、50分間英語で授業を行ったことです。今まで英語を続けて話したのはせいぜい5分程度でしたから、英語だけで50分間授業を行うことは難しかったのですが、私のつたない英語力を使って、旅行で出かけた海外の文化紹介をするという形に落ち着かせました。この企画は、私がアメリカ旅行をしてきたのを耳にされた先生が、アメリカの雰囲気や文化を伝える機会を作りたいと考えられて、実施された記憶があります。

　具体的に私が行った授業内容は、旅行で訪れた場所から感じられた雰囲気や、見られた英語看板や説明等について、写真や現地で買った本などを見せながら紹介するものでした。当時のクラスメイトの反応は正直はっきりとは覚えていないのですが、本場の雰囲気を理解してくれて、「行ってみたい」という反応も得られたことを覚えています。この反応をみて、自分が伝えたいことを伝えられた実感があった

のですが、実はこの授業では、今まで感じたことのない印象も感じました。この授業の時、感想を兼ねたクイズペーパーを作成し、授業で紹介した場所やそれにまつわるものについてクラスメイトに答えてもらったのですが、正答率があまり良くなかったのです。このクイズペーパーでは、英単語を書いてもらうので、スペルや音に関しても正確に捉えて、英語を話したり書いたりする必要があったのです。ところがこの時は、内容を過度に重視してしまったので、スペルや音を正確に伝えることができず、正答率が下がってしまったのだと思います。私はこれまで述べてきた通り、「伝えることが大事」という軸をもって、英語を使うことが大切だと考えていますが、今後の目標として、内容に加え、音（発音）やスペルも英語という言葉の側面だということに気づかせてくれた思い出です。

生徒が授業づくりに参加した

　中学3年生になり、私は英語の教科係（英語係）になりました。伝えようとすることが一番大切だという気付きを、クラスのみんなにも伝えたいと思い、多くの企画を行いました。学校のユニークな教育方針は教科係にも反映されており、係の生徒が望むのであれば先生と相談して、授業の一部を率先して活用することが許されていました。私は洋楽や海外のテレビ番組をみんなで聴き取る、という活動を行っていました。映画 *Back to the Future* やクラスメイトの関心を集めそうな教材を用意し、新しい表現や単語を知る機会として、私自身も楽しんでいたと思います。さらに、いわゆる「生きた英語」を知ることができ、他の教科と少し異なる、「今必要な学び」を知れた気がしました。クラスメイトにも新たな表現や単語を知ってもらい、たとえ苦手であっても、英語は楽しい教科、という印象を持ってもらいたいと願っていました。ありがたいことにクラスメイトからの評判は良く、1年間企画をやり通すことができましたし、授業外でも扱った洋楽や番組のことについて話題になりました。リクエストをもらうこともあり、嬉しい反応が多かったことも覚えています。みんなが楽しんで学んでくれるからこそ、準備のために先取りして、英語の表現や単語の勉強、ワークシートの作成に取り組み、学ぶモチベーションにつながり、結果的に英語の勉強をがんばれたと感じています。

　中学校英語は、数年後の大学での英語授業、そして就職活動において英語でコミュニケーションを取る場面でも生かせています。自信をもって英語を使えていると感じます。ミスや間違いがあってもよいから、コミュニケーションにおいて欠かせない「伝えることが大事」ということを、学んだのだと思います。

あとがき

　本著を最後までお読みいただきありがとうございます。きっと巷に見られるようなノウハウ本とは違った印象をお持ちいただけたのではないでしょうか。

　本著は「ヒューマニスティック英語教育研究会」の有志28名が、自身のこれまでの英語授業を真摯に振り返り、その思いを率直に表したものです。本著にある実践の多くは、日々の授業づくりに悩み、苦しみながらも、学習者一人ひとりの可能性を信じ、決して彼ら、彼女らを見捨てず、敬意と尊重の念をもって関わることで、課題解決のための糸口を見出してきたものばかりです。

　私たちの願いは、日本の英語教育が、いかに学習者の「英語力の向上」とともに、「人間的な成長」に貢献できるかということです。英語の授業ですから、英語に関する知識・技能・運用能力を培うことは、当然のことです。私たちも、この目標を誰にも増して追求しています。ただ私たちは、それだけで学校教育の目的が果たせるとは考えていません。学習者一人ひとりが、英語という言葉を使って表現することの喜びやもどかしさ、他者とつながり理解し合うことの心地よさを実感しながら、人間的に成長していける授業が必要だと考えています。このような授業では、学習者一人ひとりが「知」を探究する喜びとともに、自分自身のよさや可能性に気づき、教室に「笑顔」と「夢」と「希望」を運んでくるはずです。それによって、英語の知識・技能・運用能力もさらに高められると考えています。

　目下、子どもたちは VUCA（変動性、不確実性、複雑性、曖昧性）と言われる時代に生きています。英語教育においては文部科学省によって、学習語彙や表現・文法事項の増加、学習評価の複雑化、学習者用デジタル教科書を含む ICT 機器の積極的な活用など、改革のための施策が矢継ぎ早に打ち出されており、教員も子ども達もその対応に追われ続けています。実際、教育現場で奮闘されている先生方からは、「『人間理解、人間的成長』につながる英語教育なんて理想論にしか過ぎない！」といった厳しいお言葉を頂戴することがあります。しかし、「教育の目的」が「人格の完成」であるかぎり、この目的達成を実現するための教育が施されなければいけません。

　ご自身が受け持っている学習者のことを、最もよく理解しているのは、誰でしょうか？　それはほかでもない、教師であるあなたご自身です。世界の中で、教師であるあなたの知見が最も必要とされているのです。ですから、目の前の学習者にとって、何が最も必要で、どうしたらそれを彼ら、彼女らの心に響くように伝えられるかを考えなければなりません。目の前の患者の容態を最もよく解っている医者と同様にです。

　このことは、教科書を例にとっても言えることです。現場からは「教科書の内容

を教えるだけで精一杯！」という言葉をよく耳にします。しかしながら、そもそも教科書は創造的に使用するものです。教科書の内容すべてを一辺倒に網羅してさえいればそれでよいというものではありません。目の前にいる学習者の実態に応じて、教科書の内容を吟味し、軽重を付けたり取捨選択することも大切でしょう。そうして生み出した時間を使って、少しでも学習者がありのままの自己を知り、他者を理解し、共感性を高めながら、「人格の完成」に向かうような実践を試みることに充てることもできます。

　本著が、将来、学習者が豊かな人生を切り開くための授業づくりのヒントとしてお役に立つことができれば幸いです。

　2024年5月

加賀田　哲也
（ヒューマニスティック英語教育研究会運営委員長）

索　引

あ行

あいさつ言葉 ……………………… 184
アイデンティティ … 143, 147, 158, 213, 247
足場かけ ………………… 55, 75, 223
意見交換・交流 ………… 5, 89, 184, 239
意見文作成 ……………………… 239
異文化理解・交流
　………… 8, 70, 163, 182, 185–186, 194
インタラクティブ ………………… 248
ウィドウソン , ヘンリー
　(Widdowson, Henry) ……… 17
ウェルビーイング ………………… 217
「英語コミュニケーション」
　… 88, 92, 114, 138, 199, 210, 221, 230, 249
エッセイ課題 ……………………… 115
エンゲージメント (engagement)
　………………………… 24, 43–44
帯活動 ………………… 125, 136, 196
オーラル・インタラクション ………… 125
オンライン課題 ……………… 254–257
オンライン交流 ………… 160–164, 197, 217

か行

外発的動機づけ ………… v, 20, 21, 243
学習指導案 ………………… 38, 51
学習者エンゲージメント　→　エンゲージ
　メント
学習性無力感 ……………………… 84
学習方略（ストラテジー）………… 10, 83
学生中心教育 ……………………… 149
学力 ……… 14, 36, 48, 77, 91, 147, 156
価値観… iv, 44, 58–59, 70, 99, 133, 136, 142,
　165, 182, 229, 251, 261

加点式評価 ……………………… 51
関係性 ………… 58, 169, 180, 243
教科横断型 ……………………… 187
共感力 ………………… 97, 251–253
協働（協同）学習 ……… 8, 54, 75, 84, 194
クリティカル・リーディング　→　批判的
　思考
傾聴 ………………… 46, 68
言語活動 … 43, 45, 47, 57, 62, 131–132, 166,
　172, 221, 261
言語事項 ……………………… 48
個別最適な学び ………………… 65, 84
コミュニケーション方略（ストラテジー）
　………………………… 25, 75, 125

さ行

自己開示 ………………… 31, 219
自己関与性 ………… v, 5, 45, 261
自己決定理論 ………………… 180, 243
自己肯定感・自己有用感・自己効力感
　… v, 28, 51, 72, 74, 144, 156, 172, 211, 258
自己実現（欲求）
　…… v, 11, 23, 27, 32, 42–45, 53, 68, 97, 152
自己超越 ……………………… 97
自己調整学習 ……………… 83, 84
自己内省 ………………… 87–89, 199
自己表現 ……… 29–31, 87, 138, 199, 228
自己理解 ………… 57, 87, 199, 211
事実発問（事実質問）……… 98, 225, 238
持続可能な開発目標… 92–97, 194, 204–210
持続可能な社会の創り手… 92–97, 204–210
ジマーマン , バリー
　(Zimmerman, Barry J.) ……… 83

267

小タスク ·················· 91, 207, 224–228
ジョブズ , スティーブ（Jobs, Steve）
··································· 223–229
自律性 ····················· 21, 180, 243
人種差別 ··························· 249
推論発問（推論質問）··········· 98, 238
スズキ , セヴァン（Suzuki, Severn）··· 207
スピーキング活動 ············· 23–28, 114, 214
スピーキング・テスト ··················· 27, 234
スピーチ ················· 89, 126, 221, 262
スモールトーク　→　Small Talk
潜在的可能性 ····················· 45, 52
成長欲求 ························· 11, 52
総合的な学習の時間 ··················· 188, 194

た行

対人交渉力 ························ iv, 8
対置テキスト ························ 226
第二言語習得 ························· 17
他者理解 ············· 48, 87, 122, 199, 211
達成感
······· 27, 51, 55, 75, 181, 185, 217, 244, 255
探究学習 ························· 197
地球市民 ·············· 45, 48, 60, 97, 194
チャット ························ 196–197
頂上タスク ··········· 55, 91, 209, 224–228
ディスカッション ············· 232, 233, 250
ディスカッション・クエスチョン
··································· 115, 232
テーマ型内容中心教授法 ··················· 230
動機づけ ····· v, 18–22, 23, 67–71, 72, 83, 85,
　147, 180, 243, 252
道具的動機づけ ························· 19
統合型内容中心カリキュラム ··············· 113
統合的動機づけ ····················· 18, 19
トゥーンベリ , グレタ（Thunberg, Greta）

··································· 205–210
読書コミュニティ ··················· 242–248
ドリル学習 ············· 47, 108, 134, 223
ドルニェイ , ゾルタン（Dörnyei, Zoltán）
··································· 72, 147

な行

内発的動機づけ
··············· v, 20, 21, 23–28, 180, 243, 252
内容言語統合型学習 ··················· 212
内容質問 ························· 236
人間形成（的）··· iv, 7, 10, 17, 42–46, 47–51,
　52–60, 77, 89, 91, 112–117, 141, 199, 211,
　230
人間性涵養 ························· 113
人間的成長 ···· iii, 28, 48–51, 59, 61, 203, 265
ヌーナン , デイビッド（Nunan, David）
··································· 116

は行

背景知識 ························· 182
発達の最近接領域理論 ··················· 75
発表活動 ························· 259
パフォーマンス・テスト ··················· 25, 27
批判的思考 ············· 50, 54, 60, 97, 98–104,
　223–229, 231, 236–241
ヒューマニスティック心理学 ··········· 42, 44
評価（加点式評価／減点式評価）
········· 27, 51, 62, 64, 74, 132, 214, 239, 265
評価規準 ························· 64, 214
評価（型）発問（評価質問）
··································· 79, 99, 102–104, 223
フィードバック ····· 30, 56, 76, 100, 153, 174,
　180, 190, 214, 219, 255
ブーバー , マルティン（Buber, Martin）
··································· 38

索引

振り返り（リフレクション）
………… 55, 64, 174, 178–179, 181, 215, 240
プレゼンテーション
……………… 24, 78, 151, 172, 178, 214, 220
プロセス・ライティング ………………… 113
文化的前提 ………………………………… 9
ペアワーク ……… 78, 136, 166, 236, 254–257
平和（学習）………………… 60, 188–193

ま行

マズロー, アブラハム
　（Maslow, Abraham H.）…………… 42, 48
メタ認知 …………………………………… 83
メンター …………………………………… 78
モチベーション　→　動機づけ
問題解決 ……………………………… 60, 165

や行

やり取り …………… 124, 131, 166, 183, 233
有意味学習 ……………… v, 36, 43–45, 151
有能性 …………………………… 180, 243, 244

ら行

ライティング能力 ………………………… 252
リアクション ………………… 75, 221, 234, 244
リテリング ………………………………… 81
リフレクション　→　振り返り
ロジャーズ, カール（Rogers, Carl R.）
　…………………… 42, 68, 149, 150, 247
「論理・表現」………… 89, 199, 211–216, 221

欧文

active listening　→　傾聴
authentic ……………………………… 24, 145
Big Question …………………………… 91
Brainstorming ……………………… 231

chat　→　チャット
Communication Strategies（CS）→
　コミュニケーション方略（ストラテジー）
engagement　→　エンゲージメント
filler ………………………………………… 25
Graded Readers（GR）……………… 4, 242
Graphic Organizer ……………………… 78, 80
Humanistic Language Teaching ……… 259
i-check（総合質問紙調査）……………… 77
Ideal L2 Self　→　L2 理想自己
Interactive Reading Community（IRC）
　Project ………………………………… 242
L2理想自己 ……………………………… 147
Mind-Mapping ………………………… 231
Mystery Skype ………………… 161–164
Near Peer Role Models（NPRMs）…… 70
open-ended な問い …………………… 225
politeness ………………………………… 9
Q-U（楽しい学校生活を送るためのアン
　ケート）……………………………… 77
Reading Marathon …………………… 244
rejoinder ………………………………… 25
SDGs（Sustainable Development
　Goals）→　持続可能な開発目標
self-regulated learning
　→　自己調整学習
SLA（Second Language Acquisition）
　→　第二言語習得
Small Talk ………… 5, 26, 63, 69, 232
TESOL（Teaching English to Speakers
　of Other Languages）………… 16, 249
Timed-Conversation ……………… 231, 233
Zone of Proximal Development（ZPD）
　→　発達の最近接領域理論

〈編著者紹介〉

三浦　孝（みうら・たかし）
静岡大学名誉教授。23 年間高校英語教師を勤め、バーミンガム大学院通信課程にて M.A. 取得。名古屋明徳短大、静岡大学に奉職。ヒューマニスティック英語教育研究会会長。著書に（共著含む）『だから英語は教育なんだ―心を育てる英語授業のアプローチ』『ヒューマンな英語授業がしたい！』『英語授業への人間形成的アプローチ』（研究社）など。

加賀田　哲也（かがた・てつや）
大阪教育大学教授。日本児童英語教育学会（JASTEC）理事、ヒューマニスティック英語教育研究会運営委員長、元・英語授業研究学会会長。著書に（共著含む）『「深い学び」を促す小学校英語授業の進め方』（教育出版）、『最新小学校英語教育法入門』『最新 小学校英語内容論入門』（研究社）、『小学校英語教育ハンドブック』（東京書籍）など。文部科学省検定済教科書英語（小・中・高）の著者。

柳田　綾（やなぎだ・あや）
桜花学園大学准教授。15 年間高校英語教師を勤め、アメリカの School for International Training 大学院にて M.A. in TESOL 取得。ヒューマニスティック英語教育研究会副会長。著書に（共著含む）『フォーカス・オン・フォームでできる！　新しい英文法指導アイデアワーク　高校』（明治図書）、『高校英語授業を知的にしたい』（研究社）など。

心を育てる英語授業、はじめました
――英語教師たちの挑戦と実践

2025 年 2 月 28 日　初版発行

編著者	三浦孝・加賀田哲也・柳田綾
発行者	吉田尚志
発行所	株式会社　研究社 〒 102-8152 東京都千代田区富士見 2-11-3 ［営業］03 (3288) 7777（代） ［編集］03 (3288) 7711（代） https://www.kenkyusha.co.jp/
振　替	00150-9-26710
印刷所	TOPPAN クロレ株式会社
本文組版・デザイン	朝日メディアインターナショナル株式会社
装　幀	Malpu Design（清水良洋）
装　画	熊本奈津子

KENKYUSHA
〈検印省略〉

ⓒ Miura Takashi *et al.*, 2025
ISBN978-4-327-41112-1
C3082　Printed in Japan

＊ 本書の無断複写複製（コピー）は、著作権法上での例外を除き、禁じられています。また、私的使用以外のいかなる電子的複製（電子データ化、電子書籍化）も一切認められていません。
＊ 落丁本、乱丁本はお取り替えいたします。ただし、中古品はお取り替えできません。

● 好評既刊 ●

だから英語は教育なんだ
心を育てる英語授業のアプローチ

三浦 孝・弘山貞夫・中嶋洋一〔編著〕

A5 判 並製 240 頁 ISBN978-4-327-41060-5 C3082

本書が目指すのは、「うまい」授業よりも
「心に残る」授業である。

ヒューマンな英語授業がしたい！
かかわる、つながるコミュニケーション活動をデザインする

三浦 孝・中嶋洋一・池岡 慎〔著〕

A5 判 並製 314 頁 ISBN978-4-327-41066-7 C3082

人と接する喜びを育てあうのが、
コミュニケーション活動だ！

英語授業への人間形成的アプローチ
結び育てるコミュニケーションを教室に

三浦 孝〔著〕

A5 判 並製 264 頁 ISBN978-4-327-41089-6 C3082

この本を、道を見失いかけている
日本の英語教育に贈ります。

高校英語授業を知的にしたい
内容理解・表面的会話中心の授業を超えて

三浦 孝・亘理陽一・山本孝次・柳田 綾〔編著〕

A5 判 並製 332 頁 ISBN978-4-327-41094-0 C3082

ふだんの授業を、意見交換の場にしよう！